雲南文庫

百人百部

当代云南社会科学百人百部优秀学术著作丛书

口承文化论

——云南无文字民族古风研究

王亚南/著

云南人民出版社
云南大学出版社

作者小传

王亚南，云南省社会科学院研究员，历任民族文学研究所副所长、哲学研究所所长，现任文化研究中心主任，《云南文化发展蓝皮书》执行主编，《中国文化消费需求景气评价报告》主编，全国学科期刊《民族文学研究》南方片编委。云南省有突出贡献优秀专业技术人才。

主要学术方向为民俗学、民族学及文化理论、文化战略和文化产业研究。

得到国内相关学界公认的主要学术贡献：

（1）界定“口承文化”概念并完成系统研究，提出口承文化为人类社会的文明渊薮，质疑仅视成文史为“文明史”的学术误区。代表作《口承文化论》。

（2）解析人生仪礼中“亲长身份晋升仪式”，指出中国传统的“政亲合一”社会结构体制和“天赋亲权”社会权力观念。代表作《云南少数民族人生仪礼研究》（主撰）。

（3）提出“现代中华民族是56个国内民族平等组成的国民共同体”和“中国是国内多民族的统一国家”修正表述，引起国家有关方面重视。代表作国家社科基金课题《中华统一国民共同体论》（主撰）。

（4）十余年来主要致力于西部和云南文化发展战略研究，提出“高文化含量”的“人文经济”论述，概括文化产业发展的“云南模式”。代表作《云南民族文化大省建设理论探索》（主编、主撰）、《云南文化发展蓝皮书》（执行主编）。

（5）近三年研制推出“全国文化消费需求景气评价体系”及其31个省域、36个中心城市排行榜，系全国第一个发布实际测评结果的文化发展评价体系。代表作“中国文化蓝皮书”年度报告《中国文化消费需求景气评价报告》（主编、主撰）。

图书在版编目（CIP）数据

口承文化论：云南无文字民族古风研究 / 王亚南著. — 昆明：云南人民出版社, 2011.10
（当代云南社会科学百人百部优秀学术著作丛书）
ISBN 978-7-222-08339-4

Ⅰ. ①口… Ⅱ. ①王… Ⅲ. ①少数民族—民族文化—研究—云南省 Ⅳ. ①K280.74

中国版本图书馆CIP数据核字(2011)第197493号

责任编辑： 谢学军　黄粤榕
美术编辑： 王睿韬　刘　雨
责任印制： 段金华

书　名	**口承文化论** ——云南无文字民族古风研究
作　者	王亚南　著
出　版	云南人民出版社 云南大学出版社
发　行	云南人民出版社 云南大学出版社
社　址	昆明市环城西路 609 号（650034） 昆明市翠湖北路 2 号云南大学英华园内（650091）
电　话	0871-4113185 0871-5031071 5033244
网　址	www.ynpph.com.cn　http//www.ynup.com
E-mail	rmszbs@public.km.yn.cn　market@ynup.com
开　本	787mm×1092mm　1/16
印　张	19.375
字　数	275 千
版　次	2011 年 10 月第 1 版第 1 次印刷
印　刷	昆明卓林包装印刷有限公司
书　号	ISBN 978-7-222-08339-4
定　价	55.00 元

《云南文库》编辑说明

《云南文库》是云南省哲学社会科学“十二五”规划的重大项目。编辑出版《云南文库》是落实云南省委、省政府建设民族文化强省的重要举措，是繁荣发展云南哲学社会科学的重要途径，是树立云南文化形象、提升云南文化软实力的基础性工程。

中国学术文化的发展不仅有共性，还有很强的地域性。一国有一国之学术，一方有一方之学术。学术研究是社会发展的动力，是社会智慧的结晶，是文化建设的重要构成部分。云南虽地处边疆，仍不乏丰厚的学术研究传统。尤其明清以来，云南与中原的文化交流日臻密切，省外名宿大儒进入云南的代不乏人，而云南的文人学士也多有游宦中原者。在中原文化的熏陶下，云南的文化学术遂结出累累硕果，文化名人辈出，如杨慎、李贽、李元阳、师范、王崧、方玉润、许印芳等，其总体集中性的代表成果是《滇系》和《云南备征志》。至清末，云南学子开始走出国门到海外留学，成为云南与世界沟通的桥梁，也成为改造社会和推进云南文化学术发展的中坚。但由于交通不便，信息闭塞，云南的学术成果并未为内地所认知。更有甚者，清乾隆年间，四库全书馆在全国征集历代遗书，云南巡抚李右江得到云南先贤的著述，但害怕其中有什么不恰当的内容，竟私藏起来不上报，使得《四库全书》仅从它处收录了3种云南人著述，成为云南文化史上的一大缺憾。辛亥革命后，云南学人痛感地方文化学术之不彰，在地方政府的支持下，赵藩、陈荣昌、袁嘉谷、由云龙、周钟岳、李根源、方树梅、秦光玉等一批当时最负盛名的云南学者倾力收集整理云南文献，于1914年至1923年编成刻印《云南丛书》初编，共152种1064卷，及不分卷者47册；1923年至1940年编成刻印《云南丛书》二编，共69种133卷。另编定31种待刻，后由于抗日战争爆发，整个《云南丛书》的编辑刻印工作中止。历时26年编刻的《云南丛书》把保存下来的历代云南重要地方文献网罗殆尽，是云南有史以来地方文化的一次最系统的总结，对云南的文化建设发挥了不可估量的作用。

学术创新的根基是学术积淀和传承。从编辑刻印《云南丛书》之时算起至今，其间经历了抗日战争、新民主主义革命、社会主义革命和建设、改革开放的新的历史时期。在这近一百年的历史中，云南的学者为抗击日本侵略者和新中国的解放事业，为社会主义新文化的建设贡献了自己的聪明才智，也为云南地方经济、社会、文化的发展创造了一大批研究成果，并形成了自己的风格和特色。今天，文化建设又站在一个新的历史起点上。整理和出版云南学术史和文化史上的优秀成果，是继承优秀的地方历史文化遗产，建设有中国特色的社会主义新文化和民族文化强省的基础性工作。只有站在前人的肩上，我们才看得更远，走得更实。这也是我们编辑出版《云南文库》的初衷。

比之编刻《云南丛书》的时代，云南的经济政治社会文化已经发生了翻天覆地的变化，云南不再是一个封闭落后的边疆省份，而是成为了我国面向南亚、东南亚开放的桥头堡，其战略地位日益突出。云南的文化创造力也大大发展了，学者力量的壮大、学术成果的丰富早已不可同日而语。今天的《云南文库》不可能像当年《云南丛书》一样收录所有的文献资料，只可能是好中选优、优中选精，尽可能地把最能体现云南学术文化水平和云南学术特色的成果收录进来，以达到整理、总结、展示、交流和传承文化，弘扬学术，促进今日云南文化学术的建设与繁荣之目的。功在当代，利在千秋。

《云南文库》分为三个系列。

一是《云南文库·学术大家文丛》，收录云南学术大家的作品。

二是《云南文库·学术名家文丛》，收录中华人民共和国建立以前出生的云南学术名家的作品。

三是《云南文库·当代云南社会科学百人百部优秀学术著作丛书》，收录中华人民共和国建立以后出生的一代学者的优秀作品。

我们将使《云南文库》成为一个开放的体系，随着云南民族文化强省建设的推进而不断丰富它的内涵，不断发挥其在社会主义精神文明建设和云南文化建设中的积极作用。

《云南文库》编辑委员会

2011 年 6 月

目录

价值文化（传统的行为模式）

历史文化（古老的社会传统）

引 言

人类是开拓自身对象世界的主体，正是人的实践活动和认识活动，在人类与外在世界之间建立了主客体关系。不过，在人类的童年，人们却偏偏创造了神灵来主宰自己，而人类的智慧也有专门的神灵来执掌。人类的智慧有童年，智慧之神也有童年。智慧之神的童稚期正好对应于人类童蒙智知混沌未开的时期。

《木脑斋瓦》是景颇族历史上最重要的一部口耳相承的传统仪式古歌，可直译为“历史歌”，意译即《景颇民族创世纪》。其中，就有这么一位代表着人类童年智知的童稚天鬼，赫赫然叫做潘瓦能桑遮瓦能章，这名字的意思即为“永恒的智慧”。这一童稚精灵简直就成了人类童蒙智慧的人格化替身，正是他在景颇族社会的传统文化中，独自司掌着全部智知活动和整个精神生活。

希腊神话里也有一位智慧女神雅典娜。或许，已成年的雅典娜心中明白，人类的智知活动和精神生活过于复杂，一手独揽必然是一锅什锦杂烩，因而她把分门别类的各项职责一一分派给了众多的助手，自己却经常去干那些助人攻城略地的血腥勾当。实际说来，大名鼎鼎的那一群缪斯们，恰好充当了智慧女神的部门助理。早先，童稚的缪斯女神也仅有一位，后来又变成了三位，最后才分身独立为九位，司掌范围也扩展到艺术和科学的诸多领域。具体地说，克利俄专门司管历史，欧忒耳珀专门司管音乐及诗歌，塔利亚专门司管喜剧，墨尔波墨涅专门司管悲剧，忒耳普西科瑞专门司管舞蹈，厄拉托专门司管抒情诗，波吕许谟尼亚专门司管颂歌，乌拉尼亚专门司管天文，卡利俄珀专门司管史诗。尽管已经有了如此精细的专业分工，想来还是有许多艺术样式和科学门类无人经营，可见人类成熟时期的智慧之广博。

人类成熟时期的丰富智知，自然要求有一大批专业智慧之神，来分别执掌分化独立的各种科学学科和各类精神活动；而人类童蒙时代的混沌智知，却只需要有一位童稚的全能智慧精灵也就够了。云南境内各个少数民族古老的口承文化，作为他们各自民族历史上源远流长的口承古风，恰恰就是这样一种处于童稚期的一体智慧之神所执掌下浑然未分的童蒙智知。

中国内地的“民间口头文学”概念来自于前苏联既有的学科界定，实际上应归于国际民俗学界的“口承民俗”范畴。中国本土上相应的传统概念即是所谓“风”，著名的先秦《国风》便是由华夏中原上古民族的民间口头传承作品汇集而成，集中了中华上古时代的某些文化精粹。在此处的研究中，“口承民俗”的概念已嫌过于狭窄，“口头文学”的界定则更是不够确切，因此，作者提出了“口承文化”的概念。“口承文化”概念可由内涵和外延两个方面来加以定义：从内涵上来看，口承文化是无文字民族（时代）以口头语言方式传承的整个精神文化的理论概括和全部物质文化的经验总结的总和；从外延上来说，口承文化是无文字民族（时代）以口头语言方式传承的全部定型作品和各种民间说道的总和。一个民族在历史上长久流传的整个口承文化，就构成了这个民族的口承文化传统。在今天看来，云南各少数民族的无文字时代虽然已属过去，但他们各自历史上的口承文化作为一种民俗传统仍旧存活于民间，实为一种亘古迄今一脉相承的古风。

在云南这片由横断山脉分割成许多碎块的高原土地上，除汉民族外，共聚居着25个少数民族，以人口（1990年）多少为序，即彝族、白族、哈尼族、傣族、壮族、苗族、傈僳族、回族、拉祜族、佤族、纳西族、瑶族、景颇族、藏族、布朗族、布依族、普米族、阿昌族、怒族、基诺族、德昂族、蒙古族、水族、满族和独龙族。此外，云南境内还生活着几种尚未进行族体识别的社群共同体，诸如克木人、芒人等等。在这些民族中间，除了壮族、苗族、回族、瑶族、藏族、布依族、蒙古族、水族和满族这9个民族以外，其余16个民族或为云南所独有，或大部在云南。

既然书中所要讨论的是往昔无文字时代的口承文化，那么在此便用与“现代民族”有别的“传统民族”的定义，再来做深入一层的区分。“现代民族”概念与“传统民族”概念的根本区别在于，前者着眼于现代统一民族国家的政治—行政社会实体，视“民族”和“国家”为一体；后者则指现代民族国家内部的各种族及亚民族群体和亚文化共同体。就此而论，云南的各少数民族自然属于“传统民族”之列。

除此之外，“传统民族”的概念还有两层具体的涵义：一是指这一类民族一向没有自己的文字，也包括未曾广泛使用其他民族的文字；二是指这一类民族的普通生产生活方式还保持在传统农耕乃至采集、狩猎或游牧的水平上，尚未进入现代工商业文明阶段。不用说，此处首先考虑的当然是“传统民族”定义的第一层具体涵义，因为这同本书的研究对象——口承文化传统直接相关。这样一来，较早时期就有了自己民族文字并较广泛使用的彝族和傣族，以及过去早已通行汉文字的白族和纳西族，便自然而然不在此列。

到头来，余下的哈尼族、傈僳族、拉祜族、佤族、景颇族、布朗族、普米族、阿昌族、怒族、基诺族、德昂族、独龙族这 12 个民族，也即是书中所要考察的基本范围，展开分析的时候间或也会涉及克木人、芒人等。从历史上看，这些民族长时期都没有本民族的文字，其生产生活中的一切知识传授和经验总结均采用口头语言和口承文化的方式。尽管他们中间有的民族在近代已出现了由西方传教士为之编制的某种拼音文字，但这类文字在民间世俗生活中并没有流行开来，大都是直到中华人民共和国建立后，才由人民政府组织有关方面力量，为之编制出各自民族的文字。这种新近才出现的民族文字，无疑对这些民族久远历史以来的口承文化传统并不会产生多大影响，就此问题而言大致可以忽略不提。

再则，由“传统民族”定义的另外一层具体涵义来看，这样的区分也是恰如其分的。大体说来，哈尼族、傈僳族、拉祜族、佤族、景颇族、布朗族、普米族、阿昌族、怒族、基诺族、德昂族、独龙族这 12 个民族，在传统上不仅尚无现代工商业，就连较为发达的农艺耕种阶段都未曾达到，基本上长久停留在粗放农牧业甚至是采集与狩猎的生产水平上。

因此，本书探讨的范围仅限于云南境内的这 12 个少数民族。其中，汉藏语系藏缅语族系统内有哈尼族、傈僳族、拉祜族、景颇族、普米族、阿昌族、怒族、基诺族和独龙族，南亚语系孟高棉语族系统内有佤族、布朗族和德昂族，这是语言上的划分；由族源上来看，前一类民族属于古氐羌族系，后一类民族则属于古百濮族系。本书的研究对象，也就是云南这 12 个民族久昔传承下来的口承文化。他们各自民族的古老智慧之神都不曾长大成人，更没有专业化分工独立而各司其职；他们传统上的口承文化作为包罗万象的口头“百科全书”，正是其各自民族的传统智知及精神活动在历史上的惟一理论概括形式。

这些民族的口承文化传统源远流长，其间蕴藏着他们各自长期历史上积累下来的整个精神文化的理论概括和全部物质文化的经验总结成果，堪称他们各自民族无文字历史时代的文化渊薮，其中包含有：（1）原始的思想文化，即知识体系，包括哲学思考和科学认知；（2）传统的价值文化，即行为模式，包括伦常规范和信仰观念；（3）古老的历史文化，即社会传统，包括民俗意识和历史记忆；（4）久远的艺术文化，即美学经验，包括审美取向和娱乐志趣。在过去，国内有关学科的研究主要着眼于其艺术文化方面，基本上仅仅是把口承文化当作民间口头文学来考察，对其他方面几乎未予涉及。有鉴于此，此处则着眼于口承文化的另外三个方面。本书将首先对整个口承文化做出一种理论概括，随而由这三大基本方面分六个部分展开分析研讨，最后在口承文化到口头文学的性能转换关系上结束。

绪　　论　　文化的定义与口承文化

汉语中的“文化”概念，其本义是指文治与教化。而19世纪下半叶以来，在人文科学和社会科学的经典意义上，“文化”实际上已经成了一个在人类社会层面上几乎无所不包的复杂概念。

在这个地方，不妨首先来看一下设有“文化”（culture）专条的几种现代工具书的解释，其间各种英文工具书的相应词条系作者自行译出——

> 1.“文化”概念有两种基本的用法：（1）它可以指高度文明的成果，诸如文学、艺术和哲学，因此，它常常被用来描述那些受过高深教育的人（“有文化的人”）；（2）它也为人类学家及研究人类问题的其他学者所使用，用来描绘人类历史和人类生存的与众不同的特性，即观念、习俗和对物质对象的创造，以及日益积累下来因而提供了对于自然环境的日趋复杂化的适应的一切东西。在第一种用法中，文化的存否或有无区分了有教养与无教养；在第二种用法中，这一概念则把人类与其余动物物种区分开来。①

> 2.“文化”是社会科学家和人文学者们所使用的一个概念，同时，它也有一般的通俗用法。这一术语的非专业性意义，集中表现为接受过教育而不再是天性蒙昧的人这样一种概念，例如“有文化的人”，即为具有教养的、完善的、熟知文明生活所创造的各种精巧事物的人们。“文化”作为一个专业性术语，则出现在19世纪中叶人类学家们的著作里。……所有的人类学家都一致认为，文化是由人们的举止和适应的各个习得性方面构成的，而与其遗传性行为模式或本能形成对照。对于社会科学家们来说，“文化”概念是极为

① ENCYCLOPEDIA INTERNATIONAL,v.5,p.358,Lexicon Publications Inc.,1982.

重要的一个概念，因为它是必须用以描述人类行为和人类历史的最为一般的概念。“文化”是一个比“社会”要宽泛得多的概念……它不是指现实生活中的某个单一项目，而是指在不同层次上的无数个项目的总括，其中包括了观念、情感、价值、对象、行为、意向和历史中的各种积累传承物。①

3.文化：社会发展、人类的创造力和才智在历史上达到的一定水平，体现在人类组织生活和活动的各种形态和形式中，也体现在人类创造的物质和精神财富中。……比较狭义的理解，文化就是人们的精神生活。文化还包括人们活动所创造的具体成果（机器、建筑物、认识成果、艺术作品、道德规范和法律准则），以及人们在活动中体现的创造力和才智的成果（知识、技能、智力、道德和美学发展水平；世界观；人们交际的方式和形式）。②

4.（人类的）文化：人类行为及其成果的总相，体现在思维、言语、行动和技能之中，而且依赖于人类通过使用工具、语言和抽象的思想体系以学习知识并把知识传给后代的能力。（特定的）文化：在某一种族、宗教或社会群体的传统中，惯常信仰、社会结构和物质生活特性所构成的独特复合体。今天，许多人对一个社会最感兴趣的就是它的文化……即包括知识、信仰、道德、法律、习俗、见解、宗教、迷信和艺术在内的复杂总体。③

5.文化：从广义来说，指人类社会历史实践过程中所创造的物质财富和精神财富的总和。从狭义来说，指社会的意识形态，以及与之相适应的制度和组织机构。文化是一种历史现象，每一社会都有与其相适应的文化，并随着社会物质生产的发展而发展。……文化的发展具有历史的连续性，社会物质生产发展的历史连续性是文化发展历史连续性的基础。④

① THE ENCYCLOPEDIA AMERICANA,v.8,p.315,Grolier Incorporated,1983.

② 《苏联百科词典》，中文1版，1366页，北京·上海，中国大百科全书出版社，1986。

③ WEBSTER'S THIRD NEW INTERNATIONAL DICTIONARY,p.552,Massachusetts,Merriam-Webster Inc.,1986.

④ 《辞海》，缩印本，1533页，上海，上海辞书出版社，1980。

就笔者身边方便而信手拈出的这几个词条来看，人们对于文化的专业定义，事实上一向未能根本超越英国早期人类学家爱德华.B.泰勒爵士在1871年出版的《原始文化》一书中对文化所下的古典定义。该定义业已成了文化学科的经典规范。

迄今为止，关于文化的定义基本上都着眼于文化的外延方面，即“文化”概念所涵括的内容范围。于是，鉴于人类社会文化事象的丰富性和复杂性，国内外有关学界便出现了关于文化的200余种定义，并且处处可见专业“文化”概念与非专业“文化”概念、广义“文化”概念与狭义“文化”概念、大“文化”概念与小“文化”概念等多种表述上的纠葛。定义和表述上的这种混乱，使得本来已经够复杂的“文化”概念显得愈加让人捉摸不定。更为重要的是，与“自然”相对应的“文化”概念几近包罗万象，似乎把人类世界的一切都包含在其间，实则难以集中到一点上彻底说清楚。这样一类文化定义很难抽象到哲学的高度理论概括上去，文化与人类之间关系的实质也就无法真正得以确定。

为什么不能换一个角度，换一种方式来界定文化呢？

此处将试图由文化的内涵方面出发，来给文化下一个操作性的定义。这就是说，笔者打算由人类文化的基本形式构成入手，找出人类世界各种文化形态的共同结构特征，找出文化与人类社会之间关系的基点，从而以某种程度上的哲学的抽象，对人类文化做一个概括性的理论描述。这对于以后正文各章的讨论来说，无疑是很有必要的，而且，这一定义对本书的基本立论也具有实际的操作性意义。

第一节　社会传承的文化信息系统

人类是生物界一个极其特殊的物种。人类的进化既包括了种群的基因进化，又包括了社会的文化进化。没有基因的生殖遗传，人类物种的属性就无以保持和变异；没有文化的社会传承，人类历史的文明就无以延续和发展。人类作为一个超越于普通生物界之上的独特的社会物种，正是这两种进化的统一过程撞击合力的产物。

人类与一般生物相比，最根本的共同之处就在于，人类也有一套生殖遗传的基因信息系统。这是人类所拥有的第一套最为基本的信息系统，人类自身便赖此而繁衍生息。不过，人类物种的保持与人类社会的延续是同一个进程，人类物种自身的再生产和社会物质生活的再生产，二者构成了人类发展的两个相辅相成的基本方面。因此，人类与一般生物相比，最根本的不同之处就在于，人类另有一套社会传承的文化信息系统。这是人类所拥有的第二套最为基本的信息系统，人类历史便赖此而发展进步。显然，这两大信息系统，从信息内容到传递方式，各方面都差异迥然，但在人类的发展进程中却缺一不可。基因信息的中断便意味着人类物种的灭绝，而文化信息的丧失则意味着社会历史的消亡。

将文化抽象描述为社会传承的人类第二套信息系统，而与生殖遗传的基因信息系统相对应，这不仅充分强调了人类社会进化的重大意义，而且也充分肯定了人类生物进化的必要前提。这样一来，实际上便把人类发展的两个基本方面有机地联系在一起，很好地概括了人类物种归属于生物界、而人类社会又超越于生物界的根本事实。这就使得人类世界既得以拂去一切虚妄的灵光，又不至于与所谓“社会”动物相混同，从而恰如其分地站到自然演化进程中的相应位置上去。

一、人类物种的信息系统

在地球上，举凡生物无一例外，皆有一套共同的基因遗传的信息系统，皆有一种相同的基因信息的传递方式。不论是无性生殖，还是有性生殖，生物界的各个物种在自己的生殖活动里，均能够以繁衍后代的形式不断地复制着自身。原生动物无性生殖的细胞分裂，可说是繁衍后代的一种特例，同时无疑又是极其典型的自身复制；哺乳动物有性生殖的孕育胎生，则可说是复制自身的一种特例，同时无疑又是极其典型的后代繁衍。在这种种情况下，归根结底，都是生物基因密码的复制和重组在发挥着必不可少的重要作用。

正是通过生殖遗传中的这种基因型的信息传递，各类生物物种才得以保持自身种群及其表现型属性的延续。即使是得自于外界生存环境的各种非遗传反应信息，普通生物物种也不过是经由种群内基因漂变的随机选择，在事实上把它们转换为遗传信息，以物种属性的变异来适应环境变化所造成的新的情况。生物过程有别于物理过程和化学过程，生命运动超越于物理运动和化学运动，恰恰就是由于生物界的这样一种自身复制和自我改进的基因型信息传递。

诚然，某些动物和植物也会有某种特定形式的表现型信息通讯行为。特别是那些结群而居的所谓“社会性”昆虫和哺乳动物，便较多地利用诸个体彼此之间的通讯，以传递一定的信息，进而维系整个群体。可是，它们之间的信息通讯，充其量只是激发出一些物理信号，诸如鸟兽的鸣叫声，或是分泌释放某种化学信息素，诸如昆虫的性诱素，以刺激同一种群内的其他个体，而引起相应的反应。这些行为依然未能超出直接由基因遗传而来的生物特化本能，只不过是一种表现型的本能反应信息的相互通讯传递而已。

在某些较高级的脊椎动物种群内，甚至还可能出现某种记忆信息的生化传递。比如说有这样一项实验，由经过恐暗条件反射训练的白鼠大脑里，提取出一种特定的生化物质，注射给另一只未曾经过这种训练的白鼠，后者居然也会表现出与前者同样的恐暗条件反射举动。但是，深入一步化验分析的结果表明，这种可以做生化交流的记忆信息，却不过是大脑内部物质中多肽链的特定氨基酸排列顺序，而且仅仅限于此，并没有大脑生化活动的外部现实表现来充当信息载体。因此，这类生化信息交换，至多也只是属于刺激与反应的条件反射第一信号系统的心理现象。所以十分清楚，尽管有些动物也会通过大脑的生化过程，来加工、利用、储存和传递同外界环境有关的一些非遗传的反应信息，但这并不足以证明，它们已经具有社会性的思想交流活动，进而也不能证明，它们诸个体相互之间的通讯联系已经是一种超越自然物质性的社会关系。

人类却有着明显的不同。随着人类机体的进化程度及人类种群与外界环境关系的复杂程度的增高，急骤增大的外界环境信息的接受量，已不是生殖遗传信息系统的基因选择适应所能应付得了的。这就促使人类物种的非遗传信息处理机制逐步形成，并且不断得以专门化。人类脑神经系统的特殊进化，便是在这一过程中人类种群基因库选择适应的自然结果。然而，假如人脑的活动成果仍然仅仅停留在基因遗传或生化传递之上，那么，人类这一特殊的社会物种也就永远不可能超越第一信号系统心理活动的条件反射，而真正进入把握对象世界的理性认识领域。

事情当然并不是这样。直立行走所引起的手足分工，以及由此带来的呼吸道结构变化，尤其是大脑的高度完善和思维活动的出现，还有发音及听觉器官的特化和语言功能的形成等等，所有这一切在原始人类适应生存环境的过程中，在原始的协作劳动及社会生活交往中，经由种群内漂变基因适应型的世代遗传，到头来终于在人类物种的表现型属性进化上得以彻底实现。于是，以语言为其外部现实表现的人类思维第二信号系统的心理现象最终产生了出来，成为人类独有的物种表现型属性的基本标志之一。人们之间的社会交往以思想交流为核心，这事实上是信息通讯的一个特例。而其外部现实表现之所以是语言，而非别的什么手段，则是人类种群基因遗传进化对人体感应器官优化选择的结果。那是因为，声音传播及消失的迅速性，恰好为高速度的大量信息流的传递提供了良好的条件。如此一来，人的大脑处理与外界环境相关的非遗传信息，同一般动物相比，便有了一个显著不同的本质特点，那就是信息处理的结果，不仅可以引发大脑物质的生化反应，并且全都能够转化为表现型的思维活动（包括抽象的和形象的），而以其外部现实的语言表现形式（包括语词的和非语词的），来进行信息传递。这就使得人类拥有了社会传承的第二套信息系统。

正是由于人这一物种具备思维能力及其外部现实的语言表现，人类为自己所特有的非遗传的文化信息创造了一种统一的传递方式，致使全部文化信息均能够以同样的语言形式来传达，从而构成一个社会传承的一体化信息系统。需要着重强调指出的是，这样一种传递信息的方式，如同基因信息的生殖遗传一样，具有极为典型的个体微观结构，其中的每一个人皆有可能保存或更新社会共同体内的文化信息，这就像每一个体皆有可能保持或改进种群基因库里的基因信息那样。从理论上来讲，任何个体都可以经由交媾生殖而实现各种基因信息的遗传，同样，任何个人也都可以经由思想交流而完成各种文化信息的传承。这样便最大限度地发挥了每一个人处理外部环境信息的潜力，进而最有效地保证整个种群或社会能应付环境的变异选择。

很明显，倘若人类社会的所有文化成果都要作为一种信息来传递，那么其代码就必须像基因密码那样，具有典型的代数结构，而人类的思维和语言刚好就是如此。人类的思维具备高度的抽象性和概括力，而人类的语言则为一种有着严密逻辑程序和语法规则的符号体系。因此，人类完全可以在脱离一切具体的实物对象的情况下，任意交换任何一种复杂的信息；而其他生物物种的反应活动，却离不开直接的自然物质信号或外界的天然刺激物。更为重要的是，思维运动的纯粹符号性质，语言法则的繁复精深，又使得人类文化各种形态无限多的信息的传递成为可能。书面语言、文字印刷、广播电讯和人工智能的相继出现，更加为人类社会文化信息的储存、传递、加工和利用开辟了难以估量的前景。

通过以上简要的对比分析，已经可以十分清楚地看出，基因与文化这两大信息系统的构成及其信息传递的方式，在其本质上无疑存在着极其巨大的差异。基因信息是生物基因型的，其基本单位即基因密码，保存范围即种群基因库，传递方式为生殖遗传，传递载体为染色体；而文化信息则是社会表现型的，其基本单位即思想符号（概念或形象），保存范围即社会共同体，传递方式为社会传承，传递载体为语言（及其各种变体形式）。如果说，生物物种以其共同的基因信息系统及其生殖遗传的传递方式区别于全部无生命物质，那么，人类世界无疑又更进一步以其独特的文化信息系统及其社会传承的传递方式区别于整个普通生物界。

至此，显然更有了充分的理由给出这样一个概括性定义：所谓文化，即可认为是社会传承的人类世界信息系统。对整个文化做出这一抽象概括描述的可行性依据便在于，无论由全部人类文化的哪一种形态分类上来看，关于文化的这种抽象概括都是恰当的。一切必须经由人类社会来传承的东西都属于文化，一切可以经由人类语言来传递的东西都是文化信息。人类精神文化的传承自不用说，人类物质文化的积累离开了思维和语言也无从谈起。人类所获得的物质生产力和精神活动能力世世代代地发展起来，人类所创造的物质成果和精神成果世世代代地积累下来，这本身即是一个文化信息的社会历史传承过程。特别是在各个民族或社会共同体古老的口承文化传统中，人类世界的文化信息的社会传承的典型特征，即得到了最集中、最突出的具体体现。

二、文化信息的社会传承

正像生物基因信息的生殖遗传是生物种群得以不断延续的根本条件一样，人类文化信息的社会传承是人类历史得以持续发展的基本前提。人类无时无刻不在从事着自身所独有的实践活动和认识活动，其活动的结果，或者是以物化的形式凝聚起来，比如环境工程和产品制作，或者是以规范的形式固定下来，比如生产经验和行为准则。因此，不管是物质文化的传承，还是精神文化的传承，人类的文化信息及其传递均为社会表现型的。社会之外无所谓文化传承。而且进一步来看，不论在何种情况下，作为一种具体化的典型特例，人类社会的所有文化成果的经验形式和理论概括，全都可以也必须经过语言来传递。这一切也就决定了，生活现实里的社会化学习是人们接受文化信息的首要方式。在此之中，除了通过文化信息的语言传递来学习以外，更经常也更普遍的，则是经由特定的社会环境的熏陶及其生活模式的因袭来接受社会化。后者即是文化信息社会传承的宏观结构，其中包容了文化信息的语言传递这一微观结构。有一个再明白不过的事实就在于，尽管人类发声和听音的感官能力具有遗传性，可是语言现实却只有在社会生活里形成，语言交流也只有在社会联系中完成。反过来说同样如此，人们之间的社会联系也无法离开必不可少的语言交流，语言交流是人类这一社会物种的一种特化功能。

在特定的社会环境之中，共处其间的人们经由自身的言语和行为形成互动，彼此之间传递各种文化信息，即为共时性的文化信息社会传承。每一个人的全部生活感受、社会经验，直至观念意识和举止行为，一概都是在他所身居其中的那个具体的社会环境里获得的。每一个民族、每一个地区、每一个社会阶层、每一个职业领域的一切独到之处，也无不是这样形成的。一个民族有自己的民族心理，一个地区有自己的地区传统，一个社会阶层有自己的社会意识，一个职业领域有自己的职业规范，其中的所有个人不可避免地总会受到极大影响。这些情况正说明，人类文化信息的共时性社会传承具有极为广泛的普遍性。于是也就不妨认为，任何一种相对独立的社会文化共同体，也可以视之为一个相对独立的共时态文化信息系统网络。

社会文化共同体，即由某种共同的规范组织起来的一个能够独立划分开来的人类群体。完整意义上的社会文化共同体，往往具有自己独特的生产生活方式，又具有自己独有的历史文化（社会传统）和价值文化（行为模式），甚至还可能具有自己特有的思想文化（知识体系）。在人类社会的远古时期，由于缺乏方便的远距离交通、通讯手段，跨社会的联系和跨文化的交往十分困难，因而这一类相对独立甚至于彻底隔绝的社会文化共同体比比皆是。在那种状况下，一个氏族或部落组织、一个村落或区域网络，通常便构成了一个独立的社会文化共同体。在各个民族久昔的口承文化传统之中，不仅保存有独特的古老历史文化和传统价值文化，而且每每还保留有独特的原始思想文化。即使到了现当代，在某些地理的或人为的闭塞地区，那些过着近乎封闭生活的社会群体，从某种意义上来看也依旧是这样，拥有各自相对独立的一整套社会文化信息系统网络。

社会结构网络的大小和社会交往联系的强弱，直接关系到文化信息系统网络的结构和功能。所以，一个保守的社会文化共同体，势必会形成一种封闭的文化信息系统网络。在此情况下，各个社会文化共同体不但在文化的精神领域闭关自守，而且在文化的物质方面也处于壁垒森严的境地。正因为如此，在近代东西方开始大规模文化交流及美洲大陆发现后不久，才会出现诸如“麦类文明”、“米类文明”和“玉蜀黍文明”这一类的典型划分。更为有趣的是，新旧两个大陆原先存在的病菌和传染病也各有不同。凡此种种恰好证明了，人类社会的文化信息系统正与生物种群的基因信息系统相类似，有着自己的特定域界。社会的文化信息网与种群的基因信息库，二者虽然有风马牛不相及的涵义，但在信息的保存和传递这一点上却是相通的，都各有其自身复制和自我改进的功能。把文化抽象描述为社会传承的人类世界信息系统，同生物世界里生殖遗传的基因信息系统做参照考察，无疑带来了分析上的某种显而易见的便当之处。

伴随人类社会交通工具和通讯手段的进步，不同民族、不同地域、不同国家之间的社会交往及文化交流迅速扩大，并日益向着纵深发展。如此一来，各种孤立的封闭性社会文化共同体的天然界限或人为界限陆续打破，这就自然而然地导致了人类社会的文化信息系统网络不可逆转地日趋全球化。在当今世界上，尤其是物质文化领域的创造性成就，以及精神文化中的思想文化部分，正逐步成为全人类共同拥有的财富。如今，在全球范围内，很难再找到彻底与世隔绝的区域生产和民族经济，也很难再找到完全与众不同的社会知识体系。近代以来飞速发展起来的科学技术，当代刚刚蓬勃兴起的信息革命，已经或正在席卷全球。由这些角度来看，整个世界正逐渐融合为一个巨大无比的全人类性的社会文化共同体，或者说是一个空前统一的小小地球村。与此相适应，早先的各种社会文化共同体开放自己的文化信息系统网络，这已成了一种不可否认的历史事实，而且也是一种越来越无法回避的时代要求。面向世界、面向未来的现代社会，必然需要并必定将会造成一个全方位开放的文化信息系统网络。人类社会的文化信息网的闭关自守就像生物种群的基因信息库的故步自封那样，无以自我改进和自我更新，所面临的只能是信息湮灭和自身死亡。

人类社会的文化信息系统网络的开放性还包括一个非常重要的方面，那就是文化成果的历史传承和发展，即历时性的文化信息传递。十分明确，人们世世代代地传承同社会环境相关的非遗传文化信息，是在不断变化着的历史条件下进行的。在接受既有文化信息的时候，每一代人、每一个时代都有一个重新理解和再度创造的过程。人们总是按照社会环境或社会化自然环境的历史变迁，对原有的文化信息系统做出相应的调节和改进，以达到新的适应。人类世界的文明进步发展，事实上便是各个社会文化共同体在适应外部环境新情况的进程当中，依据自身新的需要及新的能力，来认识并改造自然世界和人类社会的结果。正因为存在着这样一种文化信息的历史传承，整个人类历史，也就可以顺理成章地看做是一个历时态的社会文化信息系统网络。如此说来，各自相对独立的种种社会文化共同体的自身历史，当然也就构成了一个又一个相对独立的历时态文化信息系统网络。

恰恰是由于有这样一种历时态的人类文化信息系统网络存在，社会生产力的进步、文明各阶段的更新、各个民族文化传统的保持等等才得以实现，人们的观念及行为也由此而受着社会历史的左右。在这当中，人类的语言同样占有特殊的地位，起到不可或缺的作用。一方面，语言作为人类文化信息的一种最为基本的传载工具，帮助人们在经受生产生活现实中的社会化的同时，以经验和知识的概括形式更好地了解、接受、掌握和利用既存的社会文化成果；另一方面，语言传统本身也是人类社会的历史传承物，而且还是社会文化传统中最为持久的一部分。任何一个民族的古昔历史，往往就蕴藏在其语言现实之中。这一点包含两个方面的涵义，一是其历史变迁一定会反应在民族语言的演化上，二是已久的社会文化信息常常保存在古老的口承文化传统内。由于这个缘故，口语传统和口承文化，也可说是各个民族久远传承下来的历时态文化信息系统网络的一种微观典型结构。在无文字民族中间，这一情形便更加显而易见。

第二节 口承文化的多重性能

一、思维、语言与文化

简单地说，文化及文化信息的产生与传递，以人类所特有的思维和语言为基础。然而，深入一步更确切地说，思维和语言不但是文化信息得以产生并传递的根本前提，而且首先是人类致使自己周围的一切外界事物得以对象化、社会化的必要媒介。

在自然界漫长的生命进化历史上，任何一个普通的生物物种所面临的全部问题，归结起来，仅仅是自身的生产和再生产，即个体的生命维持同种群的生殖延续这两个方面的结合。所以，从根本上说来，一般生物界的各类物种仅只是在这一点上，才与其生存环境发生一种自然的关系，其外在表现不外乎满足摄取热量和完成生殖的本能要求。除此而外，它们与外界事物便没有了其他性质的联系。整个自然世界固然外在于它们而客观存在着，但正由于这种外在性是如此绝对，以至于它们根本没有可能认识和把握面前的这个世界，因而对它们来说，便毫无客观对象世界可言。

人类的思维活动和语言功能的形成，与人类的实践进程和认识能力的发展直接相关。伴随着实践活动和认识活动的深化，人类的思维机能及其语言表现也日臻完善。正是在适应和改造外部环境的实践过程和认识过程中，人类与自己所面对的整个外部世界及全部外界事物之间，最终建立了一种社会化了的主、客体关系。而在这中间，人类所独有的思维活动及其外部语言现实，则起到了一种不可缺少的中介作用。毫无疑问，人类的对象世界，也就是在人的理性思维里明确意识到的那个客观外在世界，而这个世界中的万事万物，又是经过语言符号的概念体系，才为人的思维所把握住的。思维及其概念体系，使人类得以在自觉的理性意识中超越自然，从而摆脱生物属性的束缚，而面对整个对象化的世界；思维外部现实的语言符号及其逻辑程序，则使人类能够拥有第二套信息传递系统，以便把自己改造、认识和评价自然、社会及自身的全部物质成果同精神成果，转化为适于传承的社会化的通用信息。在人类的各个社会文化共同体久远传承下来的口承文化当中，便处处可以见到他们各自的文化所独有的各色各异的世界图景，这一类的世界图景，就代表着人类各民族的先民们所认识到并把握住的对象世界。

思维及其外部现实，使人类特有的社会化的文化信息得以产生，同时这也是人们传递文化信息的最基本的条件。在尚无文字的历史条件下，不但整个精神文化必须用口头语言来传承，而且全部物质文化的经验概括也必须用口头语言来传承。人们之间面对面的社会交往，在生活模式的直接影响的同时，同样少不了口语信息传递，而远隔世代的历史传承，则全靠口承文化传统，否则一切都会湮灭在个人的生命局限当中。因此，每一个民族或社会文化共同体的口承文化传统，便成了他们各自世世代代认识和改造世界的各种经验的理论总结，汇集了他们各自精神文化成果和物质文化经验的最大量的信息，可以说是他们各自历史上保存下来的一个久昔的文化信息库，是一种古老的口承百科全书。

从口头语言到口承文化，从口头语言的文化信息传递到口承文化传统的社会历史传承，其间自有一种天然的直接联系。

二、口承文化界说

本书所谓的“口承文化”，指的是各个民族的各种经整理而定型于书面的口头作品和较原始而未定型的民间“说法”的总和。以定型作品之本文来说，即包括一般所谓的神话、传说、民间故事、童话等散文类作品，以及史诗、叙事诗、民歌、谣谚等韵文类作品。之所以要使用这一统称概念，是基于这样的考虑：像通常所做的那样，对各个民族久远历史上传承下来的这一应口头作品，加以文学样式上的形态分类，这本身就暗含着一种理论假定，即这些作品在本来意义上全都是文学作品，然而，这一点却未经检验而得到证实。何况，大量尚未定型的民间“说法”则本来就没有诸如此类的分类。

在一个民族的古今历史上，倘若其精神文化诸形态的发展还不甚成熟，哲学、科学、史学、文学等学科理论尚未完全独立成型，伦理、宗教、民俗、历史、艺术等观念形态尚未彻底独立分化，那么，对其口承文化做出这样一种文学性能的假定，实际上便没有什么事实根据。如果把融汇了往昔人类社会原始的哲学思考和科学认知、传统的伦常规范和信仰观念、古老的民俗意识和历史记忆的全部口承文化，仅仅看成是艺术文化的审美娱乐性的各类文学作品，那么，其中的社会文化信息负载显然过于庞杂，而整个精神文化的古老形态又显得过于单纯。相反，使用“口承文化”的概念，就能十分方便地避免这些问题，无需对各种口头作品的文化本位性质及其社会功能作用做任何先行假定，可以全面地还其本来面目。本书只是在具体展开陈述分析时，不得已权且为之，才使用惯常的口头文学样式分类的概念，但也仅仅是用来指称各种具体的口承文化作品本身，并不涉及其性能。对于那些未定型的民间“说法”，则尽量保留当初实录之际的提法，大多为“关于什么什么的神话”或“什么什么的传说”之类。至于到底是神话还是传说，或者是其他，样式分类在此并不重要，对某一件材料有所确指即可。

人类的社会活动是多方面的，人类的精神生活也是多方面的。由人类社会精神文化诸形态的基本类别范围来看，任何一个民族历史上传承下来的口承文化传统，均兼而具有几个大的基本方面的文化本位性质。

第一个基本方面是思想文化，其中包括原始的哲学思考和科学认知。这一切都是人们改造外部世界、认识各类事物现象的理论概括，构成了一个民族历史上特有的一套原始的知识体系。

人类除了衣食住行等这一切最基本的物质需要而外，在精神上最根本的需要，恐怕莫过于在改造世界的同时，对天地间的万事万物及其来龙去脉做出一定的解释。人类的实践，人类的理性，人类的意志，人类的情感，人类的想象，都不允许人们对自然、对社会、对自身一无所知，而在此蒙昧状态下，浑浑噩噩地过着纯粹动物性的被动盲从的生活。人类通过认识、改造和解释自己身边的一切，把周围的外在环境事物转变成自身所占有的对象世界。这也就是人类这一社会物种之所以能够身为主体的可贵之处。

不过，囿于地理环境、实践能力、认识水平等因素的不同限制，人类各个民族的先民们所接触到并加以把握住的大千世界，事实上是颇为不同的。他们对于世间万千事物现象的认识和解释也各自具有其独到的特色，由此而形成了各个民族历史上形形色色的各种原始的知识体系。这类原始的知识体系所包含的思想文化信息，正是通过各民族的口承文化传统，才得以世代相继而积累传承下来的。

第二个基本方面是价值文化，其中包括传统的伦常规范和信仰观念。这一切都是人们评价各种行为、制约人际社会关系的人伦准则，反映了一个民族历史上特有的一套传统的行为模式。

人与人之间的社会关系，是人们共同的生产生活活动及人际交往联系的产物。在社会的物质生活和精神生活中，人们的各种社会共同体内部、社会共同体之间，普遍形成了一定的经济、政治、法律、道德等等的关系。这些社会关系，既不是单纯的生物协作本能，又不是自然的生物亲缘联系，二者都不能与之相比拟。所以，若要维持社会生活的正常运转，维护社会关系的正常秩序，一定的社会伦常规范是必不可少的。

在人类社会的远古时期，这些社会伦常规范往往还以超自然强制力量的“天伦”形式体现出来，因而宗教信仰也在其间起着不容忽视的重大作用。什么样的行为是好的，什么样的关系是正常的，什么样的做法是应该的，什么样的事情是不能做的，对此，每一个民族皆有自己的一整套伦常规范和宗教信仰观念。自古以来，以这些伦常规范和信仰观念为基础的传统行为模式，一向是各个民族的传统文化基本内容的一个关键部分。因此，传统的价值文化信息，必然也就成了口承文化传统中的一项十分重要的蕴涵。

第三个基本方面是历史文化，其中包括古老的民俗意识和历史记忆。这一切都是人们理解自身发展、记忆各类习俗事象的历史回顾，体现了一个民族历史上特有的一套古老的社会传统。

正因为人类有一套社会传承的文化信息系统，保存下人类自诞生以来所创造的物质成果和精神成果，所以人类是有明确的社会历史的。尤为关键的一点在于，这个历史是为人们自身所自觉意识到的。当然，物理世界和一般生物界，也会有着自己的自然演化史和生命发展史，不过，它们却对此一无所知。它们的自然历史也是由人来认识的，在这个意义上，它们的历史是由人类的实践活动和认识活动所创造出来的。

就精神文化方面而言，一个民族的历史就表现为一种持续不断的社会传统，这当中既包含有文化上的民族习俗风尚，又包含有心理上的民族历史记忆。在各个民族的口承文化传统中，不仅各自民族的神话古史、历史传说被长期保存下来，而且就连各自民族的种种民俗仪礼事象也已经被充分历史化了。古已有之，这便是某种古老的社会传统得以长久保留的最坚实的神圣依据。任何一个民族的口承文化传统都保存着古老的历史文化信息，其要义正在于此。

第四个基本方面是艺术文化，其中包括久远的审美取向和娱乐志趣。这一切都是人们体验生活现实、描绘世界万事万物的情感表现，涵括了一个民族历史上特有的一套久远的美学经验。

诚然，人类的艺术活动绝不是孤立的，人类社会的艺术文化也不会同其他诸种文化形态绝缘。恰恰相反，在各个民族的艺术活动中，他们各自生活现实里的实践活动、认识活动、评价活动和交往活动，全都彼此紧密地融汇一体；在各个民族的艺术活动里，他们各自所创造的物质文化、思想文化、价值文化和历史文化，也在共同发挥着应有的一份作用。艺术文化是真、善、奇、美的有机统一，它的内涵及其意义的丰富性和复杂性，便是人类社会的全部文化事象的丰富性和复杂性的集中体现。审美和娱乐之所以会成为人类的一种必需的精神享受，成为启迪人们性灵、陶冶人们情操的一项重要的精神活动，其根本原因也就在这一点上。

值得注意的还在于，人类早期认识大千世界之率真，追求理想境地之苦善，描述历史事象之雄奇，这本身也即是人类纯正童心的生动感受及其诚挚表露。在其中，勃勃焕发出来的艺术之美的绚烂光彩，实在是后世的书面创作文学再也无法企及的经典范本。各个民族的口承文化传统满载着久远的艺术文化信息，这一事实是不言而喻的。

三、口承文化的功用

还有必要加以说明的是，口承文化传统在各个民族的早期历史上，曾经是其社会的全部文化成果的惟一理论形式，除此之外，他们在那时便没有了其他的经验总结和理论概括的外在传承表现。因此，其间这几个基本方面的文化本位性质，必定是完全交融在一起的，难以严格地独立区分开来。显而易见，久昔历史上世代传承下来的口承文化传统，即为一个民族的整个精神文化的理论复合体，它在这一民族的传统社会生活中，同时从几个基本的方面，对人们起着极为重要的社会化功能作用。

一是教授原始的知识体系。

各个民族的口承文化传统，包含了先民们认识对象世界的思想成果，也包含了他们改造对象世界的经验总结，具有关于宇宙万物的认识论功能。

在没有先进的哲学思想和精确的科学观察取而代之以前，这一类原始的知识体系一直居于一种正宗的权威地位，在长久的历史上为各个民族文化共同体所信奉。在这种情况下，向后世的人们教授这一类原始的知识体系，是每一个民族的口承文化传统不可或缺的基本功能之一。

二是贯彻传统的行为模式。

各个民族的口承文化传统，汇聚了久远传承下来的社会生活中的伦常法度，也汇聚了与此有关的种种信仰观念，具有关于社会关系的规范性功能。

无论某一个民族现今的社会历史发展程度如何，从他们久昔流传下来的口承文化传统当中，总可以清晰地看到以往时代陈旧的经济结构、政治制度、法律准则、道德规范、宗教信仰等方面的诸多遗痕。这正好说明，这些东西曾经存活于一定的生活现实之中，而口承文化多方倡导这种传统的行为模式，目的便在于使之贯彻到人们的日常生活中去。这也是口承文化传统的一种重要的固有功能。

三是维护古老的社会传统。

各个民族的口承文化传统，记述了民族共同体的发生发展情况，也记述了他们独具特色的各种民俗仪礼的由来，具有关于习俗事象和古史传说的历史观功能。

一个民族的习俗和历史，往往是一种最为稳定的社会传统。所谓文化的民族性，就最突出地体现在各个民族独特的风俗习惯和历史发展脉络上。对自身民族传统习俗的理解，对自身民族久远历史的记忆，从来都是各民族传统精神文化的重要内容，并作为一种古老的历史文化世代传承下来。在缺乏明晰的历史记载，缺乏准确的历史考证的情况下，口承文化传统便将神话古史和历史传说当做真确的史实晓以后人，发挥着维护民族共同体古老的社会传统的特殊功能。

四是传播久远的美学经验。

各个民族的口承文化传统，保存了他们长时期以来形成的特定的审美心理定势，也保存了他们娱乐人生的特有情趣，具有关于感性世界的艺术化功能。

这即使不是最主要的一种文化功能，也是一种最基本的文化功能。用口承文化历史演化的动态发展眼光来看，这一功能便显得越来越突出。而且，重要的一点还在于，口承文化的其余诸种基本的社会文化功能，也都是建立在几乎与此同形同态的感性直观的思维活动方式基础之上，以类似于审美娱乐性的艺术感受形式而对人们发生作用。这一点也即是口承文化传统的艺术潜能或艺术基质之所在，同样是口头文学的艺术文化本位性质最终得以分化确立的历史根基之所在。

最后再回到对文化的总体概括上来。

人类社会无文字的历史远远长过了文字记载的历史，更远远长过了运用印刷、电讯和计算机的历史。口头语言曾经是人类最基本的文化信息传递载体，并且至今依旧是人们最主要的社会交往及思想交流工具。而各民族的口承文化则包容了人类社会最古老、最丰富的文化信息蕴涵。基于这种种原因，由口头语言及口承文化出发，来描述人类文化的基本形式结构特征，进而对全部文化形态做一个抽象的概括，应当说是极为合适的。甚至可以这样认为，口承文化传统在各个民族文化共同体的久昔历史上，本身即为一种放大了的、全景性的口头语言信息传递的综合结构，同时又是一种缩小了的、具体化的人类社会文化信息传承系统。

思 想 文 化
(原始的知识体系)

佤族把文字画上牛皮，
牛皮不怕风吹雨淀：
……
牛皮啊，阿佤的宝中宝，
牛皮已被烧得焦黄。
……不要把牛皮丢弃，
吃了牛皮度饥荒；
文字留在肚子里，
知识记在心坎上。

——佤族《西岗里》史诗

中国社会科学院云南少数民族文学研究所、云南省社会科学院民族民间文学研究所、中国民间文艺研究会云南分会编：《云南少数民族文学资料》，1 辑，26~27 页，昆明，铅印本，1980。

第一章　哲学思考

——创世造物的主体意识

人与自然环境的主客体关系，从一开始就摆在人类面前，无疑也摆在一切时代各个民族的人们面前。在人类对面，大自然仿佛永远是一个无法彻底揭开的谜。大千世界的起点在哪里？万事万物的本原是什么？人在自然界里的地位怎样？对于这一类根本问题，人类各民族有史以来便一直在思考，并费尽苦心地寻求着答案。尽管受到各自物质环境和认识发展局限的制约，各民族的人们也还是不断努力探索，并对此作出自己时代所能得到的解释。正是在对于这些永恒的问题的理解中，人类各个民族都充分显示了自身的理性希望认识自然的伟大力量。

现代科学的高度发展，虽然已经致使近代的所谓"自然哲学"在今天几近失去了存在的意义，但却完全不可能追补修正逝去的那个时代人们对自然对象世界的看法。同样，当代哲学关于自然世界的认识，显然已经不再是神话，不过，谁又能否认，人类社会各个民族的口承文化，特别是其中的古老神话，曾经带着他们各自的先民们最初的哲学思考呢？哲学不能说是有关整个世界基本方面的某一种具体的理论概括，而应当包括人类各民族对于世界基本方面的一切认识及评价，以及如何来认识及评价的方法本身。所以，哲学并没有在职业哲学家那里注册专利权，更不仅仅是哲学理论著作思绪驰骋的专有属地。哲学的思考存在于一切时代的人类社会中间，存在于各个民族的古今智慧对于世界最根本问题的一切理性探讨之中。

人类各个民族的古老神话考虑得最多的，偏偏就涉及世界的最根本的问题。差不多每一个民族都有自己独特的创世神话，天地开辟，日月初临，万物起源，人类降生，这一切都在其中得到了各种特殊的解释。人类永不满足、从未停息的理性追求，绝不容许任何一个民族的人们对这些千古之谜茫然无知。哪怕所得出的认识是肤浅的，甚至是荒诞不经的，各个民族的先人们也一定要对自然界有一种自力自足的理解。在那当中，或许正由于还不曾有严格的自然因果律以充实人类初民幼稚的理性，也尚未让严密的思维逻辑来束缚人类初民童真的感受，所有这一切问题的解决都是那么简单、那么明快。自然世界在他们童心虚妄而目空一切的视野里，恰恰就只会是他们所能感觉到、所能表述出的那个样子。若是认真说起来，如今又何尝绝对不是如此？

外在自然世界的对象客体，固然时时独立于人类的认识而存在，并始终决定着人们的认识，还可以进一步说，也限制着人类认识的深度与广度。但是不难看到，在各个民族古老口承文化的原始哲学思考中，哲学认识论、价值论及方法论上的人类中心主义，却得到了最为明白显见的体现。实际说来，大可不必过于苛求以往时代各民族的先民们，因为在当今乃至未来，情况一向依然如故。这正是人类世界永远无法突破的视域局限，同时却又是人类物种最可宝贵的主体性的立场标度。

在这一点上，表现出原始哲学思想的各民族古老的口承文化，绝无例外地带有两个极其鲜明的特点。

首先，特定文化中的创世神话，仅仅只能为某一个民族共同体所专有。限于地理上和信息上的交通不便，往昔人类世界的诸民族通常便形成一个个相对封闭、相对独立的社会文化共同体。再加上人们的实践水平和认识能力又极为有限，因而他们所面临并把握住的对象世界，就他们自己来说也是相对封闭的。他们各自有着仅归属于自己的一个相对独立的感性世界，这就决定了，各个民族的人们对于那个特定的对象化小世界的认识及评价，当然也只会是别具特色的。

其次，这个特有的自然对象世界在各色各样的创世神话里，是由不同的人化的创世神或神化的创世英雄以不同方式创造出来的。在各民族先人的思考中世界应该是什么样，真实的世界在他们的眼里似乎就只能是什么样。至于在事实上，自然对象世界的本来面目究竟如何，他们一时还关照不周全，否则就历史地失去了神话。为了自我满足地理解这一个碰到面前的外在世界，为了自圆其说地解释这一个被关心到的对象世界，神话在实际上就需要造就出一个独特的自然世界。而各个民族的古老神话，也确实从观念上创造了形形色色的一整个大千世界。

以上这两点具有普遍性的情况，在诸多民族留存至今的古老口承文化里，都能够毫不费力地明白看出。

假如没有后来充满高度发展的理性精神的哲学思考，没有哲学思考的成熟对于古老口承文化的历史性清算，人类世界各个民族的思想贤哲们，也许迄今仍旧还要硬充当起大自然的造物主和立法者的角色，就如同人们在超越现实的艺术构思领地上的所作所为那样。然而，也正因为人类的理智终于有了这么一点点谦逊，后世的人们便常常会误将人类各个民族先民们的原始哲学概括当做艺术虚构，如此一来，他们虔诚的苦心思索却被派成了轻巧的迷离想象。在看待古老的口承文化对于各类具体事物及现象的认识和解释上，这种误会就更加突出。

第一节　千古宇宙之本（哲学宇宙观）

四方上下曰宇，往古来今曰宙。空间渺远，时间长恒，到这一个时候，在这一个地方，地老天荒的大自然终于有能力开始反思自身——人类物种是自然物质的精华，人类的思维是自然物质运动的结晶，反思自然宇宙的本原成了人类物种的当然使命，也是人类思维的必然追求。

可是，人类这一社会物种并不甘心居于自然世界产儿的位置，人的大脑也并不仅仅遵循自然物质运动的一定之规，人类的理性一经产生，便必定会超越于自然物质世界之上而自由驰骋。何况，人类物种的大脑也远远不止一个，理解自然之本的思考答案也就很难以整齐划一，由此便形成了人类世界的各个民族五花八门的哲学宇宙观。在历史上无文字的各个民族保留至今的古老口承文化中，人们不难看到他们各自历史上各色各样的原始形态的哲学宇宙观。

一、开启混沌

大自然反思自身从何入手，需要有一个方便的逻辑起点，这也即是人类理性破解自然之谜的思考起点。在这里，最便当的逻辑起点想必莫过于宇宙演化的时间起点。大自然从哪里开始，对大自然的思考也就从哪里开始。因此，人类各民族的先民们几乎不约而同地找到了这样一个起点——“混沌”。在古巴比伦，在古希腊，在古华夏，乃至在澳洲和美洲，全都如此。

实际说来，此处所谓的“混沌”，并不仅仅是宇宙起源的自然混沌状态，同时也反映了古代人类各个民族的人们最初认识宇宙大千世界的思维混沌状态。宇宙间的混沌和认识上的混沌，自然世界的时间起点和人类思考的逻辑起点，便这样统一了起来。正是在人类的理性开启混沌的探讨当中，显露出了各民族的先民们首次面对整个自然世界的最初的哲学宇宙观思考。

阿昌族的古老作品《遮帕麻与遮米麻》开篇即唱到：在远古的时候，既没有天，又没有地，只有“混沌”。混沌之中无上无下，无往无今，无边无际，无始无终，无明无暗，无依无托。当然，就连表示空间无限性和时间永恒性的“宇宙”都没有，想来便只有抽象的“混沌”。不过，人类此时尚不知在哪儿，是怎么知道这一切的呢？这个起点实在是人们为自己方便而硬找出来的。现代宇宙学还可以用思想实验和理论推演的方法，进一步来验证这种假设；而过去时代的人类先民则尤为决断，索性就创造出这么一种“混沌”来，有的进而至于使之完全人格化。这样的宇宙观思考真可谓名符其实的“混沌”，可以不要任何理论的和实验的根据。

在各个民族的古老口承文化中，类似的说法处处可见。例如，景颇族《驾驭太阳的母亲》就认为，很古很古以前，世间本来没有天，没有地，也没有万物，一片混混沌沌。题意为“造天造地”的拉祜族《牡帕密帕》则说：在很久以前，没有天地，没有日月星辰，不分东南西北，不分白天黑夜，世间黑茫茫一片，宇宙在沉睡。以“开天辟地”之意为题的哈尼族《奥色密色》也讲道：

很久很久以前，
宇宙间茫茫一片，
没有天和地，
分不清黑夜和白天。

没有草木禽兽，

没有山峦河川，

没有日月星辰，

没有一个人烟（语病！原文如此）。①

更常见的则是以世间的自然现象类比，来做具体化的描绘。比如说，红河布朗族《顾米亚》告诉大家：很多年以前，没有天，也没有地，更没有草木和人类，到处都是一团团黑沉沉、飘来飘去的云雾。景颇族的《木脑斋瓦》又唱叙到：在天和地出现之前，宇宙间只有一团小小的云雾在旋转。哈尼族则又有《天、地、人的形成》昭示人们：远古年代，世间只有一片混沌的雾，上无天，下无地，空荡荡，冷清清。“混沌”也好，“云雾”也好，毕竟不是“无”，总是有个东西在那里，可以作为宇宙发生的起点，也可以作为人们思考的起点。

宇宙初始于混沌，因为人类初民的思维混沌，于是乎大伙一块儿找到了“混沌”，站在同一个起点上。然而，“混沌”之后，一旦离开起点上路，各个民族的先民便显出了各自丰富的想象力，其宇宙发生论格外具有自由自在的独创性。

《木脑斋瓦》里那一团旋转着的云雾，据说后来越旋越大，最后变成稀泥一样的东西。这时便出现了一对代表阴阳的天鬼，男的叫做能汪拉，女的叫做能班木占，他们便是创世造物的首功第一代。这虽然是明显的神创之说，但创世的阴阳天鬼却是由旋转凝结的云雾中产生出来的。与康德的宇宙起源星云说相比，其间也有着某些令人惊讶的相近，相异之处仅在于有劳一对阴阳天鬼出来，多此一举做“第一次推动”。

西双版纳布朗族神话则相信，经过一次大的火山爆发，混沌的云雾散去，天地分开来。宇宙成为三层，帕亚英住在天空，帕亚捧住在地面，帕亚那住在海底。这可是典型的宇宙大爆炸说，不知后世提出宇宙大爆炸说的弗里德曼和勒梅特两位先生作何感想？不过，说开天辟地的宇宙起源始于地上的火山爆发，这倒真有些奇怪，人类先民可真能想象出这般不可思议的事情。

① 《山茶》，111页，1980年第3期。

另有几种混沌初开的说法才真叫奇特。前面提到过的《遮帕麻与遮米麻》里说：记不得是哪年哪月，混沌之中忽然闪出一道白光。有了白光，也就有了黑暗；有了白光与黑暗，也就有了阴阳。于是，阴阳相生诞生了天公遮帕麻与地母遮米麻，明暗相间产生了30位神将和30名神兵，创世自此开始。哈尼族的《天、地、人的形成》说到：混沌的雾无声无息地翻腾了不知多少年，到头来变为极目无际的汪洋大海。随后，在海中生出了一条看不到首尾的大鱼，天地便由它来开辟。景颇族关于自然界起源的传说则向人们讲述：最早的世界是漆黑一团的，渐渐地出现了萤火虫一样发光的东西，但世界仍旧模糊不清。就在这时候，迷蒙之中出现了格莱与格散这两位万能的造物主，他们想象什么便会有什么东西产生。古希伯来人《创世纪》里的上帝也不过如此。凡此种种，说成是这些民族的先哲们无拘无束的童蒙想象，也许还更为合适。不过，有一个共同点却是真实的，那就是这一切都是从人类初民理性的混沌，进而是宇宙观的混沌之中萌生出来的。开启混沌的方式或过程尽管充满了非人间的神异色彩，但在实质上，却正是各个民族的凡俗的先人，以自己的哲学沉思开创了一个个完全属于他们各自的观念上的初始宇宙。

二、天地奇功

头顶的天时时笼罩着大地，脚踏的地时时负载着天下的一切。世世代代生存于天与地之间，人类所面临的整个自然世界，天地即可作为代表。在童蒙的人类各民族初民的眼里，全部自然之谜的聚焦点便在于天地之奇功。天空何以高升？地面何以低降？开启混沌首先就是要开天辟地。

天地如何开辟？景颇族的类“星云说”也好，西双版纳布朗族的准“大爆炸说”也罢，到底都离不开人格化的鬼神，归根结底还是创造了鬼神的人类在后面“创世”。阿昌族的造物主干脆就是人类两性的自然外推——阴阳相生的天公遮帕麻与地母遮米麻。据称，遮帕麻用珍珠造了东边的天，用玛瑙造了南边的天，用玉石造了西边的天，用翡翠造了北边的天。与此同时，遮米麻拔下右边脸上的毛，织出东边的地；拔下左边脸上的毛，织出西边的地；拔下下颏上的毛，织出南边的地；拔下额头上的毛，织出北边的地。天公造好了天，地母织成了地，天地方位四极对应。但是，天造小了，地织大了，天边罩不住地缘。于是，遮米麻抽去了三根地线，大地便产生了强烈的地震。结果，大地上有的地方凸起，成了高山；有的地方凹下，成了低谷。大地也就此缩小了，天边盖住了地缘。景颇族开天辟地的天鬼也是一对男女——能汪拉与能班木占，正是他们创造出天空和大地，又创造出天上的日月星辰。在中华地域间，天地乾坤本来便是阴阳两极的象征，由天公地母或男女天鬼来开天辟地，无疑是天经地义的事。这恰好反映出了一种阴阳相生的宇宙自然观。

拉祜族的创世造物的天神倒是孤家寡人，独自一个，但是辅佐他造天造地的助手却仍然是一对，造天的助手是扎罗，造地的助手是娜罗。《牡帕密帕》里详细唱叙了他及其助手造天造地的整个过程——

厄莎搓下脚手汗，
做了四棵柱子……
又做了四条大鱼……
柱子支在鱼背上，
再架四棵天梁，
再架四棵地梁。
天椽放在天梁上，
地椽放在地梁上，
从此天地分开了，
厄莎心里好喜欢。
……天没骨头是软的，
地没骨头要下陷。
……他忍痛抽出自己身上的骨头，
手骨架在天上成天骨，
脚骨架在地上成地骨。
天有天骨硬铮铮，
地有地骨不下陷。[①]

① 刘辉豪整理：《牡帕密帕》，1 版，3-4 页，昆明，云南人民出版社，1979。

在这里，创世的天神厄莎不仅充分人格化了，他简直就成了人类主体创世造物的宇宙起源观念的化身，其造天造地的过程显然带有人间活动和人们感觉意识的背景。

有一些民族则更为干脆，索性直接让奇人来完成这天地开辟的奇功伟业。怒族的《射太阳月亮》说：古时候，天地相连，举手便可以触摸到天空。后来，不知从哪里出来一个巨人，将天地分开来。普米族《捉马鹿故事》说得更奇。巨人简剑祖一箭射死了一只马鹿，他割下了马鹿的头，变成了天；又剥下马鹿的皮，变成了地。人们当然会感到奇怪，天地尚无，且不说巨人，那只马鹿又是由哪儿来的？人类的先民们本分天真，可想不了那么多，只要创造出一个天地来，便已心满意足了。在布朗族《顾米亚》里，开创天地的那位神巨人名字叫做顾米亚，所从事的也是同样的事业。他劳苦奔波，寻找着建造天地的材料。那时候，有一头巨大的“犀牛”，与云为伴，与雾为友，在混沌的空间自在地漫游。顾米亚发现了它，剥下它的皮，做成了天；又割下它的肉，做成了地。最后，他把它的四条腿变成四根大柱子，竖在大地的东南西北四个角上撑住天，又抓来一条大鳌鱼将地托住。在《奥色密色》中，哈尼族先人则相信，造天地的人是天王派来的。天王派了三个人造天，又派了九个人造地。他们合力杀翻了一头像山一样大的“龙牛”，用牛皮做天，用牛肉做地，完成了开天辟地之功。当然，上面这些人看来都不会是凡人，他们的所作所为也不是凡人之所能，然而，以天地开辟作为混沌初开的具体表征，根据各自特定的现实环境而由观念上为此创造某种契机，这确实是各个民族大凡大俗的先民们之所为。

这样看来，天地之奇功不过是人类初民的宇宙自然观的一种曲折反射，开天辟地的其实正是人类自身。即便像独龙族《大蚂蚁分天地》那样，认为是大蚂蚁把天地分开，或者像哈尼族《天、地、人的形成》那样，认为是一条大鱼上下摆动鱼鳍而变出了天地，事情也同样是如此。人类各民族的先民们最初对于宇宙天地有了什么样的认识，也就在观念上为自己安排下了什么样的开天辟地之举。

有趣的是，在一些民族的先人那里，高天是自生自长的，只有大地才需要创造。傈僳族的《天、地、人的形成·木布帕捏地球》里传说：在遥远的古代，只有天，没有地，天没有柱子，就像浮动着的云一样。天神木布帕看到天没有东西托着，随时都有掉下来的危险，便用天泥捏了一个地球来支撑着天，使天不再摇晃。《基诺族服饰的由来·妇女服饰的由来》则说：早先，世界上只有水、天、太阳，根本没有地球，自然也没有草木和人烟。不知是何年何月的一天，从水里浮出基诺族的第一个女祖先，名叫阿莫小北，空荡荡的天空使她找不到落脚处。于是，她首先想到要造一个地方来落脚，但一时想不出办法来，便急得直搓手，无意中将汗泥搓为圆团，变成了今天这个地球。尽管仅只是造地，这些天神或凡人的功力也已经十分可观。

不过，更加了不起的还得算为宇宙自身做反思而大发奇想的人类初民。要不是人类的理性，宇宙天地无论如何也无法为自己创造出一套宇宙发生论，不管是怎样粗陋的发生论。从这个意义上来说，天地之奇功实质上恰好是人类理性创世造物之奇功，各个民族的原始宇宙也就起始于他们的先民们敢作敢为的奇思异想之中。

三、万物之源

混沌是宇宙之初，天地是万物之始。宇宙天地间，万物之源又是什么？这个问题可已经是郑重其事的宇宙本体论思考了。近代的“星云说”提出，天体万物起源于逐渐凝聚的原始星云；现代的“大爆炸说”则指明，今天的宇宙万物来源于迅速膨胀的初始宇宙。对于老实本分的人类初民来说，这一切才真正是太玄了，有谁见到过这些，有谁能够做此设想呢？他们所能照顾到的，仅仅只会是他们的所见、所闻、所感、所思。整个宇宙在他们心目中，实在不过是他们身边那个具体环境的外推扩大。他们的宇宙本体论，实质上是一种直观经验的附会描述，但是，有时他们偏偏又反其道而行之，不得不为宇宙本原寻找某种终极原因，以想象中的超自然力来弥补观察经验的不足。

“阴阳相生论”就是极为典型的一种直观经验描述性的宇宙本原论。天地万物是从何处产生出来的，人类各民族的初民们并不知道究竟，可是，他们对于人间的生养之事却并不陌生，这便成了他们考察问题的极好参照物。在《遮帕麻与遮米麻》里，阿昌族的先人们讲得明白——

造天的是天公，
天公就是遮帕麻；
织地的是地母，
地母就是遮米麻。
……
世界上有阴就有阳，
世界上有天要有地。
遮帕麻造天的时候，
遮米麻就开始织地。①

独龙族的《木彭哥》则说，在远古的时候，日月交配生出了万物。而在《木脑斋瓦》中，景颇族的先民们确信，能汪拉与能班木占是第一代创世造物的天鬼，这一对超凡的男女也就代表着宇宙间的阴阳生源。不仅如此，他俩所生下的第二代天鬼，即娃襄能退腊与能星农锐木占，也是一男一女构成一对；再下面一代，彭干支伦与木占外顺，同样是一对男女天鬼。整个宇宙天地，天上、地下的万千事物，基本上就是由这三代天鬼阴阳相交创生出来的。就这样，天与地、日与月、公与母、男与女，相比而成，两两相依相间，构成了乾坤阴阳相生的创生之源。

具体地说，阿昌族的天公遮帕麻用雨水拌金沙造了一个太阳，用雨水拌银沙造了一个月亮。他又种下一棵树，让太阳和月亮绕着树转，太阳出来是白天，月亮出来是夜晚。他跨出一步就留下一道彩虹，他走过的地方踩出了一条银河，他喷出的气息变成满天的白云，他流下的汗水化做遍地的暴雨。同时，地母遮米麻拔脸上的毛织地，脸上流下了鲜血，淹没大地成了大海。她造地用的是身上的血肉，这就使大地有了生机。后来天地破了，遮米麻便用原先使天地合拢时抽出的三根地线去缝。东边的天地缝合了，太阳和月亮从那里升起；西边的天地缝合了，太阳和月亮到那里歇息；北边的天地也缝合了，在夜里北斗星挂在那里的天幕上。天公与地母的合作自然天成。

① 朱桂元、吴肃民、陶立瑶、赵桂芳编：《中国少数民族神话汇编·开天辟地篇》，331-336页，北京，中央民族学院少数民族古籍整理出版规划领导小组办公室，铅印本，1984。

景颇族的历代创世天鬼更是一对一对男女合作，一块儿创世。继能汪拉与能班木占创造天地日月之后，第二代的娃襄能退腊与能星农锐木占接着创世。他们分开了白天和黑夜，创造了天上的飞禽，又创造了地下的走兽，还创造了水里的游鱼。他俩死后，他们生下的第三代彭干支伦与木占外顺再接力创世。他们返老还童四次，为的是最终完成造物创生之业。他们创造了风雨雷电、高山深谷、河流湖泊，也创造了劳动用的工具和打仗用的武器。他俩死时，仍不忘创世造物之责，血肉变成了泥土，毛发变成了草木，脏腑变成了宝藏。更有意味的还在于，据说，人类的始祖也是他俩结合而生育下来的。这就再明白不过地表明了，这种阴阳相生的宇宙观，恰恰是人间男女相交而生殖之能事的自然推演。离开了男女阴阳相间之事，创世大概就只能无中生有了。

"神创论"便可谓之无中生有，宇宙的本原是超自然的神，万事万物的终极原因是超乎物质的神力。然而，遗憾的是，看似万能的神有时却显得十分无能，其创世造物的所为实在也没有超出人类的经验范围，充其量也只是略有几分了不起的功力而已。《牡帕密帕》就晓示人们，拉祜族的创世天神也不过是用左眼做太阳，用右眼做月亮。可是太阳不会发热，月亮不会发光，于是，他又呵出一口气当金针，金针插在太阳头上；再拔下头发当银针，银针插在月亮头上。另外，厄莎的汗珠变成了星星，手茧变成了白云。真不知道，此天神若没有人间经验又该怎么创世造物。

傈僳族的天神木布帕似乎本事比较大一些。他不仅背来了谁也不曾见过的天泥，捏了一个地球以支撑天，而且还在地上种下了花草树木，又捏了飞禽走兽。创世造物之神是得有些不凡不俗之处，总不能老是干一些人间凡俗之辈也会想到的事情。只可惜木布帕仍未能脱尽凡根，居然还会有父母、老婆、孩子一大家子人，真不大像是一个独往独来的万能至上之主。此外还有一点，木布帕不曾辛苦到底把世界创造完毕，人的世界是从一对猴子开始的。或许他捏好这一对猴子后便已心衰力竭，因而引退一旁养老去了。这也难怪，他上有双亲二老，下又有妻小，想来与凡人一般，自有年老体衰的时候。因此，傈僳族的先人又有叙事探源歌《木刮基》传下来，咏唱木布帕之后接手二道创世的那神奇的猴儿——

古时候洋洋洪水冲大地，
涛涛哎江河上青天。
猿猴呀，是它创造了世界，
是它哎创造了人间，
是它创造了五谷，
是它哎创造了生源。
从那时候起，
开始劳动建家园，
开始生活和生产。①

相比之下，景颇族的造物天鬼好像拥有更大的神力，创世也尤为彻底。除了前面提过的那一对对阴阳相生的创世天鬼而外，景颇族的传统口承文化另外又提到了其他一些创世造物之源。

一为《人类始祖》中的两个各自独立的造物天鬼，松昌和诺强。据传，松昌只是出主意，让他的九个儿子干活，造出了树木和花草，造出了飞禽走兽和昆虫，造出了五谷粮食，甚至建造了军营；诺强与其妻子苏琼一起商量一起干活，也造了所有这些东西，另外还造了两个人，一个姐姐和一个弟弟。

一为靠想象来创世的格莱、格散这两个造物主。据传，在迷蒙一片的天上，他们想，应该有一个太阳，太阳便出现了；他们又想，夜间应该有一个月亮，月亮也出现了；月亮太孤独，他们便想，应该有星星去陪伴，于是星星出现了，银河出现了。上面的天空和日月星辰有了，他们想，下面应该有地，地果然出现了；他们又想，地上应该有动物，于是蟒蛇、大象、老虎、野牛、老鹰、乌鸦等等便出现了。在此，人们不禁会联想到古希伯来人的上帝。“上帝说：要有光。于是就有了光。”《旧约全书·创世纪》中的这一句话，仿佛是上帝万能的佐证。其实，诸如此类的创世叙述，看做人类语言概念形成并给世间万物命名的过程，也许倒有几分真实。人类的整个对象世界也就是在思维及语言的概念系统中，才为人们所把握住的，这在全人类的各个民族中无一例外。创世的天鬼、万能的上帝不过是人类思维和想象活动的人格

① 云南人民出版社编：《云南民族民间文学艺术》，1版，166-167页，昆明，云南人民出版社，1985。

化傀儡。

“物相论”自然是又一种典型的直观经验描摹的宇宙本原论。需要着重强调，这同认为宇宙万物源于某一种或几种物质要素的“唯物主义”有着天壤之别，实际上不过是用比附的手法，把一实在之物生拉活扯地分解开来，拿了去造出宇宙间的万千物象。譬如说，有几个民族的先人们就相信，宇宙万物之源是一头牛。这可不是笑谈，而是人类先民认真思考后所得出的一种结论。布朗族的神巨人顾米亚正是用的一头牛来创世造物。他在用牛皮造天、用牛肉变地之后，又挖下牛的两只眼睛做成星星，再把牛骨变成石头，把牛血变成水，把牛毛变成花草树木，把牛骨髓变成鸟兽鱼虫，最后还把牛脑浆变成人。在《奥色密色》里，哈尼族的天王派来造天造地的人也做了同样的事。他们先用牛皮造出天，而后把牛的左眼变为太阳，右眼变为月亮，牙齿变为星星，眼泪变为雨水，舌头变为彩虹；再用牛肉造出地，然后把牛的鲜血变做江河，骨髓变做石头，体毛变做草木；此外，那牛临死的时候，吼声化成了雷，喘气化成了风。

人们根本不曾理会那时没有这些牛怎么办。没有牛，他们也一定会找出别的什么东西，也好交给那些创世造物的神或人去收拾，否则用什么创世？普米族的先人们就找到了一只马鹿。普米族的巨人简剑祖割下马鹿头做天，于是其两只眼睛变成了太阳和月亮，牙齿变成了星星；又剥下马鹿皮造地，于是其皮上的毛变成了草木，流出的血变成了海洋；再掏出马鹿五脏，其心变成了山，肝肺变成了湖泊，大肠变成了江河，小肠变成了道路……总之，一切部件都是有用的，只要充分运用想象力来加以利用即可。怒族的一个传说找到了什么，他们的先人也说不清楚，索性便称为巨兽。其中讲到，有一个巨人砍死了巨兽，巨兽的血肉变成土地，骨头变成石头，经脉变成金银铜铁，毛皮变成树木花草。巨兽的眼睛有一只未腐烂，变成了太阳；另一只已腐烂，变成了月亮。这一番创世造物倒也方便，天生就有各种材料部件可供装配出一个大千世界。怨不得造物的神们或人们不花多大气力，人类先民们的思维水平就只有那么一点，其想象力已经够可以了。

最有意思的还在于德昂族的“始祖的传说”《达古达楞格莱标》。这一古歌唱叙说：

茶叶是茶树的生命，
茶叶是万物的阿祖。
天上的日月星辰，
都是茶叶的精灵化出。①

事情还远不止于此。天上洁白的云朵，也是茶树飘撒的披纱；天边璀璨的晚霞，则是茶树的华丽衣裳。茶树天生就生长在天上。为了造就出滋养生命的土地，茶叶精灵还割下身上的皮肉，揉碎了撒向一片死寂的大地，把千山万水铺绿，从此地界才有了一派生机。栽茶、饮茶在德昂族人的生产生活中有着悠久的历史，他们的祖先形成这种“茶本世界”的观念是很自然的事。令人感兴趣的是，这类情况在其他民族中似不多见，德昂族的“茶本文化”到底是如何形成的？不过，这属于另一个课题。

面对宇宙万物之本的千古之谜，人类的理性自一开始便陷入了义不容辞的苦苦思索。的确，代表大自然反思自身，追寻自然之本，这是人类不可推卸的苦役，也是人类君临整个宇宙的责任。无数亿年的宇宙演化，最终孕育出了物华天宝的人类大脑，势必得指望它来反身内省。于是，地老天荒的大自然第一次有了自己的思想家——人类的理性，也第一次有了对于自身本原根据的思考——哲学宇宙观。

诚然，囿于人类初民的实践能力和认识能力的发展局限，囿于各个民族的先人们的思维水平和物质环境的具体情况，他们的哲学宇宙观可以说还是一种童稚的猜想。但是，不容否认，人类由理性上把握自然、驾驭整个宇宙的伟大认识过程，恰恰就是从先民们在观念上自由自在地开辟天地、创造万物这一起点开始的。

第二节　我们从哪里来（人类本原论）

我们到哪里去？——人类末世论的迷惘仅属于人类世界困惑的暮年。

① 德宏州文联编：《崩龙族文学作品选》，1版，141页，潞西，德宏民族出版社，1983。“崩龙”为德昂族原称。

我们是谁？——人类本质论的思索当属于人类世界迷乱的成年。

我们从哪里来？——人类本原论的探寻才属于人类世界天真的童年。

或许，正因为人类的童年充满了稚气的好奇和天真，其时，人们对于人类自身的哲学思考便格外富有朝气。人类先民还没有功夫去考虑人类本质和人类末世的问题，他们远不是那般世故老成。他们只来得及关心人类自身怎样来到了这个世界上，而在其人类本原论的大胆探讨中，自可看出他们走向明天的童稚信心和勇气。在各个民族久远的口承文化里，便长期保存下他们各自无文字历史上古朴的人类本原论思考。

一、神创之功

一定是人先创造了神，然后才有神去创造人。可是，这里显然又碰到了起点问题的两难抉择。先有鸡才能下蛋，而先有蛋又才能孵鸡。两难的症结在于无法确定一个最初的起点。现代人的智知有时候反而是一个麻烦。

世界上的第一个人是怎么来的？谁也不知道。起点的未知等于未知的起点，刚好由来路不明的鬼神去充当，反正谁也没有见过鬼神。假设的起点同样具有使思考得以上路的效能。人类各民族先民们处理问题就是这么干净利索，童蒙的智慧也是需要有大智大勇的。

既然是让鬼神来创造第一个人或第一批人，事情便好办得多了，不必再追根寻源没完没了。在景颇族的《人类始祖》当中，那一个叫做诺强的天鬼，同他的妻子苏琼商量着创造万物，就造出了一男一女两个人，女的是姐姐，男的是弟弟。神话里也没有讲明白，他们是用的什么东西来造，又是怎样造成的，实在有了些凭空创造的嫌疑。这倒也省了追寻这两人来历的麻烦，不是娘生父母养的肉身凡胎，自然当为神创的天下第一人了。

不过，同样是景颇族，却又有另外两种说法。一是《人类从哪里来？》，说的是天鬼派山鬼治同瓦来到地界，此鬼是个老奶奶，会用泥巴捏人。她捏了很多泥人，这些泥人先在她身边跳动，然后一对对走了。二是《创世纪》，说的是在最早的时候，茫茫大地上除了造物主能贯娃自己，便再没有别的任何一个人。他感到非常寂寞，就照着自己的形象，用泥巴捏了很多小泥人，其中有男的，也有女的。他将这些小泥人一男一女配成许多对，让他们一家一户地过日子。这个能贯娃多像是古希伯来人的上帝，但本领却比上帝大得多，一下子便造出了一大堆“亚当”与一大堆“夏娃”。然而，对此人们禁不住起了疑心：难道有谁去西域取回了基督教的圣经，或是西方传教士主动上门来布道，于是乎后来者居上，能贯娃造人胜过了西方的上帝？由此或许可以看出，近代以来基督教的影响已经渗透到景颇民族的民间口承文化中。

用泥巴造人，独龙族的《嘎美嘎莎造人》讲得最为详尽，此处不妨细细听来：

> 在荒远的古代，地上没有人。一天，上天的大神嘎美和嘎莎来到了姆逮义陇嘎地方，打算在这里造人。这里是一块大得望不到边的岩石，嘎美和嘎莎用双手在岩石上搓出了泥土，用泥土捏成了泥巴团，又用泥巴团来捏人。……嘎美、嘎莎想：有男有女才能相配，有男有女才能传后代。两个大神就捏出了一男和一女。第一个捏出来的是男人，取名叫做普。第二个捏出来的是女人，取名叫做姆。可是，这两个人的身上没有血液，也不会呼吸。嘎美和嘎莎就往他俩身上吹了一口气，顿时他俩身上有了血液，也会呼吸了。但是，普和姆还是什么也不懂，什么也不会。嘎美和嘎莎又教他俩怎样去干活、怎样生育后代。①

这当中说得明白，造人的神创之功不但要赋予人类生命，而且还要教给人们文化。人类历史的起始和延续离不开生物生命的遗传和社会文化的传承这两个方面，神居然也懂这个。独龙族的天神可算是竭尽了全力，不像西方的那一个上帝一般偷懒，造出了赤条条的亚当与夏娃便甩手不管，害得他们只好去窃食智慧的禁果，致使他们的一切后人都生而带有原罪。独龙族的这一对造人的天神，看来本身也造得完美无缺，这全仗了独龙族人造神的智慧。神的智慧恰恰是人们的智知所及，人类尚未认识到之处，神也就毫无抱负可以施展。

独龙族的《创世纪》同样讲到了这种神创之功，说是天上最大的鬼格蒙

① 中国作家协会云南分会编：《云南民族民间故事选》，582 页，昆明，云南人民出版社，1981 年 2 版。

用泥巴捏出了两个泥人，又对着他们吹了三口气，泥人们便活了，其中因没捏透而使下身开裂的一个就是女人。此外还有一个传说，说是有一个鬼从口里吐出一点儿血，放在手中经团揉之后，即成了最初的一男一女，他俩结为夫妻生养子女，人便一代代发展起来。这最后一种说法显然已经有了人类是鬼神血肉苗裔的蕴意。

让鬼神直接生育出最早的人类，这倒不失为一个绝好的办法。这样既寻到了人类生命的来由，又不至于再为无法上溯源头而犯难。鬼神的来历绝非人间之事，未可知也正好显出其不凡。哈尼族的《奥色密色》便称：天王派员创世造物之后，天地日月、风雨雷电、山川河流、树木花草全都有了，但还没有人。后来，踏婆和模米这两位神仙喝下了怀胎水，浑身上下到处均怀有娃娃。他俩在太阳光下生出男人，在月亮光下则生出女人。踏婆生的共百人，模米生的竟达千人。这般非凡的奇迹，除了神仙还有谁能够创出？不过，明显可见的是，这些神仙的能耐也只是人类生育功能的夸大，离开了人类，离开了人类的能力和经验，任何神仙都将一事无成。

景颇族《木脑斋瓦》讲的则较为近于凡俗。代表阴阳而自生自长出天鬼能汪拉与能班木占，他俩又生下了第二代天鬼娃襄能退腊与能星农锐木占；后一对再生下了第三代天鬼彭干支伦与木占外顺；最后这一对所生育的便是人类的始祖宁贯娃。其实，认真考察起来，前边提过的那个“能贯娃”也即是这里的宁贯娃，他的家底根基应当是在天鬼这儿，他不过是承天鬼血脉而启人世香火的一介凡胎。这才是景颇民族文化传统中的人类正宗始祖。谁知换了一个年代，换了一处地方，他居然充任起了造物的上帝角色！莫非有人劝导他皈依了西方的基督教，把上帝那一套创世造物的拳脚也堂而皇之地搬了回来，这实在有了些僭越不轨之嫌。看起来，也许是造神的人本身改信了基督教，才把这原来的天鬼之子兼人类之祖转奉为新近的创世造人的至尊天父。近代以来基督教对景颇族及其民间口承文化的渗透和影响想必不容否认。这倒也符合无文字时代口承文化历史流变的规律，随着社会文化历史环境的变迁，口承文化的作品本文总是处在不断的流传变异之中。

关于鬼神生育人类，德昂族的一则神话也说：上古时候，有一个仙人的后代同龙女相合后，生出的子女就是德昂族的祖先。怒族的造神之人却不免过于老实，《腊普与亚妞》里的天神也谦逊得够可以，仅只是派遣一双兄妹来到地界，让他俩自己去繁衍人种。造人改为派人，这是造人的神无能，还是造神的人有志？在《人是怎样传下了的》这一拉祜族作品中，天神厄莎更是显得缺乏超凡的功力。他的全部举动差不多就不具备神创的意味，只不过是在人寰面临灭顶之灾的时候帮了人类一手，将一对青年男女塞进了葫芦，从而在滔滔洪水之中保留下了凡间人种。这倒不是天神没有造人的本事，只是造神的人没有给他安排下造人的机会罢了。

阿昌族先人的说法尤其有意思，他们在《遮帕麻与遮米麻》里告诉人们：还在古老的时候，大地上仅有天公遮帕麻与地母遮米麻，他俩结合了，就安身在大地的中央。过了九年，遮米麻生下了一粒葫芦籽，遮帕麻把这粒葫芦籽埋进土里。又过了九年，葫芦籽发芽生长，长出的藤子老长老长，整根藤上只开出了一朵花，只结出了一个葫芦。葫芦越长越大，遮帕麻担心它撑破了大地，便用大木棒敲开了一个洞。奇迹旋即出现，从洞中跳出九个小娃娃，最初的人类就这样被创造出来了。后来。遮米麻教会了他们刻木记事，用占卜和咒语来驱赶疾病和灾难；遮帕麻则教会了他们打猎、吃熟食和盖房子。阿昌族的这一对神同独龙族的天神嘎美与嘎莎异曲同工，本领难分高下，造人连带着创制人文，实在尽心尽职。只是先种下葫芦再让最初的人种从其中出来，这容易令人迷惑不解，这里的造人过程究竟是神创之功，还是天成之力？

所有这些充分体现出，人造的神自会秉承人类的主体创造意志。造人之神用什么东西造人，以什么方式造人，全由造神之人说了算。神必定是人造下的，而人却不一定要由神来造就，这全得看真正在后面以自己的童稚观念意识来创世造物的人类先民的高兴。人类起源的神创观其实也是人类造神的成果。

二、天成之力

既然造人之神也要先由人来创造，那么神创的人类历史的起点就值得怀疑。怎样才能走出这一怪圈，找到人类发生进程的不可逆的源头？生物进化过程无疑是不可逆的，进化论不失为迄今为止依然最为有效的一种解释，特别是吸取了基因遗传理论的新进化论尤其如此。可惜人类各民族的先人们甚至没有来得及掌握古典进化论，更不可能了解到新进化论。

不过，有一点却是明确的：无论是物种个体选择适应的古典进化论，还是种群基因漂变遗传的现代进化论，所揭示的生物进化过程都是自然天成的结果。在古远历史上关于人类起源的各种原始理论见解中，天成之力也是一类较为多见的看法。金平芒人的神话便相信，人是由天上乘葫芦而降下来的。傈僳族的《天生的一对》也说，从一个大瓜里出来“天生的一对”，就是傈僳族的祖先。自然造化之功果真如此那才是古生物学上的奇迹，情况当然不会这般简单。

诚然，这个“天”难免会带上某些超自然的神秘色彩。碧江怒族原“斗霍”氏族人就认为，他们的始祖为茂英充，是一位女性。根据怒族神话解释，“茂英充”这个名字含有“从天上降下来的人”之意。始祖来历不凡，怒族原“斗霍”氏族人颇以此为荣。《女始祖茂英充》具体述说道：

> 相传，在远古时代，天降群蜂，歇在怒江边的拉加底村。到后来，蜂与蛇交配（又一说与虎交配），即生下怒族的女始祖茂英充。茂英充长大后，又与虎、蜂、蛇、麂子、马鹿等动物交配。她所生下的后代子孙繁衍起来，即成为虎氏族、蜂氏族、蛇氏族、麂子民族、马鹿氏族，而茂英充即成为各个氏族公认的女始祖。[1]

这与地界自然天成的物种变异进化论大相径庭，只是得以确定下人类世界的起始之点，而这对先民们来说也就足够了。至于蜂与蛇（或与虎）如何能够交配，又怎样能够孕育人种，人们不必多管，天降群蜂本身便已预示了，这当中潜藏着奇异的天成之力。在哈尼族《天、地、人的形成》里，摆动鱼鳍开辟出天地的一条大鱼，再摆动身子便从脊背里送出了世上的第一对人，其神力天功愈见不俗。

最初的人是从地洞里出来的——佤族先民的这一信念同样寄托了超自然的神奇天力。佤族的神话《司岗里》讲道：里和伦天地二神先创造了天空和

① 中国哲学史学会云南省分会编：《云南少数民族哲学社会思想资料选辑》，2辑，88–89页，昆明，铅印本，1982。标题另据《云南少数民族文学资料》，2辑（1981年铅印本）订正。

大地，又创造了太阳和月亮，再创造了动物和植物。随后，莫伟神把人种放在石洞里，并让小米雀啄开石洞，最早的人才从石洞里出来。不过，这仅只是西盟佤族人的说法，在他们的理解中，“司岗”是石洞，“里”意即出来。沧源、澜沧等地的佤族人则说，“司岗”是葫芦，即认为人最初是从葫芦里出来的。

人类初民由葫芦里出来，这样一种人类起源观在云南各民族中间比较普遍。诸如阿昌族的传说便一向认为，早先从葫芦里出来了“九种蛮夷”，他们就是人类之始。这所谓的“九种蛮夷”也即是各民族的先祖，各个民族是天生自成的。西双版纳布朗族也有一则神话讲述道：过去，有一只大葫芦，里面装着许许多多的人，但葫芦口是封闭着的，人们没法出来。一天，有一只大天鹅飞来，啄开了葫芦口，人才得以走出来。人们出来以后，分散到各处地方去建立寨子，所以今天才有了很多村寨，才有了各个民族。

可是，葫芦又是从何而来的，总不会是自生自长的吧？布朗族的先民没有道出其中的底蕴；阿昌族的《遮帕麻与遮米麻》却让人们了解到，葫芦是天公遮帕麻与地母遮米麻结合以后，生下葫芦籽种出来的。拉祜族的《牡帕密帕》则又有了些微的差异，说葫芦从头至尾是种出来的，没有首先生下葫芦籽那一回。当然，拉祜族的葫芦由天神厄莎种出，他独自一个是无法生出葫芦籽的。天神厄莎种葫芦的方式一点儿也没有超凡的离奇诗意，完全就像一个平俗的农夫那样。他先找出一粒葫芦籽，再撒入土地之中，后用草灰把籽种盖起来，剩下的便是等待葫芦籽冒芽长藤。惟一的不同之处大概是这粒葫芦籽为非凡之物，长出的藤叶竟然比簸箕还大。厄莎天神也够费心劳神的。猫头鹰啄掉一串果子，打在麂子的鼻子上，麂子受惊乱跑，吓得野牛踩断了葫芦藤，于是葫芦滚跑了，害得他满世界四处找遍，末了终于在海里找到了葫芦。厄莎把喝饱了海水的葫芦搬回家，晒了77天才晒干。这时，听得里面发出人的声音，便叫来小米雀啄，叫来老鼠啃。最后才有一男一女由洞中爬出来，男的叫做扎笛，女的叫做娜笛，他俩就是人间始祖。厄莎天神造人真可谓费尽了周折。

傈僳族天神的功力可就大得多，他不必劳动辛苦，也不用请谁帮忙，不就是收拾几个葫芦吗？具体如何，且看《彩虹》里的一节是怎样说的——

天神发出一声长啸，他呼出的气化成一道闪电，他发出的声音化成霹雳，天空炸开了一条裂缝。天神从裂缝中投下了两个葫芦，一个葫芦落到了怒江江头，一个葫芦落在怒江江尾，一个吃力地往上漂，一个飞快地往下滚，在“里底”地方相遇了。这时候，天神又从天缝中投下一柄金刀、一柄银斧，金刀和银斧各自劈开了一个葫芦，从一个葫芦里出来一个男人，从另一个葫芦里出来一个女人。男人的名字叫西沙，女人的名字叫勒沙，他们两人都是长发披在后背，赤裸着全身。他们感到很害羞，各自在水边找呀找，找到了浸得又烂又软的棕片围在腰间。[①]

如此自然天成的一对，同伊甸园内的亚当与夏娃何其相似。二者所不同的仅只是一为神创之功，一为天成之力，不过是人类先民们关于人类本原论的两个殊途同归的异文版本，归根结底全都离不了超自然的神功天力。

德昂族历史上有关人类起源的天成之说有若干种，其中之一也是“葫芦源说”。据说，很早很早以前，他们的天王老头从天上带回葫芦种，葫芦长成后被雷电劈开，里面有 103 个人，有男的也有女的，这些人便是各个民族的祖先。然而，德昂族中又有一种至少同样常见的人类起源“茶本说”。他们的古歌《达古达楞格莱标》是这样唱叙的：天上的一棵小茶树自请下凡去开辟地界，结果万能之神以狂风撕碎了它的身子，102 片茶叶飘飘而下，在狂风中变化——单数叶子变成 51 个精悍的小伙子，双数叶子化为 51 个美丽的姑娘。古歌里还明明白白地唱出：“茶叶是万物的阿祖，茶叶是德昂的命脉。”这一民族另有作品《天王地母》，也讲到了天王将 102 片叶子变为 51 对夫妻的事情，想来与上述古歌的“茶本说”有关。德昂族人世世代代长于植茶，人人都喜好饮茶，整个民族素有“古老的茶农”之称，他们的不少重要祭祀活动也同茶密切相关。人类起源的“茶本说”，正是他们民族的“茶本文化”的一个重要组成部分。

如此看来，这天成之功不免有一些蹊跷之处，不但人种来得离奇古怪，而且背后总有那么一种神秘的超自然力量在发挥作用。怒族另有一则神话，

① 怒江州编辑组编：《傈僳族民间故事》，1 版，19 页，昆明，云南人民出版社，1984。

其中人类起源的过程实在是拐弯抹角，人种来得让人难以置信。神话里说：上帝欧萨造了土地，但没有人，于是他用树籽撒种，却长出南瓜藤结了一个南瓜，南瓜里居然出来一个名叫牟英西的人。突发性的基因漂变也总不至于这般千变万化！好在这是上帝的精心所为，否则就连他没准也始料不及。不论怎样，有一点是可以肯定的：天成之力后面必定存在着某种超乎自然的冥冥力量，叫它"神力"也好，叫它"天力"也好，说到底还是人在幕后创造着自己。当然，这是人们在观念上为自身发掘出一处最初的生命之源。

三、人为之举

神创之功，天成之力，说透了其实只是不同形式的人为之举。人创造了神鬼，再由神鬼来创造人类，神鬼不过是受人的差遣；人认识了天地万物，再由天地万物来孕育人类，天地万物不过是受人的利用。关于人类自身的本原论，在神创之功和天成之力之上，人为之举势必也有一席之地，哪怕这种认识同样是人类童蒙初开时期荒诞不经的揣度。

土陶制作是人类的一项伟大发明，曾几何时，人类却把率先应用这项发明的专利拱手出让给了鬼神上帝。于是，这样一些由人创造的精灵竟反过来，运用人类的发明来创造人类自身，人类就这样成了自己的发明创造的作品，不过其间又过了一道超自然之手。之所以照此办理，为的是给人类的起源确定一个起点，这既是人类本原论思考的逻辑起点，又是人类生命史开始的时间起点。超乎自然物质之外的鬼神上帝，当然不在人们对这起点的考虑之内。如此一来，便可避开对于世间第一人的大惑之谜，也丝毫用不着基因漂变遗传和物种选择适应那许多令人伤脑筋的复杂理论。解释的简单性是理论的可行性的一项重要标准，在人类初民那里，人类起源的原始理论大抵也是如此。

但是，偏偏有一些民族的先人不买这个账。他们一点儿也不在乎历史起点与逻辑起点的严谨性及其间的对应，鬼神上帝那一帮劳什子也完全是多余的，只要为人类起源论定下一个自此开始思考的起点，也就不妨一路臆想下去。于是乎，他们从遭到驱逐的鬼神上帝那儿接过制陶的泥土，自己捏起泥人来了，并把由人捏出的泥人当做人类的始祖。

以此作为起点，捏泥人之人自然不在考虑之列，这同将人创造的鬼神上帝摒于人类起点之外相比较，实质上毫无二致，定下了一个无需证明的公设。西双版纳布朗族的一部长篇韵文作品便唱道：过去，有一对年老的夫妻布桑格沙与牙桑格西，用土捏成人婚配，于是有了傣家人、布朗人等等。《基诺族服饰的由来》说得尤为奇异：开启混沌之初，宇宙间只有天却没有地，没有地却又有水。水中浮起了一个女人，她就是基诺族的第一个女祖先阿莫小北。她浮出水面后便飘上蓝天，先造了一个地球来落脚。她飘落下地后孤单一人，又想着造一些人来做伴。于是，她来到了一个水塘边，用泥土造出了基诺族人。傈僳族神话里的土陶制作者更了不起，他们一对兄妹从一个大瓜内出来后，用泥土捏成了人，还捏成了各种飞禽走兽。随后，这些泥人、泥禽、泥兽全都变为活的，这样，世界上才有了动物。这想必已不仅仅是造人，简直是在创世了。这一对凡俗的兄妹已经僭越到造物主的位置上去，足见土陶工艺的发明创造如何激发了人类初民的童稚想象力，如何激起了他们的创世造物的主体精神。

此外，佤族也有《人类的祖先》说道：起先，世上只有一个人。这个人感到孤寂无聊，便用泥巴捏出了两个泥人，再用嘴吹气上去，泥人即变成了活人。到后来，这两个泥人渐渐长大，他俩相配结婚，生育了儿女，人类便逐步繁殖起来。然而，这个捏泥人之人在佤族先人心目中如此神通广大，他为何不替自己再捏一个配偶，也好相伴过日子，莫非倒愿意仍旧遭受着孤寂之苦不成？原来他同那些造人的鬼神一样，不过是一件道具而已，一旦造人过程完成，人类的发生有了一个起点可供立足，便立刻被排斥在人们的思考之外。

这等命运实在不妙，他真应该向布朗族的岩胆学学，既然拥有造人的功力，索性造一个妻子，自己生儿育女做起始祖。《布朗族的来历》就是这样晓以人们的——

> 很久很久以前，天下只有男人，没有女人。所有的男人中岩胆力气最大，长得最漂亮。有一天，他干活累了，倒在篾席上想好好睡个觉，但翻来覆去睡不着。他想，可能是我的头太低了，就拖了一截树干做枕头。可尽管这样舒服了一点，却还睡不着。他又翻身起来，用砍刀把树干削成四方形，又睡下去，还是睡不着。岩胆叹

了一口气："咳，怕是哪位神灵不要我睡觉了。"他想了一想，又用砍刀把树干削成圆形，最后干脆把它削成人形，有眼睛，有嘴巴，有四肢，然后依枕入睡，果然睡得十分香甜。

没想到一觉睡醒来，人形木枕变成一个非常美丽的姑娘。姑娘说话羞羞答答，做起事来十分利索。岩胆越看越喜欢，就给她起名玉双罕，并且和她结为夫妻，生育子女，繁衍成为今天的布朗族。[1]

这等造人的本事，就连鬼神、上帝也不过如此。另外，与古希伯来人的上帝用亚当的肋骨为其造夏娃来做妻子相类似，在这种造妻子的人为之举中，同样可以嗅出人类世界父系社会男权至上的大老爷儿们的气息。有所区别的地方就在于，比起神创之功来，人为之举明显多了些人类主体意志的自主精神。

更为积极主动的人类起源人为论也有所体现。在前边提到的《彩虹》里，自然天成的男人西沙并没有以自己的女伴勒沙为妻，却偏偏娶了恶魔路帕的独生女儿做妻子，生下九个儿子和七个女儿，一对对各奔一方，由此才有了各个民族的先人。自生自长的大老爷儿们娶鬼神上帝的千金为妻，生儿育女作为人间始祖，这是何等的气派！

独龙族还有两种版本的创世神话也涉及这一内容。其一是说，在很古的时候，有一处叫做姆克姆达木的地方，住着一个光棍小伙子彭根朋，不知道上哪儿去娶媳妇。他砍树烧荒种庄稼时，天神老头木崩格来捣乱，结果他捉住了这老头，打算狠狠揍一顿。天神老头请他别打，并把女儿嫁给了他。从此，人间便有了婚配生养之事。其二则讲，在最早的时候，大地上只有一个叫沙当·朋更的人，这名字意味深长，"沙当"为大地，"朋更"意谓老大，合起来意即"地面上最早生存的人"。此人砍火山地时，有神母莫朋更来捣乱。神母之名也很有意味，"莫"为天，"更"意即单身。沙当·朋更发觉后，准备射杀她，神母请求别射，并将自己的两个女儿——名为"一个眼的姑娘"的念坚和名为"两个眼的姑娘"的念勒母许配给他。以后，念坚怀孕生下雁儿飞往各地，不久变为人，成了各民族的先祖。在此，人类自行创造人种的人为

① 谷德明编：《中国少数民族神话》，1版，487页，北京，中国民间文艺出版社，1987。

之举达到了登峰造极的地步，神创之功和天成之力的超自然神力天功几近丧尽，人成了自己生命的创造性主宰。

如果说，人类起源的神创说、天成说从认识论的角度来讲，实质上也不外乎是人为之举的产物，那么，人为说则在本体论和认识论的双重意义上，表现了人类主体的创造意志。

这个特定的宇宙就只有一种思维着的大脑，那就是人类的大脑；这个特定的天地间就只有一种理性的认识活动，那就是人类的认识活动。宇宙万物只有依靠人类大脑的理性思维来加以认识，才能勾划出一个清晰的演化发展史，而人类本身的自然发生史则更是要由人自己来认识。从这个意义上来说，宇宙的发展史和人类的发生史都是由人类主体创造出来的，宇宙自然观和人类本原论就是人们的这种创造性认识活动的成果。

人类的起源发生问题是世界最为重要的根本问题之一，神创论、天成论和人为论，正是人们在这一问题上的不同认识结果，反映了人类先民们对于自身之本的最初的哲学思考。在这种认识活动中，人类创造性的主体精神得到了间接或直接的体现，人成了自己自然命运的观念上的决策者。

第三节 “人”的觉醒（人的哲学问题）

“人”为何物？“人”在何处？

对于人类自身的哲学思考伴随着人类历史的始终。哲学永远是属于人的，这不仅指哲学是人类理性对于世界根本问题的高度概括，而且也指一切哲学思考都是为了人的，到头来总要归结到人的问题上。因此，关于人的哲学思考无疑是全部哲学问题的中心，离开了对于人本身的思考，哲学就只不过是失去了灵性的躯壳而已。

人类是宇宙天地的产物，还是世界万物的主宰，归根结底，人类在自然界里的地位和作用究竟如何？哲学应该对此做出回答。随着早期人类实践活动和认识活动的不断深化，人本身的问题迟早会明确地摆在人们面前。有意思的是，在人类自我意识刚刚开始萌发的原始初民那里，人类主体精神的觉醒却尤其具有初生之犊的勃勃锐气。各个民族古昔历史上对于人自身各方面问题的种种哲学思考，就存留在他们各自无文字时代的古老口承文化中。

一、重整人寰

这个宇宙天地是以地球为立足点来考察的，是地球上的人类的活动域界所及之处，是人类的理性认识所能把握的特定乾坤六合。客观的对象世界仅只是相对于人类主体而言的，在人类与宇宙万物的主客体关系之外无所谓客观世界。因此，从根本上来讲，人们对于宇宙乾坤的认识，或者笼而统之曰地球人的天地自然观，不可避免地带有地球中心主义和人类中心主义的性质。日月向来经天绕地而行的普通常识观点，便是地球人类中心立场的极其典型的一个明例。

人类处在天地的中心，所以上帝鬼神特地为人类创造出了天地间的一切，也好供人类受用。这种最原始的人类中心论固然也有人们自知身为主体的得意之处，但毕竟是人类幼儿时代总喜好炫耀家世的所为。一旦进入少年时期，人们萌生出争一席之地的成人意识，人类便要自己出来开天辟地了。既然神鬼、上帝也是人创造的，那人类完全有理由站出来与神鬼、上帝一争高下。怒族的《搓海玩海》就有这样的气概：

> 相传在开天辟地的时候，天与地只有一人之隔。巨人搓海玩海不满这种状况，他要把妨碍人活动的天地进行改造。他……偶然在一片古老的森林里发现了一根石柱……他望望天幕，又望望石柱，使出平生力气，猛力把石柱向天一投，只听“轰隆隆”一声巨响，天幕显出五光十色，在剧烈摇晃中渐渐上升。
>
> 住在天上的天王，突然受到如此剧烈的颠簸……生气地说：“这还了得？搓海玩海竟敢如此狂妄，藐视天庭，不给他太阳光！”
>
> 没有了太阳，天下一片漆黑。……搓海玩海又想出一个办法，他拔起一棵棵松树，堆在一起点火照明。起初还不错，但火离人和牛太近，热得难受，他想把火挪得远一点，火势太猛，又不好挪。搓海玩海忽然想起了石柱，急忙取来石柱，只轻轻往火堆上一杵，奇怪，整个火堆渐渐升上天空，竟变作红光熠熠的太阳！
>
> 搓海玩海有了自己造的太阳，决心再把山河大地改造一番。他

把茫茫的洪水导入大海，给赤裸裸的大地栽上树木花草。[1]

拉祜族的《扎努扎别》所讲述的，也是与之类似的一位敢于同神鬼争雄的人间俊杰。据说，在很古的时候，天空很低，像大铁锅一样罩着大地，地上没有人。以后，从地下钻出来一个人，他名叫扎努扎别，长得高大结实。他舂米的时候，杵棒举起来碰到了天，一下就把天空顶上去了。天神厄莎想收他做儿子，他不愿意，收获时过新米节也偏偏不供奉天神。厄莎知道以后大发雷霆："天是我派人造的，地是我派人做的，你胆敢不把粮食奉献给我？"扎努扎别理直气壮地质问："田是我开的，地是我种的，你没有帮我半点忙，我为哪样要奉献给你粮食？"天府地界，能够同神鬼、上帝争开辟天地之功的，确实就只有身为实践主体和认识主体的人类了。

在有的民族看来，改造乾坤、重整人寰的伟业甚至还是凡人的日常活动之所为。佤族先人在《天地的变化》里解释：很古以前，天与地紧挨着，妇女们舂米的时候，杵棒碰着天，就把天顶高了。同样，地面原先是平的，男人们劈柴时劈坏了地面，便形成了深谷和高山。他们的史诗"葫芦的传说"(即《西岗里》)也说道：佤族先祖学会种粮食后，大家一块儿舂新米惊天动地。于是，天空再也压不住群山，杵棒敲打着它的筋骨，天空高高地升起，从此同大地分途。这可太有趣了，神创的天穹居然如此经不住人力的敲打，可见造神的人还是比创世的神技高一筹。

景颇族的人间始祖宁贯娃更加身手不凡，他还在母体内便早早昭明于世："地歪了，我来正；天塌了，我来撑！"《宁贯娃》里接着描述道，宁贯娃用撑天棍把天撑起，又用钉子钉住大地。见太阳像一盏微弱的灯，月亮也失去光亮，他便在炉子里烧起大火，把日月炼得更加明亮。如此神异之人，实在就是自然造化的物华天宝，人类改天换地的实践精神和主体意志便曲折地显露于其间。

人类能使日月重放光明，这一信念认真说起来够大胆的，要不是早期先民们的童稚夸张之志，谁能够做此设想？不过，有一些说法也许较为接近真

---

① 陶立瑶、李耀宗编：《中国少数民族神话传说选》，1版，28-29页，成都，四川人民出版社，1985。

实，体现了人类有志于改造人寰的主体精神。拉祜族的《扎鲁树》告诉人们：曾几何时，有一棵芦苇杆，慢慢地长成了一棵扎鲁树，即“遮天蔽日”之树，大地上见不到太阳，万物无法生长。后来，众人合力历时九天九夜砍倒了这棵扎鲁树，天地才复有光明。哈尼族的《收局阿央央者》，指的也是这样一棵奇异的大树。这棵大树有多大？据称，“秃尾野鸡绕根磅，数月一圈只过半；有尾猴子顺枝爬，百日一枝方到中”。不用说，此树同样蔽日遮天，大地上一片黑暗。久而久之，后世的人们竟然不知道有日月之光和昼夜之别。多亏到过树顶的一只蜜蜂指点，人们找到了大树的基干，一代人接一代人地砍起树来，遮天的收局阿央央者树终于倒下了，人寰得以重见光明，地界也分开了昼夜。这类情况在山林民族的现实生活之中，或许多少可以寻到一点儿事实根据，但实际说来，人类初民无疑过分神化了自身的主宰力量。

然而，人类童年萌动的自信几乎是无止境的，砍倒一棵蔽日遮天之树实在算不得什么，佤族《达惹罕》所创下的才真正是人间奇迹。相传，在很久以前，天神与地神为争夺地盘打了起来，结果天神因法力和武艺不及地神而被打败了。天神就此心怀不满，一心寻机报复，他想了一个妙计，把太阳藏了起来。从此，大地失去了光明，人间一片黑暗。达惹罕决心要去寻找太阳，途中得到了一位老婆婆送的一把刀和一双鞋。天神飞到天上，他追到天上；天神逃到地下，他又追到地下。打了七天七夜，天神跌倒在地，达惹罕一脚踏住天神，一手举刀命令天神拿出太阳。天神连连求饶，最后只得把太阳放回到天空中。天地间居然有如此人杰，纵有超凡功力的天神也奈何不得。毫无疑问，哈尼族、布朗族、傈僳族、德昂族、怒族、独龙族等民族的射太阳神话，与此相较有异曲同工之妙，一样是人类重整人寰的主体意志的生动表现。

更有甚者，在重整人寰的过程中，人类竟然有能力做起了地域间生命万物的始祖。《达惹嘎木造人的故事》同样是佤族的作品，其中所讲到的已远不止于造人，而简直是再造一个生命世界。据传，达惹嘎木是人的首领，洪水滔天之际，人、动物和草木全都淹死了，天底下只剩下他一个人和一头小母牛。为了再造生命，繁衍人类，他便同这头小母牛成亲，生产下拳头般大的一棵葫芦籽。达惹嘎木种下这颗葫芦籽，长出的葫芦藤延伸到司岗里地方，结下一个小山似的葫芦。他一刀将葫芦劈为两半，里面挤挤攘攘拥出来很多动物和人，自此人间地界才又有了生命的活力。再造人寰的凡人功力到了这般地步，身为世间主体的人类当然已自知具有万物之灵的不凡之处。

所谓“兄妹婚”神话更为常见，也以“人类再生”为其表层主题，其涵义仍然是弥补自然造化之憾而重整人寰。比如，哈尼族《天地人的起源·糜咪天神造天地》之中的布希与妞希兄妹，在洪水荡涤人寰之后，结成夫妻生下了大堆肉团团，落地即变成各种各样的鸟兽和草木，自然还有几个小娃娃，于是生命之境得以复活。不过，兄妹婚神话所暗含的深层主题却有着另一层意义，那需要专门来讨论。

二、万物之灵

人类中心主义的最集中的体现，也就是有史以来人们亘古不变的“人为万物之灵”的自豪信念。

茫茫天地六合之间，万事万物各色各异，乾坤世界的一统天下当有一主。人们让上帝、鬼神来创世，上帝、鬼神就成了这个宇宙间的造物主。然而，这一特定宇宙的中心其实是地球上的人类，上帝、鬼神不过是替人的主体意志走到前台来，实在是为人类捉刀代笔，而谱下创世造物的大乐章。鉴于人类的实践能力，也鉴于人类的认识活动，人类才是宇宙万物的理性主宰。造物主创世是为着位于万物中心的人类，人类自己造物则省得上帝、鬼神多事代劳，而更直接地将自身置于万物之上。

如果说，天宇间的创世，人类只有不满意而重整的份儿，那么，地域上的造物，人们便着实一点儿也不懂得谦虚。哈尼族先人在这一方面尤其自信，似乎认准了人类之祖同时也即是地界的生命之始。他们有多种作品郑重其事地谈到了这一看法。《它朋然夏阿玛》说是天地刚开辟时，一个名叫它朋然夏阿玛的妇人生下了77种飞禽走兽和人。《始祖塔婆然》也说是天与地分开之际，名字叫做塔婆然的一个女始祖生出了种种动物和77个小人。《山风传人种》又说是人类单传下一孤女，她生产了各种鸟兽、昆虫和一男一女两个小娃娃。《母女俩的故事》则说是洪水之中只有人类的母女俩幸免于难，她们一块儿生育了诸种飞禽走兽和人。有趣的是，这四种作品里的创生之母一概是经风吹袭而受孕，而且全都是浑身上下到处坐胎。后三种作品还说明，只有肚腹内怀胎生下的是人，其余部位孕育生出的却是禽兽。末了两种作品更进一步讲到，胸部以上怀孕生产的是会飞的鸟禽，腿部以下怀孕生产的是会跑的畜兽。最后一种作品格外强调，以后，人同诸多飞禽走兽比试本领，一一战胜了它们，终于成了世界万物之尊长，禽兽也因对人拥戴与否，区分出了驯养的与野生的。这样看来，既然人类拥有如此创造生命的奇功异力，何妨与上帝、鬼神评功摆好一番，以争来创世造物之主的显赫地位？何况，上帝、鬼神本身也不过是得到人类谦逊的特许，才有机会出来逞能的。人类是否让它们几分，这全要看人们乐意不乐意。人类主体的自我意识觉醒之时，万物之主的冠冕必定会被人们毫不客气地抓来放回到自己头上。

人类创生造物的功夫固然是变形的夸张，但人毕竟是自然物质造化的终极结晶，是超越于普通生物界之上的社会物种和自然世界的主体。人们的物质实践活动和精神认识活动，人们改造自然环境和驯化动植物的能力，事实上已决定了人类势必会居于万物之首，而成为整个对象世界的精神主宰。佤族有一个作品《大蛇吐东西》，讲述他们的一位先祖降服了一条凶恶的大蛇，迫使它由口内吐出人和万物，并且最终确立了人的万物之主的地位，普天之下的万千动物一概都归人来管辖。这中间除了古拙的万物同质观念而外，就人与物的主客体关系来看，所表达出的基本见地决非人类自高自大的虚妄之识。

佤族另有一部作品，题意就标明《谁做天下万物之王》，昭昭然把这一思想蕴涵揭示出来。其中是这样叙述的——

> 传说大地开始出现于天下的时候并没有一定的形状，宽阔的地面今天是高山，明天是平原，后天是大海。地形的千变万化每天都严重威胁着万物的生存和发展……大家都为地形的千变万化而忧虑忡忡，胆战心惊；谁都希望它们中间尽快出现一个能固定地形、治理天下的神物来。
>
> ……不料竟激怒了天神，天上几声“轰隆”响过，只见整个天板已慢慢朝下降。万物又是一片乱哄哄……可是，天板的下降并没有停止，吼声越来越大，速度越来越快，先是压弯了耸立的竹尖，

压塌了象耳，接着又碰断了坚硬的马角，然后急速向下，向一个正在舂米的妇女的头上压来。那妇女握紧舂棒，不慌不忙地用力向上一顶，只听得“轰隆隆”一声，天板被弹了回去，弹得老高老高的，而且，再也不会塌下来了。天下万物齐声欢呼：“人类妈妈万寿无疆！”大家向那个妇女拥去，一致推举她为治理天下的大王，并把他们各自最美丽的语言送给她。

从此，人类便成了万物之王，大地的主宰，而且有着万物所不能比拟的智慧和最美好的语言。①

看来，人具有思维及语言，这一人类物种所独有的特质已为各民族的先民广泛注意到。《找水的故事》这件景颇族作品解释道：最初，人和飞禽走兽都会说话，可就是没有水喝。后来，人和动物们一道找到了水，飞禽走兽忍耐不住，抢先喝了水，便不会讲话了。人却先祭献水神，请求它驱除了附在水上的各种邪魔妖怪。所以，人喝了水，照样能讲话。人类有思维及语言，就有理性，有智慧，有掌握自然对象世界的能力，其活动成了有计划性、有目的性的主体能动实践，身为万物之首是当之无愧的。景颇族的《鱼扎英》借红鱼姑娘找情郎的过程，曲折地表明了这一点。扎英先找太阳，但云能遮阳；扎英便找云彩，但风能驱云；扎英又找风，但山能挡风；扎英就找高山，但藤能缠山；扎英再找藤，但刀能断藤；扎英则找长刀，但人能造刀；扎英最后找到了做铁匠的人，他才是天地之间本事最大的一个。佤族《骄傲的老虎》还具体描绘了人与虎争强斗狠的情景。人用蓑衣同虎比毛皮，用钉耙同虎比牙齿，用号角同虎比吼叫，这实质上是文化对自然的开战。工具是人类智力的产物，也是人类体能的延展，人类正是运用包括语言等在内的工具，来认识和改造自然环境，把握对象世界的。

人类是万物之灵，最明显地表现在人的精神活动之中。探寻未知的领域，开拓未知的世界，永远是人类精神生活的一种需要，是人类的认识活动和实践活动不断进取的基本动因。有些民族的口承文化作品，就提到了这样一些

① 中国作家协会云南分会编：《云南民族民间故事选》，2版，407-410页，昆明，云南人民出版社，1981。

企图探知太空奥秘的先人。在傈僳族的《天狗吃月亮》里，有一个人大发奇想：月亮为何会发光？它有多远，用什么做成？此人真不知天高地厚，砍来一棵长竹探月，爬上高山摸月，结果都是一无所获；最后便架起天梯登月，到头来因梯断而摔死了。这样的勇士实在就是人类探索精神的化身。在哈尼族的《想到天边去的人》里，则有一个人打算弄清太阳所出之处的秘密。他一手握鸡蛋，一手拄拐棍，向着太阳升起的地方走去。当鸡蛋破壳出小鸡时，他把小鸡放在一处地方，继续朝前走。走了不知多少年，他却走到了放小鸡的那个地点。于是，他只可能一直这样走下去，永远也走不到尽头。这等探求未知的进取意志，恰恰就是人类之所以成为“万物之灵”的最可贵之处。

这两个民族的传统口承文化作品也还提及人的精神生活的另一个重要方面。哈尼族《三姊妹》告诉大家：在很古的年代，哈尼族人不会唱歌、跳舞、讲故事，人们每天除下田做活外无事可干，心里苦闷得很。人群中有三姊妹得到神的启示，找来了一种金色的花，栽满哀牢山，人人头上都可以戴上一朵。自此，哈尼族的歌永远唱不尽，舞永远跳不够，故事永远讲不完，人们有了新的生活。傈僳族《爱弹琵琶的小儿子》则启发人们：很久以前，一对夫妇养大了九个儿子，把他们都遣出去学本事。他们学成归来，人人均分别学会了一门生产技能，惟独小儿子仅仅学会了唱歌、跳舞和弹琵琶、口弦。谁知，这一类毫无功利的技巧竟博得了潭中龙女的欢心，她说得极其明了：“过日子嘛，没有弹弹唱唱跳跳，娱乐娱乐，老干活干活不叫人闷死啦！”她同小儿子成了家，还把公婆接来。从此，傈僳族老人便总跟小儿子在一起生活，人们也都学会了唱歌跳舞、弹琵琶和口弦，并世代传下来。这可不仅仅是传说。审美娱乐是人类精神生活的一个重要组成部分，这一点也和认识求知一样，同是人类作为“万物的尺度”的必不可少的精神基石。一旦人们明确意识到认知活动和艺术活动的需要，对于人自身的自觉观照便在人类心中生发出来。人类之所以成为万物之灵，归结到一句话，人类主体活动的对象世界也包括他们自身在内。

三、生死其间

人类一旦学会观照自身，必然会碰到一个最严酷不过的铁一般的事实——人必定是要死的。在理性思维的前提下来讲，人是惟一预先清楚地知道自身必定死亡的物种。

在物质演化运动的长河里，生命何其短暂。对于任何一个生物个体说来，生是暂时的，而死却是永恒的。与必然的死相比，生命世界中其余的一切都是偶然的，至多也不外乎是有着较高概率的或然性罢了。因此，生命哲学问题是人类的理性不能不加以关注的重大哲学问题之一。

生死之间的差别实在太大了，可二者相隔却仅有一步。独龙族的《大象的儿子》形象地指明了这一点。据传，在吃人魔鬼的洞穴里，洞壁上挂着一根扁担，一头可对生，另一头可对死，就叫做“生死扁担”。用扁担的某一头对着人一瞄，便可决定其或生或死，对魔鬼也是这样，甚至于对火也可决定是燃是灭。倘若世间真有此宝物，救死扶伤的红十字定会显得事倍功半，仅仅用俗话所称“扁担放倒”的“一”字即可。生与死的矛盾自一开始就严重困扰着整个人类世界，生性天真的人们由此而生出了诸多一厢情愿的自慰。不少民族的先祖良民们便异口同声地宣称：人本来是不会死的，只因为某个时候出了一点儿什么差错，人类的命运就此发生了可悲可叹的逆转。

一种情况是好奇的人们自己找死。景颇族《吉露归天》称：很古很古的时候，有个吉露老人，活了多少岁，谁也算不清。他的头发白了三次，又变黑了三次；牙齿掉了九次，又长出了九次。他真是活够了，竟想要归天回老家，便用花脸獐的尸体作伪，大办丧葬之事。太阳鬼得知此事，便对天上的鬼们说道：“人活厌烦了，想生病了，找死路了。快把病和死的绳子放下去，让人去解这个疙瘩吧。”此后，人便知道疾病和死亡了。《丧葬歌》是景颇族的传统古歌，其中也有大同小异的解说。据认为，人刚刚诞生的时候是不会死的。后来，人们羡慕天鬼跳一种“崩咚”丧葬舞，便摹仿着也跳了起来。天鬼劝道：只有在祭祀亡灵时才能跳这种舞。哪知人们却公然要求让自己也会死。凡人不要命，天鬼也无法，无奈之中只好随他们去尽兴寻死。

另一种情况是多事者乱发闲话。独龙族的《嘎美嘎莎造人》称：人生来本不会死，就像蛇那样长生不老。不知过了多少个年代，到底还是有一个叫布和男的人死了。人人都嚷着此人不该死，四脚蛇却来横插一杠：“人死了还会有后代……”于是人就会死了，老一辈人死去，新的一代又生出来。傈傈族的《天、地、人的形成·猕猴育人》与此相近：一个孩子断气后，猕猴对天念咒："树不倒呀，没有地方再生；人不死呵，地上容纳不下。"从此，地上的人们开始有生也有死。怪哉！小小一物之微言，竟断送了堂堂万物之灵的幸运。然而，真实的事情或许在于，人类自从有了"死亡"的概念，这才从意识上把握住死亡的事实。

再一种情况是可恶的家伙误传天旨。景颇族的《丧葬歌》称：天鬼本意只准许头发完全白了的人去死，但传话时四脚蛇胡来，话传到人间，变成了让所有的人都会死。因此，以后人们不分老幼都会死去。不知这四脚蛇何至于此。独龙族《坛嘎朋》中的小鬼却显然是存心假借天意，实则别有所图。坛嘎朋的孩子死了，他上天神那儿要来醒药，给孩子喂下。就在孩子快复活醒来之时，来了一个伞八掌说："天神说了，这孩子不会活了，赶快把他埋了。埋孩子时有猪杀猪，有羊杀羊，没羊也要杀只老母鸡。"就因为伞八掌假传天神旨意，自此人才有一死。这个"伞八掌"即独龙族人传说里最瘦的丧葬鬼，人间丧事因之相继不绝，他大概早已吃胖了。

生为暂存，所以人们一向渴望长生；死即永寂，因而人们历来力图不死。今天的人依然在追求身后精神上的永存，传统社会的人们则相信灵魂不灭，人类初民们却更希望得到肉体上的永生。于是，长生不老药或起死回生药便成了各民族先人心目中的福音。据传，景颇族人的阿公阿祖曾有催生药和长生药，独龙族天神也曾给了人间的女婿醒药或起死回生药。既然如此，有药为何保不住人的阳寿呢？各民族的先民们忘了交待。大抵是鬼神之天意业已传下人间，人们再也无法抱怨，只好接受这必死的命运。

另有几个民族却找到了怨气所泄之处。眼见得太阳和月亮东升西落，日复一日，年复一年，长此以往，人们的眼睛不禁患了"红眼病"。据说，佤族当中曾有一种什么仙药；哈尼族也有起死回生药"铁笛铁诗"或"纠底那迟"；拉祜族又有起死复生草、不死的树叶"拿布洛帕"；傈僳族则有同样效力的宝石、神药、青春常在药和长生不老汤。但是，如此众多的非凡妙物，居然全都让太阳、特别是月亮尽数偷走了。佤族《岩赛与仙药》、哈尼族《三弟兄寻"铁笛铁诗"》及《纠底那迟和天狗吃月亮》、拉祜族《天狗吃月亮》，仿佛出自于同一具模子，集中倾诉月亮的不是；傈僳族《日食的来历》则专门指责太阳；拉祜族《拿布洛帕》、傈僳族《神药的故事》兼而抱怨太阳和月亮。所有这些无可奈何的数落，在傈僳族的《过年歌》里，却近乎成了吃不到葡萄便说“葡萄是酸的”那样的诅咒——

药被太阳拿走了，
花被月亮背走了，
太阳就青春常在，
月亮就长生不老。
……
太阳也有落山的时候，
月亮也有偏西的时候。
……
我们不喜欢太阳一起一落，
我们不爱月亮一来一去，
……
太阳偷走了青春常在的药，
月亮偷走了长生不老的汤，
我们不会伤心，
我们也不呕气。[①]

原来，日月去而复返，蚀而复圆，全仗着得自人世间的妙药之神力，这的确值得人类自豪一回。这还不够，在人与物的关系上，人的自尊心还要更上一层楼；在生与死的对立中，人的抉择性还要做进一步的跳跃。日月长存是人类企望不死的精神慰藉。日月窃走人间不死之药，才代替人类得以长生，日月仅只是人类的替身而已。更有甚者，不死之人变成日月，日月则成了人的化身，而人却直接得到永存。哈尼族的《不死草》便索性直言：一个男人吃下了一株不死草后，身子缩成一团飞上天去，变成了一轮金光闪闪的太阳。他的妻子吞下了另一株不死草舂成的粉末，也缩成一团飞上天去，变成了一轮银光皎皎的月亮。从那以后，天上才有了不会老的太阳，也才有了不会死

① 《山茶》，23-24 页，1986 年第 6 期。

的月亮。在景颇族的《太阳、月亮和星星》里，则是由荷苏妮、朵苏妮和毕苏妮三姐妹分别化身为太阳、月亮和星星，于是天空中才有了历久长在的日月星辰，地域上才分出了周而复始的白天与黑夜。她们是否也服食了长生不老之药，这一点却不得而知。哈尼族另又有一个作品《太阳和月亮》，说得更加让人自豪不已。原来的日月已经被一个妖精吃掉了，不能再复生。妖精婆还吃了小姑娘阿妞，她的小姐姐阿培找到复活后的妹妹，各自做了如今不会死的太阳和月亮。到了这一步，人们内心之中的永生愿望，最终在化身之上成了现实，只是日月本身所固有的大自然造化荣光，却被人不动声色地反窃了过来。人类身为天地间的主体，自有这种随心所欲的方便。

到底是人间不尽的阳寿凝成了空中不落的日月，还是天穹长存的日月激起了人世长生的遐想，这一问题不说自明。无论如何，既然有了这般不死的所在，人们也就会将此作为救命的去处。拉祜族作品《纳布娄斯》颇有意味，月亮救走了怀抱起死回生树却身处困境的孤儿，于是乎，月亮带着起死回生树长在，孤儿也得以活命，各获其益，皆大欢喜。除此之外，普米族的《月亮上的花红树》，独龙族的《月桂》，傈僳族的《茨帕妞姑娘》，怒族的《人和妖精交朋友》等，全都与此同属一个类型，不过却没有了什么起死回生树；而在最后一件作品里，月亮更少得了一棵树，单单救回一条人命。对死的恐惧终于扫净了人们妄自尊大的虚荣，不再提失去了的不死之药祖产，还是力保现世的阳寿来得实在。至于灵魂不灭信仰之下的来世之生，则在传统丧葬里又有一番用心良苦的追求，可那已经是现世的生之挽歌了。

在目前人类视野所及的这个特定的宇宙世界之间，人无疑是惟一的实践主体，人为万物之尊；人同时是惟一的认识主体，人为天地之灵；人尤其是惟一的价值评判主体，人为天地万物的尺度。在人类的实践活动、认识活动和评价活动中，方法论原则上的人类中心主义是在所难免的。再前进一步，在本体论的意义上，人类与天地万物相比，却没有什么额外的灵光。就这一特定的宇宙世界而论，四方上下之宇尚且存在着未及的限域，往古来今之宙也可以推测出起始的零点，人类何以追求创造的无限和生存的永恒？然而，人之哲思的最初萌动却正由这里起步。

关于人类与自然的关系，具备现代科学知识和哲学思维的人们当然会有趋近于真实的认识。人类之限域与人类之灵性同在。然而，人类世界年少气盛时却格外敢作敢为，各民族的先民们甚至扮演了各种创世造物的万能之主的角色。这是他们童蒙的不幸，他们终究会在成年的世故中碰上严酷的现实；这又是他们童真的大幸，他们毕竟在观念上占有了一个完全隶属于自身的特创世界。此刻，外部世界尚未在人的自觉意识里得以完全对象化，因而也没有从精神情感上彻底外在于人。人之哲学就是在这种幸与不幸的迷蒙之中，自得其乐地度过了自己天真无知的浪漫童年。

第二章　科学认知
——前决定论的附会解释

建立在社会生产实践基础之上的科学认知活动，是人类世界由大自然的奴役下解放出来的强大力量。恰恰是在这个意义上，科学是一种生产力。科学认知不断揭示出各种自然事物和物质现象间的相互联系，发现并总结隐蕴在其中的某些规律，为社会生产实践的进一步深化提供了理论根据。因此，生产实践与科学认知之间，构成了一种互为反馈的互动机制，彼此制约又彼此促进，共同推动着整个社会生产力向前发展。

寻找并归纳出世间各种各样的事物及现象之间的线性因果决定关系，是人类科学认知的前期发展阶段的显著特点。这在过去时代的各个无文字民族中间也不例外。即便是依靠童稚的猜度，人类社会早期各民族的人们也总得要为某种“结果”寻找到一个“原因”，或者反过来，依照某种“原因”推断出一个“结果”。上自天文地理，下至鸡毛蒜皮，天真好奇的古代人类，好像具有远甚于现代人类的自信和勇气，试图了解进而描述世界上万事万物的来龙去脉。这一类原始的科学认知的内容，便自然而然地充斥着他们各自民族的整个古老的口承文化传统。

不过，人类先民们生产生活实践的简单程度，无疑造成了他们思维方式的简单性，而这一情形又导致了世界在他们眼里的简单化。对于各民族先人们的原始的科学认知说来，这个世界上的万千事物及现象，若得不到一个解释是说不过去的。可是，只要做出了一种简单的解释，人们的好奇心和求知欲似乎就能够满足了。所以，在那里，一切问题处理起来都是那样容易，以致看上去总是那样随便。

同样是企图说明各种事物、各类现象间的因果联系，古昔人类在认识活动中的方法论原则，显然与后世的科学认识方法极不相同。在那时候，各个民族的人们都还不懂得客观地观察世界，他们也都还未能形成精确细密的抽象概念和图式系统，而且还没有学会严谨有致的逻辑推理。事情恰恰相反，他们总是只能够本着人类刚刚开始萌生的自我意识，去揣度和描摹世界及其万事万物，整个自然世界因而是彻底人化和意向化了的。特别是在人类早期有关日月星辰、风雨雷电等种种难以直接把握的事物及现象的认知中，这种情况不用说是非常明显的；对于动物和植物的解释就更是如此。

这么说来，既然在人们的认识中，全部外在于人的东西不过是人的有限感知的外推，那么其实也就否认了物质世界存在的独立性。因此，在人类世界早期的各个民族那儿，拥有一个特定的生产生活背景，自然也就产生出一种在认识上特有的世界情状。他们各自面前的那个感性对象世界，好似他们自己幻想出来的。只要注意一下，在历史上，世界众多民族对大地和地震曾经做过五花八门的独特解释，便可以清楚地了解这一点。

这样一来，在各个民族的古老的口承文化里，自然世界及其天地间的万千事象极为富有个性，就像虚构的艺术世界一样。然而，有必要着重指明的是，仅仅是在过后来看，才谈得上有这样的意味。实际说起来，同艺术世界相比较，其间又有一点质的区别，那就是，各个民族认识中的这种原始的世界图景，在那时是被人们当成了千真万确的现实世界。早先的人类还未曾发展出足够的智知，能够完全以审美想象的艺术态度，超然于世外地来对待这一切。

与其说人类先天便生就了一种艺术家的浪漫头脑，无宁说在各自所能占有的环境条件下，世界各民族的人们都是非常现实的。尽管如此，他们对于世界及世间万物的理解，却并未招致绝对主义的线性因果决定论。说得更直截了当一些，他们是用各自所方便附会拉扯上的因果联想，来代替事实上可能存在的复杂因果关系。这就难免带上人们的主观认识局限造成的随意性，这类认识局限又是由于各民族前人特定的现实环境而来的。在这种状况下，严格的近乎目的论的线性因果决定论，应该说是根本谈不上的。因为世界及其万事万物被特定时期的特定民族这样认识着，所以他们也只能做出这样一种特有的解释。

那么，在这么一种自足的封闭体系当中，人们要想逐步趋近于客观的科学认识，这看来仿佛是办不到的。好的人类生产生活的实践发展经常会打破这种自足，从而给科学的进步准备下新的理论背景和新的观察材料。

反过来看，在另一方面，恐怕也不好认定，往昔人类各民族的那种原始的科学认知，不是埋伏下不可知论，起码也是公开的相对主义。应当意识到，那时的人们还没有来得及学成那么大的智慧和本事。不管怎样，他们是异常认真的，认真得足以使任何后世的科学认识感到不可思议；他们对于完全隶属于自己的那个感性现实世界笃信不疑，其坚定程度只会让一切虔诚的宗教信徒自愧不如。他们毕竟各自拥有一个在感觉上真正属于自己的此岸世界，并且对这一为人的精神所彻底同化了的对象世界做出了在当时惟一可行的解释。即使有时候不得不把问题及其解决推向而今所说的彼岸，也决不意味着承认存在着某种超验的不可知物。全部解释都是现实的和可信的，他们偏偏就是这样看。

第一节　乾坤万象之谜（天地物态观）

前后左右为四方，四方上下即六合。日月经天，风雨荡地，这一特定乾坤世界的万千气象，皆存现于人类眼界所及的这个六合空间之内。

六合之域并不是封闭的，然而也不无域限。现代宇宙学的观测范围已十分广大，但也不过扩展到距地球数百亿光年之远；古代人类的视域则更为有限，仅仅局限于所谓的“天地四方”。六合之外是怎么一回事？《庄子·齐物论》早已狡黠地明言：“六合之外，圣人存而不论。”现代宇宙学却不提这种“之外”，而只期待着人类观测手段的进一步发展，以开拓眼下尚未知的新的宇宙世界。

古往今来，人类目力所及的六合是以地球为中心的，人类对六合之中的种种事象的观察也以大地为立足点。在今天，这种地球中心观仅只是一般民间常识，而与科学结论相悖；在古昔，这却被当成了千真万确的事实。六合以地球为中心，因而才有了日月东升西落的绕地运动；人们的观察以大地为立足点，因而才有了天为上、地为下的域界。如今，大家都已清楚地了解，太阳绝非绕地而行，大地也无所谓为下。可是，人类的先民们却只有一种人类中心之域的立场，因此天地之间的诸多物态都只能得到彻底人化了的解释。在往昔历史上长久以口语形式传递和保存其认知成果信息的各个民族中间，这一类古老的天地物态观自然在他们的传统口承文化之中也有所体现。

一、经天日月

天空与地面遥遥相对。天幕之上，太阳和月亮显得格外突出，格外耀人眼目。当地球上的人类把目光投向天外之时，首先关注的一定是嵌在天穹上的太阳和月亮。“日居月诸！照临下土。”《诗经·国风·日月》所直述的这一现象，会有谁人不曾知觉到？此外，夜空中群星伴着月亮，人们也不可能视而不见。

于是，人心中的疑问由人的感知而引发。“日月安属？列星安陈？”这一《天问》之句足可以代表人类先民们诸如此类的提问。人类的认识活动正是从提出疑问开始的，而种种释疑又总是紧接着问题而来，以使人们焦渴的好奇心得到哪怕是暂时的满足。当然，人们只能根据自身时空条件下的感知提出问题，也只能根据自身时空条件下的经验解释问题。人类各个民族的先人们，恰恰是以自己身边已知的现象，来附会地解释未知的事物。太阳和月亮与动物的眼睛之间本无任何可比的联系，但人们却找出了一个似乎说得过去的共通之处，即它们都会泛光。如此一来，人们所熟悉的眼睛就成了对日月的便当解释，即日月是用眼睛做成的。不过，在哈尼族的《奥色密色》里，用来做太阳和月亮的，是一双牛眼；在普米族的《捉马鹿故事》里，则是一对马鹿眼；在怒族的巨兽传说里，却是一个莫名其妙的怪物的两只眼睛；而拉祜族的《牡帕密帕》更为神奇，说是天神厄莎用自己的眼睛来做日月。眼睛本身并不会自行发光，这几个民族的前人却大多对这一点忽略不顾，有了一个太阳和一个月亮也就够了，发光不发光是它们自己的事。

这一种释疑自然又带来了新的疑问，新的疑问则需要有新的释疑，拉祜族先人注意到了。在《牡帕密帕》里，他们进一步提出问题并解释道：

厄莎用左眼做太阳，
厄莎用右眼做月亮。

可是太阳不会发热，
月亮不会放光。
……
厄莎拔下头发当银针，
厄莎呵出口气当金针，
银针插在月亮头上，
金针插在太阳头上。

金针硬铮铮，
刺眼又发烫；
银针很柔软，
发光又冰凉。①

这当然同样是人类童蒙之见，但由形式上来讲，人类认识的深化过程便是这样，在设问和释疑间不断循环，逐渐趋近于一个信度越来越高的结论，却永远也不可能得到绝对的真值。

至于星辰，本来大都与太阳并无大的不同，多数是空间自身发光的恒星，只因为它们距离地球太遥远了，地球上的人们便把自己的宠爱集中于太阳，甚至集中于只不过是地球卫星的月亮。因此，在久昔以来的民间“常识”中，给它们的命名仅仅是小不点儿的“星”，远远赶不上“太阳”、“太阴”那么神气十足。在《牡帕密帕》中，星星干脆就仅只是厄莎造日月时洒落的点点汗珠罢了。也正由于这个缘故，星星们往往受到冷落，在人类的认识对象行列里远远排在日月之后，以致常被人们忘了提及。

不过，在布朗族的《顾米亚》那里，神巨人顾米亚特别厚爱它们，不去造日月，一双牛眼就是用来做星星的。而在《奥色密色》和《捉马鹿故事》里，哈尼族和普米族的先人则分别解释说，星星是用牛的牙齿和马鹿的牙齿做成的。另外，傈僳族有《鸡窝星的传说》，把昴星团称为“亚让亚妈尼”，意思即是“鸡窝星”，认为此星团是一只母鸡和它的一窝七只小鸡变成的。独

① 刘辉豪整理：《牡帕密帕》，1版，6-8页，昆明，云南人民出版社，1979。

龙族又有《大象的儿子》，确信作为参星或商星的所谓“三星座”是马葛捧及其两个伙伴化身而成的，这“马葛捧”即为“大象的儿子”之意。凡此种种的理解可谓无奇不有，然而人们在当时的认识水平上，却只能做如是观，他们并不觉得这一类解释是虚幻的“神话”或离奇的“传说”，而是认定事实就是这么一回事。阿昌族前辈眼里的日月好像尤其贵重，而星辰却异常微不足道。他们的造物主天公遮帕麻也实在偏心眼，硬是不懂得太阳与星辰大多是一码事，应该用同样的材料来制造，这便给人间遗留下了对星辰的莫大误会。《遮帕麻与遮米麻》的记述可以证明这一点。其中唱叙道：遮帕麻用闪闪的银沙和着雨水造月亮，造出的月亮像一塘水那样清汪汪；拿灿灿的金沙和着雨水造太阳，造出的太阳像一塘火那样亮堂堂。最后，为了驱动太阳和月亮，他挥舞起赶山鞭，甩出了一串串的火花，这火花飞到天幕上，就变成了满天闪亮的星星。很明显，人们的直观感知在早期的认识活动中起着决定性的作用。

此处实际已涉及对日月经天之动因的解释。据这一古老作品称，除了天公遮帕麻的神力驱动而外，地母遮米麻还将东西两边的天与地缝合在一起，就此形成了笼罩地面的天穹，日月便由地边东升西落经天环球而行。可是，地角天边既已缝合，日月何以通过而绕地之背？人类初民的童稚之识就是这般专断，强行派定了日月的经天绕地运动，却不管是否行得通。况且，太阳果真是围绕地球运转吗？莫不是天公地母做了这种限定？近代天文学早已经将此“冤假错案”纠正了过来。在很多时候，人们的直观感知往往并不可靠。

对于日月经天运动之因的解释，拉祜族先辈的说法再有意思不过了。他们在《历法的来源》里讲到：太阳和月亮尽管已有了亮光，但却不会走动，同样无法出去普照天地万物。是的，人们只见过有腿脚的东西走路，没有腿脚的东西怎么走呢？于是乎，他们替万能的天神厄莎出了一个绝好的主意，分派给太阳一匹马，分派给月亮一头猪，让有腿脚的驮载着没有腿脚的出去溜达。人自有凡间的见识和办法。景颇族先祖之人则更有魄力，在《驾驭太阳的母亲》中，他们索性请来一位仁慈的母亲，像辛劳赶路的马车夫那样，每天清晨出门，傍晚归家，整日里驾驭着太阳在天空奔驰，也好让阳光洒满大地，普照着她在人间的子孙们。这种见解真是绝妙至极，驾驭太阳之车的老妇人固然辛苦了一些，可是由此而太阳也被充分人格化、人情化了。太阳实在也就是地界万物之母，如此这般的附会理解恐怕算不得过分牵强。

关于日月，人们常见的现象还有圆轮本身的蚀缺，这一点同样引来了人们心中的重重疑问，随而也引出了诸多释疑的解答。景颇族的《公鸡请太阳》、傈僳族的《日食的来历》都说，日蚀是因为天狗咬吃太阳。拉祜族《拿布洛帕》则讲，日蚀及月蚀皆因为天狗啃咬的缘故。或许是由于月光柔和，人们便于观察；或许又由于月亮温顺，易被天狗欺负，注意到月蚀的作品比较多。佤族《岩赛与仙药》、拉祜族《天狗咬月亮》、哈尼族《三弟兄寻“铁笛铁诗”》、《纠底那迟和天狗吃月亮》、傈僳族《神药的故事》、《天狗吃月亮》均称，月蚀是因为天狗咬食月亮。在这里，除第一件作品外，其他作品全都说明，那天狗是由地界登上天庭的；而再除去最后一件作品外，其余作品都指出，狗上天庭是为追回被太阳和月亮偷去的人间不死之宝，即什么起死回生的宝石、不死的树叶、救死扶伤的仙药、死而复生的药、起死回生药、救命治伤的神药等等。如此说来，日月确实该咬，它们的不义之举显然折损了人间的阳寿。不过，看来已无济于事了，有了这等灵丹妙药，不但蚀缺的日轮或月轮能够得以复圆，而且日月落而又可以复升，月亮朔而又可以复望。日月当空长在，经天永存，这一切也都得到了一个解释，只是这样一种解释太令人间沮丧了。

有关月轮斑影的解释却各色各异，其中之一便同以上所言的起死回生一类的药相关。例如，哈尼族的“铁笛铁诗”被月亮偷去了，在月亮上栽起而长成一棵树，哈尼语称之为“莫尸噜纳”，意思就是月亮里的树。再比如，拉祜族的《纳布娄斯》解释说：纳布娄斯即为起死回生树，一个孤儿为保护此树而遭遇危险，月亮便连人带树一齐救走。后来，人们派白兔到月亮上取树皮做药，白兔却再也返回不了地下，所以，月亮上便有了一树、一人和一只舂药的白兔。与此相似，傈僳族的《茨帕妞姑娘》、普米族的《月亮上的花红树》、独龙族的《月桂》，也都说是月亮为了救一人而捎带了一棵树，因而月亮上便出现了树影。佤族先祖所识的月影格外有趣，题意即为“从石洞中出来”的神话《司岗里》要人们相信，里和伦天地二神在两个太阳之一上放了一棵大树，为的是使其变得阴凉，这样便有了月亮，月亮里也有了树影。在独龙族《猎人射太阳》和怒族《人和妖精交朋友》中，月影则是人影，不过，一是射瞎一个太阳使之成了月亮的猎人之魂，一是月亮从妖精口下救去的一个姑娘之身。真不知道，月亮若是有灵，它更乐意接受哪一位。

如此五花八门而又怪诞离奇的理解，在认识论的意义上当然无所谓真——客观地反映物质对象的真实；而在解释学的意义上却也许不失为真——人们一时所能掌握的“真知”。无论认识结果的真实程度如何，只要具有一时的释疑价值，便可成为一种知识，使人们信以为真。至于人们的认知需要逐步发展完善，以最终逼近事实，那是另外一回事情。在人类的早期历史上，各个民族的祖先们面对着人力难以触及的天宇世界，他们的“天文学”知识就只能是这样，重要的是偏偏也能够释疑。

二、四极地域

在以地球为中心的这个人类乾坤世界中，除了天宇及天上的日月星辰之外，首当奇谜大概要算是人们所处的这片大地了。大地终归在人们的脚下，不像日月那般渺远，可望不可及。因此，前人们对于大地便有了较多的了解和较深的认识，人类早期时代里原始的“地学”，当然也显得要比其时的“天文学”发达得多。这里所说的“发达”，丝毫也没有“成熟”之意，只不过是指解释大地地质、地貌的“知识”之丰富繁杂而已。至于这类“知识”到底有多少真确性，今天的人们自然不敢恭维。

这片大地必有来历，不管是神创还是人造，其形成和构造总归要有一个解释。然而，在此要紧的是对于造地之质料的种种解释，从中可以看出，这绝没有对日月星辰的解释那么玄乎。傈僳族和基诺族各自的一则神话极为近似，一说天神木布帕捏地球，一说女始祖阿莫小北捏地球。傈僳族的天神捏地球用的是超凡的天泥，而基诺族的人祖捏地球用的则是粗俗的汗泥。不知他们的天泥或汗泥是地界泥土之本，还是反过来本于地界泥土。总之，想来与地界凡土不无关系，这也算见识不浅。

然而，就在前边所提到的《捉马鹿故事》、《奥色密色》和《顾米亚》几件作品中，大地却是用鹿之皮或牛之肉造成的。普米族、哈尼族、布朗族的先民们把土地解释为与血肉同质，当然包含有深刻的考虑，大地便是直接孕育生命万物的母体。在《遮帕麻与遮米麻》当中，阿昌族先人对于四极地域的理解与之相类似，不过其中的此番见解却得到了更加充分的表露——

遮米麻拔下右腮的毛，
织出了东边的大地……
遮米麻的右腮流下了鲜血，
……化成东海无边无际。

遮米麻拔下左腮的毛，
织出了西边的大地……
遮米麻的左腮流下了鲜血，
……化作西海无边无际。

遮米麻拔下下颏的毛，
织出了南边的大地……
遮米麻的下颏流下了鲜血，
……化成南海无边无际。

遮米麻拔下额头的毛，
织出了北边的大地……
遮米麻的额头流下了鲜血，
……化做北海无边无际。

遮米麻织就了大地，
用的是血肉的躯体；
世界有了依托呵，
万物有了生机。[1]

---

① 朱桂元、吴肃民、陶立瑶、赵桂芳编：《中国少数民族神话汇编·开天辟地篇》，336、339页，北京，中央民族学院少数民族古籍整理出版规划领导小组办公室，铅印本，1984。

这一古歌还解释了地壳表层多形态特征的形成，说来也别有趣味。天公遮帕麻与地母遮米麻分头造天织地，大概事先忘了统一尺寸规格，施工中又未及时协调，结果天造得小了，地却织得大了，天边无法笼罩地缘。于是乎麻烦来了，暴风狂浪拍地扑天，遮帕麻扯天去盖地，难免捉襟见肘。遮米麻只得拆去三根地线，引来一场地震，地面上有些地方凸起成了山峰，有些地方凹下成了谷地。《木布帕捏地球》则揭示了傈僳族前人的不同见解。据信，天神木布帕正在捏地球时，听到其父母双亡的噩耗，气得将尚未捏完的泥坨砸向地面，有的摔入地里成了深谷，有的落在地表成了高峰。还因为他未及捏完地球，留下了一个缺块，所以江河便会向那豁口处流淌。佤族《天地的变化》中的理解尤为简单，干脆说是男人们劈柴时砸坏了平坦的地面，因而出现了高山与低谷。如此这般的见识毕竟有聊胜于无，别无他法的释疑总比茫然无知的好，好歹可以暂时缓解一下人们的好奇之心。

如果说，以上近乎怪异的人类童心所识或许可以归为拙陋的“地质学”、“地貌学”原始知识，那么，各民族口承文化中有关地震的诸种见解，大抵也即是人类最初的“地球物理学”之见了。据说，布朗族神巨人顾米亚用牛肉造好地之后，发现大地虚悬在空中，下面没有什么做依托，便抓来一条大鳌鱼将大地托住。没曾想，鳌鱼不愿意承受这般苦役，随时想着逃跑，顾米亚只得又派一只金鸡去做看守。可是，金鸡也有打瞌睡的时候，它一闭眼，鳌鱼便不安分地动弹起来，于是就发生了地震。哈尼族祖先之人在《奥色密色》里也讲道，用牛肉造地时，造地的人还把牛心做了地心，地有地心才会稳当。但是，造天的人饿了，偷吃了一点儿牛心，故而地心亦有不全，大地有时不免摇晃一下。佤族神话《司岗里》则另发奇解，完全没有了“物理”的影子。其中说：动物神达能踩穿了地面，掉进地里去了，但他一心想着要尽职尽责，每隔一些日子，便要摇动一下大地，以这种办法来探问地上是否还有生灵。这可真是奇了，殊不知这样一来会有多少生命受损。

在口承文化的古朴“地学”之中，较多的还是各个民族对于自身生存环境里的各种具体地形地貌的理解。常见的情况大致有下面的两类。

一类是描绘山川地貌。怒族的《盘古开辟怒江》颇为典型。据作品里称，这个盘古的样子很像大象，当他得知父母去世之时，眼泪流了几天几夜，汇成一条大河，把怒江高原冲刷出一道深沟，两岸成了大山，即怒山和高黎贡山。盘古由南海吸了一口水，喷洒在山脚，山脚腾起热气，变成了热带；他又由东海吸了一口水，喷洒在山腰，山腰冒出暖气，变成了温带；他再由北海抓了一把雪，抛洒在山顶，山顶铺满白雪，变成了寒带。从此，怒江峡谷便有了“十里不同天，一山有四季”的古怪气候。此外如傈僳族《怒江和澜沧江的传说》、哈尼族《红河然密与藤条江小伙子》等，其名称本身即已典型之极，无非是以人格化的描摹来说明种种地貌特征。

另一类则解释风物地况。傈僳族的《公寨山和母寨山》可充作代表。作品里确指华坪县城外20余里的地方，有两座山犹如一男一女相望，一称公寨山，一称母寨山，母寨山旁还有一座小山，不必说那是它们的孩子。这一类风物的由来总有一个动人的故事，不外乎又是人变成的，或者与人间生活相关。其他如怒族《吉娜木让》，讲的是贡山县丙中洛西北面的吉娜姑娘山；佤族《鸟泪泉》，讲的是阿佤山班洪大寨山后的一股清泉；哈尼族《仙人碑的传说》，讲的是新平县建新乡曼秀坝子中间的四尊巨大的青石。如此等等。

这两类“地学知识”也许更为实在，更能长存于民间。它们解释了具体地貌地况的来龙去脉，这是现代地学也无法解决的问题。科学管不了那许多鸡毛蒜皮，但人们的好奇心却偏有那么多释疑的渴望，这就需要民间“知识”来补救。

三、众候之解

天穹下，地表外，六合之间有着多少奇惑之谜！除去天空日月、地域山川以外，举凡六合内的天候、地候、物候，无不激发起早期人类童稚的好奇之心。破解众候之谜，人类各个民族的先人们同样少不了拟人、“仿生”和因果附会那一套看家的拳脚本领。此处也择其要来看一下。

中国古人把见霜、下雪、结冰、打雷等等大气物理现象都统统归称于“物候”。唐代诗人元稹便有诗句曰：“楚俗物候晚，孟冬始有霜。”实际上，大气物理状态的诸多表征应为“天候”，或者说，是名符其实的“气候”。当然，中国古代曾以五日为一候，以三候为一气，这同“气候”根本不是一回事情。在16至17世纪温度计和气压表发明以前，人们不知有什么“大气”，自然也无所谓“气候”。既然古人们没有“气候”的观念，或者，当时所谓的“气”与“候”同现代的“气候”概念风马牛不相及，那么在此还是采用确切而又不致混淆的“天候”说法。

种种天候是怎样产生的？《奥色密色》讲到用牛来造天造地，其间表达了古代哈尼族人对此的奇特见解——

造天的人说：
……要用牛角做打雷工具。
……要用牛舌做闪电。
……要用牛肠做下雨的水管。
……要用牛肝做彩霞。
……要用牛肺做雾露。
……
天造好了，
龙牛死了，
龙牛的喘息变成风声，
龙牛的眼泪变成雨水。[①]

自然，在人类先民看来，天候的产生应该与开天辟地时所本之物联系在一起。仿生的世界势必有仿生的天候。德昂族《达古达楞格莱标》开辟的另是一个“茶本世界”，于是乎，不仅日月星辰由茶叶的精灵化出，而且白云即为茶树的披纱，彩霞则是茶树的霓裳。如此一来，天候可真真成了“物候”。

拟人之解则为更加常见的一法。作为天地本原的创世鬼神，向来就是人类自身角色的反串，“拟神”之天候实在也即是天候的拟人化。《遮帕麻与遮米麻》称，阿昌族天公遮帕麻挟日月而行，跳跃一步即留下一道彩虹；他吐出的气则化作大风和浓雾，流出的汗又化为暴雨和洪水。《牡帕密帕》又称，拉祜族天神厄莎辛苦劳作造日月，手茧变成了满天的云朵，而彩霞是太空的花环，薄雾是大地的头巾。哈尼族《拉梭阿达》则称，雷公拉梭阿达滚雷石震撼着雨祖无愿阿波家的水缸，溅出水星汇流而下成了雨水，这也就是雷和

① 《山茶》，111-112 页，1980 年第 3 期。

雨的来路。在佤族史诗《西岗里》中，天候的拟人化可说是极富于典型特征。天与地分开时，天空舍不得大地，居然气嘟嘟动了感情，大雨就是它流下的眼泪，雷鸣就是它发出的怒吼。人们见此情景赶忙送礼安慰老天，彩云即为送给天空的花衣服，霓虹即为衣服上的花边。拟人之见到了这种地步，很难说还有什么自然天候了，一切都成了情感化的描绘，难怪后世的人们要把这一类天候之解视为艺术的想象。

此外，哈尼族《风姑娘》、《云海的传说》、《风的来历》等等作品，则又进一步对各种天候直接加以人格化。而傈僳族的《云和雾的来历》更是做奇思妙想，说是人与妖斗智斗勇，用火将妖怪烧成了灰，腾起的烟雾弥漫天空，成了天上的乌云和山间的浓雾。据传，人们讨厌乌云浓雾，就因为那是由烧妖怪的烟雾变来的。在这里，种种天候甚至成了人之化身或人为之果。

白昼与黑夜不断地交替，也是人类社会各个民族的先民格外注意的一种自然现象，各民族的口承文化对此颇多解释，说来同样是无奇不有。《木脑斋瓦》是景颇族的创世古歌，其中专门提到，第二代的一对天鬼在决定世界应当是白昼还是黑夜时，男天鬼娃襄能退腊要让世界永远是白昼，而女天鬼能星农锐木占却要让世界永远是黑夜。二人争执不下，便请他们的兄长，代表“永恒的智慧”的天鬼潘瓦能桑遮瓦能章来裁定，结果是各得其半，世界就此平分了白昼与黑夜。这无疑是显而易见的特创论之解。然而，接下来便似乎又回归到自然。娃襄能退腊死在山顶上，因而白昼来临时山顶先亮；能星农锐木占死在山洼里，因而黑夜来临时山洼先暗。在此，昼与夜之分仿佛同什么都没有干系，而是作为独立的候象降临到地界的。

更多的民族的先辈们，则以直观的日常观察看出，白昼与黑夜之别与日月有联系。独龙族《猎人射太阳》、佤族神话《司岗里》说，起先，天上有两个太阳，地下却没有黑夜，而后，有一个太阳被射瞎了眼睛，或者被栽上一棵树而绿化了，由此而变成了月亮，这才分开了白昼与黑夜。《遮帕麻与遮米麻》、《达古达楞格莱标》则说，阿昌族的天公和德昂族的茶树精灵让日月轮番出来转悠，于是大地上便有了昼夜之殊象。其实，昼夜之异的周期更替与月亮几乎毫无关系，太阳也多半不过是被动地受了利用，其成因主要是地球的自转，结果便是所谓“地球日”，因此这完全可以视做一种“地候”，是一种短周期性的地球物理环境变化。

现代物候学所要研究的，正是这一类环境条件周期变化与生物活动之间的对应关系。各民族传统的口承文化有一个并不少见的命题，所涉及的恰好是这种物候学问题，这一命题即是所谓的“公鸡晨唤太阳出”。景颇族有《公鸡请太阳》，德昂族有《鸡叫太阳出》，哈尼族有《为什么鸡叫太阳就出来》，题目本身即已将个中涵义昭然无遗。另外，布朗族的《顾米亚》、独龙族的《猎人射太阳》也包含有与此全然一致的内容。这些作品实实在在地记载下了各个民族先民们的物候观察结果，明明确确地传达出了前人们所总结的物候学知识。口承文化所具有的科学认知的本位性质及其教授知识的功能作用，在此的确是再具体、再确切不过了。

但是，这一物候学命题却暗含着一个十分严重、十分典型的自然因果决定关系的谬误。公鸡晨唤与太阳东升，一为生物节律活动，一为环境周期现象，两者之间纯粹只有物候学意义上的联系。可是，人们却依据它们发生时间的先后，武断地确定了它们之间的因果联系。在上述作品里，一概是公鸡晨唤为因，太阳东升为果。事情果真是这样吗？倘若某一天不闻公鸡晨啼，太阳难道就不会君临大地？在古老的口承文化中，类似的因果联系的人为臆造数不胜数，一律明显带有附会的和随意的性质。在这种思维方式传统的严重袭扰之下，任何形式的因果关系决定论都只是一种莫大的误解。令人遗憾的是，人类早期认识活动的这一类隐患至今犹存，而且在某些方面还往往得以“科学”的强化，严重影响着人们在各个领域内的科学认知，甚至在社会科学和社会生活领域也不例外。

应当意识到，整个原始的知识体系历来以民间普通常识的形式存在着，而一切正式意义上的科学认识活动都是从这当中发展起来的。即使是在当今时代，这类民间常识包裹在人类各民族久远的语言传统中，依旧在人们的头脑里根深蒂固，甚而以其既有的文化传统惯性牵制着现代哲学和科学的认知，以至于有一些哲学家和科学家出来主张加以清算。一个最具普遍性和代表性的例证就在人们的日常生活中。虽然地心说早已为日心说所代替，甚至日心说在现代宇宙学里也已经不够确切，但人们却迄今仍然习惯地保持着日月均围绕地球“东升西落”的直观常识。

不过，纵览诸多民族的古老口承文化，或许也可以给人以一点启示：人们对于客观对象世界的科学认知只不过是一种解释。且不说古昔人类认识活动备受自身及外界诸种限制的情况，即便在如今，人们对同一对象物常常也可以由诸方面做多种解释。要紧的是一种科学理论在时间和空间跨度上的普适性，而不是仅仅盲目地固执一端。绝对真理是难以最终完全得到的，固守虚假的线性因果决定论的偏狭之见更没有出路，科学的发展也需要宽容和理解。

第二节　生命大世界（生物学认知）

普天之下众生芸芸，在人类的周围，千千万万的动物和植物组成了一个熙熙攘攘的生命大世界。人类就生存在地球上的这一生物圈之内，动植物是人类身边最接近、最熟悉的伴生之物，也是早期人类最主要、最基本的生活资料来源。对此，各民族古代的人们不会不注意到。他们对于各种各样的动物及植物也不会不加以留心观察，进而做出一定的描述和解释。人类四周的这一个庞大而繁杂的生物圈，当然是人类对象世界的重要组成因素。这一生物世界是怎么来的？各个物种的自然命运是如何决定的？各类动植物的形态特征及习性特点又是怎样形成的？诸如此类的许多问题时时萦绕在各民族先人的头脑之中，促使他们去思索、去认识，并得出适当的解答，以便妥善处理人类与动植物之间的各种关系。人类作为这个特定世界里的万物之灵，其主体性的认识活动和评价活动也表现在这一方面；同样，这也为人类的实践活动、特别是物质生产活动的深化所必需。所以，各个民族的先民们总是对他们各自身旁的各种动植物格外关心，在无文字的历史条件下，他们的认识成果便通过口承文化世代传承了下来。在这些民族久远的口承文化里，这一类原始的生物学认知结果，势必也是其整个知识体系中必不可少的一个部分。

一、物种之命

人与各类动植物的关系是人类很早就加以关注的一个问题。不错，人是万物之灵，是万物的尺度，人类处在这一生物世界的中心，而各种动植物为人们直接提供了基本的物质生活资料，让人们按照自己的需要，在能力所及的范围内任意受用，这一种关系早已为人类所觉察到。可是，问题在于，这样一种格局是如何形成的，自然乎？天意乎？还是由于人类认识和改造世界的主体力量？在关于这一点的理解当中，不论得出什么样的结论，人类自身的功用价值评判无疑都发生了重要作用。

那么，在各民族的口承文化中，先民们对大地上各个物种的不同命运具体是怎样看的呢？驯化动物与野生动物之间的分野，是人们身边各物种之命运最为明显的差异。不少民族的先人都注意到了这一点，仅独龙族就有几则相近似的神话对此做出了解释。《聪明勇敢的朋更朋》、《坛嘎朋》与《彭根朋上天娶媳妇》几乎完全雷同，或许这三者本身便是一生多体的异文。彭根朋娶来了仙女木美姬，坛嘎朋则娶了猛朋天神的四姑娘，而朋更朋娶的是天神莫朋的女儿墨美更。这几对男女由天上返回地界时，天神让各类动物跟随他们而去，并嘱咐他们不得回头。在路上，他们身后的各种飞禽走兽一片喧闹声，他们不由得返身回顾，谁知动物们竟跑散了。他们或是唤，或是抓，到底留下了牛、马、猪、羊、狗、鸡等等，这一部分即成了家禽家畜。而跑掉的那一部分，即熊、虎、豹、猴子、獐子、麂子、岩羊、马鹿、小兔等等及各种飞鸟，从此便成了野生动物。据说，当时连蜜蜂也飞走了，后来养的家蜂是又从山上捉回来的。动物们离人出走而变为野生，这一理解倒挺有意思。显然，独龙族先民们把整个事情的过程正好反过来了。

物种自“天”而来，动物离人而野，这样的见解在其他民族的历史上也曾有过。布朗族的《艾洛卜我》讲道：人王艾洛卜我是一只大蛤蟆，专门同天神帕亚天作对。帕亚天七年不下雨，于是他便上天去讨伐。得胜归来之时，他由天上带回了各类飞禽，家禽分给了女人，野禽分给了男人。女人细心，家禽照料得很好，直到现在都养在家里；男人粗心，野禽全都跑了，所以现在男人们只好抬着弩到山林里去猎取野禽。阿昌族也有《动物是从哪里来的》，说的是龙王家的大女儿请她在人间的老师到东海家中做客，末了送老师一包礼物，并叮嘱回到家后才能打开。没曾想到，这教人知书达礼的先生竟也好奇心重，在路上一条水沟边打开了礼物包。于是，包内一阵乱蹦乱跳，鱼类跃入了水中，虎、豹、熊、鹿、兔等等跑进了林间，只剩得牛、马、猪、羊、狗和鸡、鸭、鹅等带回家里养了起来。多令人遗憾，若是人们不放跑那许多野禽野兽，世世代代地继承下来，人的万物之主的地位才真正是天生命定的。

在另一些民族的先人们看来，动物之家养与野生的分野是人间分家的结果。哈尼族的《人鬼分家》传言：很早很早的时候，人与鬼是亲兄弟，由于相处不和，天天闹着分家。人分得了马、猪、羊、狗、鸡、鸭和黄牛，鬼则分得了老虎、豹子、马鹿、麂子和野鸡、箐鸡、鹧鸪、鹌鹑等。鬼却不满足，人也不让，最后还是人又抢来了鹅、鸽子和水牛。傈僳族《山神的故事》略有不同，说的是老古时候有阿底和阿甲买两兄弟，大地上的万千动物都归他俩统辖。后来，哥哥阿底想留在山上，不愿再回家，两兄弟只得分开。阿底先分到虎、豹、狼、鹿、麂子、岩羊等，阿甲买先分到牛、羊、猪、狗、鸡等。正待继续分下去之际，阿底突然变成了山神，尚未分完的动物都随他走了。阿底只好对弟弟说："我分得多些，你以后来山上杀我的吃吧！"这样说来，动物们也就此分属于人间与神鬼之域，人的能力所及的地盘毕竟很有限，人的世界之外的野物自然归鬼神所有。

最为接近事实的解释看来有如佤族的《家畜的由来》。据称，人类征得神主的同意，打杀同人争食的动物来充饥。有一些受伤的动物撞到女人面前，女人心软，便将它们牵回去养起来。慢慢地，这些动物越来越多，女人就不再跟男人上山打杀动物，而是留在家里放养这些动物。家畜就是这样来的，家禽也一样。相传，也正是由于这个缘故，从那时候起直到如今，佤族妇女从不上山打猎，因为她们手下就管辖着一批动物；而男人们却一无所有，只好长年累月地上山去打猎。人们两性之间的早期劳动分工，居然如此这般同各类物种之命运联系在一起。

人类初民们心中的各物种之命运，实在就是人们的功用价值眼光之所见，这一点也十分明显。拉祜族语里意谓"造天造地"的《牡帕密帕》，在提到天神厄莎种葫芦育人种之后，接下去唱得十分精彩，把人类对于各物种的实用心计一古脑儿全推托给了天意——

葫芦藤断了，

葫芦滚跑了。

……

厄莎追到泡竹林，

泡竹回答没看见。

厄莎生气说："等到人出世，

砍下泡竹把墙壁编。"

厄莎追到茅草林，

茅草回答没看见。

厄莎生气说："等到人出世，

砍下茅草盖房子。"

厄莎追到金竹林，

金竹回答没看见。

厄莎生气说："等到人出世，

砍下金竹做响篾。"

……

厄莎追到靛园中，

蓝靛回答没看见。

厄莎生气说："等到人出世，

用你把布染。"

……

厄莎追到茨竹林，

茨竹回答没看见。

厄莎生气说："将来人出世，

用你编篮、编箩、扭竹纤。"

厄莎追到黄栗树林，
黄栗树回答没看见。
厄莎生气说："等到人出世，
用你去做锄头、斧子把。"[①]

呜呼！在自诩为万物之灵的人类物种之下，万千生灵竟然纯粹是为着供人们受用而生的。不过，人们假上天之名做得天下物种的主宰，这是不是有点儿短了自己的志气？人类依靠自身的实践及认识力量而获得的主体地位，莫非仅仅是仰上天鼻息不成？人类的童年还不能完全离开天意的庇护，自鸣得意的特创论见解看来非常普遍。

在《遮帕麻与遮米麻》中，阿昌族的天公也是这样地替人类代言行事。据说，天公遮帕麻同魔王腊訇开战，把腊訇算计死了。他先派水牛去查看腊訇死硬了没有，水牛怕热便赖在水塘里，于是遮帕麻宣判了水牛的命运："活着去犁田，死了剐干巴！"他又派黄牛去，黄牛因贪吃甘蔗把差事全忘了，同样遭到了判决："瘦时挨鞭抽，胖了用刀杀！"他再派马儿去查看，马儿只顾在草堆上打滚，也落得了给人们服劳役的苦命："让人骑着跑，罚去驮东西，鞍子背上架！"这也难怪，神恰恰就是人们创造出来的，当然一向听从人的教唆，以人类为中心来安排地界诸多物种的命运。

这还不算完，有些民族的先人干脆认为，各物种之命是它们自找的。无论是狩猎民族，还是游牧民族，或者是农耕民族，几乎都少不了豢养家犬的历史。家犬与人类的密切关系或许是其他任何动物也无法比拟的。这种关系究竟是怎样来的？毫无疑问，人类开初对犬类的驯化当是必不可少的一步。然而，偏偏却有不少人认定，是狗自己主动找上门来，心甘情愿地为人类服务。在《狗找朋友》和《狗找伙伴的故事》里，傈僳族和哈尼族的先辈之人都是这样讲的。更有意思的还在于，这二者都说，狗在找到人之前，曾经找过很多动物交友做伴，对各种动物非常熟悉，因而能够很好地助人打猎，替人看家。在此，人类物种的主体精神近乎演变成了一种不可一世的主子风度，

① 刘辉豪整理：《牡帕密帕》，18-21页，昆明，云南人民出版社，1979年1版。

而人类的实践能力及其认识能力的独到之处却反而不见了。

在传统农耕民族中间，耕牛是人们不可缺少的畜力帮手，其服劳役的坚韧历来为不少民族的文化传统所称道。不过，前边说到《遮帕麻与遮米麻》已告知人们，这是天公对牛的惩罚，人类乐得其益。哈尼族《老水牛开始犁田的传说》、佤族《牛为什么吃草和犁田耕地》也大抵如是说。据称，牛错传了上天旨意，让人类一日数餐，结果世间粮食紧张。于是，牛们不但受罚吃草，而且还得给人犁田耕地，也好多产粮食供人享用。人类就是这样，恣意享受着天意的特殊恩宠。说透了，这类物种天命观不过是人类实用功利价值观的反射之影，是人类中心主义价值论的具体表现之一。人类从来都是以地球上的主人自居。

二、形态成因

生物世界的神奇魅力正在于生命形态分类的丰富多彩。同样是地球上的生命体，在一统大地上却呈现出纷繁的形态。面对这一生命大世界，不解之谜确实太多了，人类的生性好奇心实在难以满足。于是，到了某一个时候，便有一门专设的生物分类学出来对这个生命世界加以总体把握。

人类早期的先祖也不例外，他们同样需要对地球上的这个生命大世界做出一定的解释。可是，他们还不能够建构起系统的生物形态分类学，而只是分别关注于各个物种本身的形态特征，不妨说这是一种特有的“物种形态学”。在这当中，先人们的童蒙智知同样也得到了淋漓尽致的发挥。上面提到的哈尼族的《人鬼分家》已经讲过，鹅、鸽子和水牛是人由鬼那里抢回来的。谁又会想到，在这一争抢过程中，却出现了戏剧性的后果——鹅的脖子被拉长了；鸽子脚杆扯脱一层皮，成了红色的；水牛脖子则在拉扯之中留下一层层皱褶。不开玩笑，如此见地恰好是早期人类智力所及的严肃认知结果。十分清楚，这一类“物种形态学”的要义便在于，为各物种既有的形态特征寻找出最初的成因，以排除人们对于形态千奇百怪的诸多物种的心中之惑。在《遮帕麻与遮米麻》里，阿昌族的先民们更是做出了一番典型之至的奇想，可把地母遮米麻急坏了——

腊訇使尽牛力气，
射上去一个假太阳……
她（地母）等着太阳落，
可是等了三年还不降。

水牛的角晒弯了，
从此水牛的角是弯的了；
黄牛的皮烤黄了，
从此黄牛的皮是黄的了。

野猪的背脊烧糊了，
从此野猪脊背是黑的了；
猫头鹰被晒怕了，
从此猫头鹰在白天闭着眼睛了。

鸭子把嗓子哭哑了，
从此鸭子是哑嗓；
飞蝉把肠子气断了，
从此飞蝉没有了肠子。[1]

在各个民族中间，诸如此类的见识极为普遍，仿佛凡事必事出有因，总得有个说法，哪怕一时应付那可恼的认知好奇心也罢。

在家畜类当中，关于牛的解释比较多，想来这同人间农耕活动与牛的密切联系有关。傈僳族《牛为什么没有上门牙》、哈尼族《水牛和豹子》、拉祜族《豹子和人比本事》如出一辙，讲到牛见豹子或老虎遭难，情不自禁地一阵大笑，结果竟笑掉了上门牙；或者，笑得前伏后仰，不小心磕掉了上门牙。据传，这就是牛没有上门牙的原因。这同一模式的看法，在别的民族中间也

① 朱桂元、吴肃民、陶立瑶、赵桂芳编：《中国少数民族神话汇编·开天辟地篇》，346-347页，北京，中央民族学院少数民族古籍整理出版规划领导小组办公室，铅印本，1984年。

有不少，因为涉及更复杂得多的“因果”关系，有必要放到后边去考察。拉祜族《札努札别的故事》、哈尼族《收局阿央央者》也大致相近，一称天神不给人间阳光，札努札别在水牛角上点松明照亮，不料把牛熏成了灰黑色的，牛角也烧得凸凹不平；一称收局阿央央者树遮天蔽日，人们只好在牛羊角上绑松明“火把”照明，结果也是一样，烧得牛角凸凹不平，羊角又弯又扭。景颇族《山羊角为什么又扭又弯》却又另出一解，说是山羊换了黄牛的角，黄牛后悔而生嫉恨，把山羊角扭成了那般模样。傈僳族《兔子为什么长耳短尾》、怒族《野鸡和野兔》、哈尼族《猴子和兔子》同样是大同小异，总之是兔儿捣蛋，当遭惩罚，耳朵被拉长了，尾巴被截短了，眼睛哭红了，嘴唇笑破了，如此等等。除了这些还能有什么？人类先民们的认知解释总是这么随意便当。

在野兽类方面，傈僳族的《熊的眼睛为什么小小的》和《狗熊的眼睛》、怒族的《小兔和老熊》大发奇思异想，说是兔子或狐狸骗得老熊伤了自己的眼睛，成了人们所称的“熊瞎子”；在前二者里，傈僳族人还让狗熊把两颗黄豆装入眼眶，熊眼自然出奇地小。此外，怒族的《黑熊的下巴为什么有块白点》另又解释道，那是人们送给它做工钱的一串白珠子。傈僳族的《猴子屁股为什么红》、哈尼族的《猴子和兔子》一致认为，猴子自己不安分，于是遭到了伤及屁股皮肉的报应。最倒霉的还得算是麂子，遭到天报应仅只因为一句话。景颇族的《麂子吃橄榄》、佤族的《麂子吃橄榄》、拉祜族的《狗和麂子》异口同声，都说麂子初吃橄榄感到酸涩难忍，便赌咒天雷，过后喝水时却回味清甜，便厚着脸皮又来吃橄榄，果然遭到雷打，从此头上留有永久不去的疤痕。哈尼族的《虎背上的斑痕》、独龙族的《乌鸦和老虎》则解释了虎皮斑纹的来由，一是说老虎挨揍，伤痕遗传给了后代；一是说乌鸦替老虎在身上画了花纹，而乌鸦自己却被老虎胡乱抹了一身黑。有趣的是，关于虎或豹皮毛上斑纹的更多的解说，往往又同牛扯在一起，搅出更加复杂的“因果”连锁关系，这也留待下文去清理。

再来看鸟类。乌鸦首当其冲，备受人们关注。傈僳族有《乌鸦的来历》，怒族有《乌鸦与咕益》，佤族有《乌鸦与白鹇》，都说乌鸦浑身的黑色羽毛是污染所致。至于在更多的民族中间，类似的说法另同其他鸟类的习性多有奇异联系，需要放到下面再谈。佤族《斑鸠的脚杆》和德昂族《李保救嫂》，一说斑鸠脚杆打断后用红线包扎过，因而留下一道道红圈；一说斑鸠羽毛之所以呈灰色，是被火烟熏燎成的。基诺族的《鹌鹑为什么没有后脚趾》、哈尼族的《美妙的里六》则分别说明，鹌鹑没有后脚趾，是因为它的过错引起了一连串的因果连锁反应，把整个森林搅得乱哄哄，结果被剁掉后脚趾以示惩处；而鹌鹑没有尾巴，又是因为它从竹鼠那儿抢来了里六，代价是被竹鼠扯落了尾巴毛。另外，哈尼族的《都玛沙莪·梨花马》称，果达鸟偷了天神梨花马的银缰绳，分给全家老小做白包头，这也就是白头翁。拉祜族的《鸽子和小鸟比早起》则讲，鸽子争当鸟类领袖不成，哭红了眼，哭肿了鼻泡。尤其令人奇怪的是，在鸟类之中，家禽极少得到这些民族的注意，倒是野禽却多受青睐。“自然因果律”莫不是只在野外才起作用？实际上正好相反，这一些“因果”联系偏偏是人为的臆造。

除此而外，两栖类的癞蛤蟆扁嘴癞皮，毛足虫类的蚯蚓脖子上有白道，肚内无心肝，据景颇族《蛤蟆为什么叫癞蛤蟆》、哈尼族《为什么蚯蚓的脖子上有道白印》称，那都是触犯众怒的下场。至于说到昆虫类，傈僳族有《螳螂眼睛为什么是鼓鼓的》，说明那是因为螳螂的脖子被夹，于是眼珠鼓了出来；拉祜族《牡帕密帕》、怒族《搓海玩海》又讲到，蜂的身子曾经被打断成两截，所以蜂类有一个细细的腰；傈僳族的《绿斑鸠的故事》则称，蚂蚁的细腰也是这样来的，不过却是被刀砍伤的；怒族作品《跳蚤和虱子比赛》更是牵强，认定虱子吸血后的黑肚子是由于跳蚤用土锅摔打而染上的。由这里也可以看出，人为的因果解释有时竟会谬之千里。

最后当然还有植物类。也许同动物相比，植物生命距人类太远，受人冷落在所难免，这方面的认知解释自然也就相对少一些。景颇族有《桦桃树为什么会掉皮》、《桦桃为什么生长在崖边》、《芒果树为什么是弯的》，哈尼族有《攀枝花为什么先红后白》，佤族有《荞麦秆秆为什么是红的》，怒族有《杜鹃花是怎样变红的》，看看这典型已极的标题也可以明白是怎么一回事情。此外再如《牡帕密帕》，天神厄莎孕育人种的葫芦滚落到海里喝多了海水，因而葫芦有一个圆肚子；螃蟹夹着葫芦上岸把葫芦脖子夹细了，由此葫芦又有一个细脖子。这种解释已足有代表性，其他的便不再赘言。

所有这一切并非文学形象或艺术描写，或者稍稍留有余地地说，不完全是这样。除去表面的形象描绘和内中的伦理劝导，各个民族的先民们都主要是在试图寻求各物种形态特征的成因，这一切也就是他们对此做出解释的成果，其中饱含着他们极其认真的科学认知努力。不论所找出的物种形态成因是天惩无信，还是自取不义，或是意外变故等等，总之在其间道出了一种似乎具有必然决定性的“自然因果关系”，而这对于他们也就足够了，他们的认识水平暂时还只能达到这一地步。

三、习性由来

在一些民族的口承文化中，各类动物的某种形态特征的形成并不是孤立的，而往往又同它们自身或其他动物的某些习性特点的来历有联系。这样，在他们的“物种形态学”的因果附会之外，他们同时又有一门古拙的“生物行为学”的因果认知。在这里，其间的因果关系便显得愈加复杂，前人童蒙的理性思考在其中实际起到了更为突出的由此及彼的联系作用。前面谈到了水牛缺失上门牙的“原因”，而此处景颇族的《水牛为何没有上牙》更加曲折离奇。水牛见到豹子被人一阵棒打，忍不住哈哈大笑，结果被绳索拌倒了，嘴巴磕在芭蕉树蓬上，一下子把上牙给磕掉了。从此以后，豹子躲着不敢见人，水牛再也长不出上牙。为此，水牛又怪罪于芭蕉树蓬，一见到巴蕉树便用角狠劲地乱挑一气。这里面的多重因果联系到底有几分真实且不论，有关诸物的形态特征和习性特点却由此一并得到了一定的解释，而这才是关键所在。

反过来，也还有一些民族的先民们的理解，把虎或者是豹的某些习性特点及形态特征同牛联系在一起。傈僳族的《水牛和老虎》、佤族的《老虎、兔子和黄牛》以及神话《司岗里》、景颇族的《水牛的项圈》都解释道，老虎或豹子身上着了火，水牛指点它们下水去，黄牛却戏弄它们，为此，老虎或豹子的毛皮留下了斑纹，它们也不咬水牛，而专咬黄牛。景颇族的那头水牛还额外得到了老虎的一份谢礼，水牛脖子上的那道白圈据称就是老虎送的项圈。虎或豹的这种习性自有其来由，但作为如此“原因”的“结果”实属怪诞，这样的“因果关系”当然仅仅存在于人们的头脑之中。

同样，乌鸦题材也有类似的情况。哈尼族《铁翎甲和乌鸦》、拉祜族中苦聪人《黑铁叉打老鸹》、景颇族《科科鸟》和《巴板鸟与花统裙》都告诉大家，乌鸦的周身黑毛竟是染成的。在这中间，铁翎甲和黑铁叉为乌鸦精心染毛，乌鸦欠钱或欠情却逃跑了，于是它们向来追啄乌鸦；而科科鸟和巴板鸟则将乌鸦推进染缸或乱涂一气，反倒欠了乌鸦，因而它们一直躲着，不敢与乌鸦会面。鸟类之间天性交恶，人们居然能为之找出十足人文意味的"原因"，这可实在动了一番脑筋。

猫与豹子的关系也是一个较常见的题材。景颇族有《猫和豹子》，阿昌族又有《豹子坐猫》，哈尼族还有《豹子的故事》，一致认定豹子上树的习性是从猫那里学来的，而猫却故意没教豹子怎样下树。哈尼族那只猫还曾与豹子赛跑，输了却怀恨当裁判的老鼠，于是乎一心要抓住老鼠吃掉。猫与豹子同属于猫科动物，它们的天性似乎不必多余操心去追根寻源，可人类初民的好奇心和求知欲偏偏如此之强，任何事情一定要问出实则莫名其妙的为什么。此外，景颇族《狗猫报主》和《金戒指》还解释了猫与狗见面即打斗的原因；拉祜族《狗和麂子》、佤族《岩羊和狗》则说明了为什么狗见到麂子或岩羊便又追又咬。凡此种种的牵强附会的解释，自然也是充分人文化了的理解，仅仅是人们头脑里的一种因果认知见地罢了。

这一类人为臆造的所谓"自然因果关系"，在有一些作品中更为复杂，简直就构成了一个连锁反应的因果决定关系链。布朗族的《知了的肚子为什么是空的》、傈僳族的《蝉肚子为什么是空的》便是这样。前者说知了被掏去五脏，饿得直叫，而这当中居然有着线性因果循环的多层联系。后者也是如此，不妨具体看一下：

> 一个猎人打了一头熊，背着来到村子上头的陡坡上。这时，一只鸣蝉扑到他的耳里。他吃了一惊，抽手去打蝉，熊头掉下，沿着陡坡滚了下去，正好打在一排木栅上。木栅倒下去，正好压住一只大老鼠，老鼠"吱吱"叫着，左扒右咬，咬断了南瓜藤，一个大南瓜滚向箐底，打在一棵芭蕉上。芭蕉树一倒，栖息在树上的小蝙蝠被摔得七零八落。有只小蝙蝠痛极了，拼命乱飞……大象正伸鼻子去卷前面的竹叶，突然有个怪物钻进耳朵里，难受极了，就乱跑起

来……猪被踢死了，狗被踩死了，羊被踏死了，牛厩捣翻了，乱踩乱踏乱卷，弄得鸡飞狗跳，人哭马叫。

天神发怒说：“万事都有个根源”……接着下令把蝉的五脏掏掉。……蝉痛得“哎呀，哎呀”地叫起来。从此，蝉都是“哎呀，哎呀”地叫。[①]

这般繁杂纷乱的因果关系，真让人难以相信竟然会存在于自然世界之中。如果不是人为地加以牵强附会，恐怕那万能的天神也扯不清楚。

解说动物各种习性的由来，最典型的作品也许莫过于阿昌族的《大象走路为什么轻轻的》和景颇族的《大象走路为什么轻手轻脚的》。题目本身已昭昭然自不待言，其解释用的也是十分常见的习惯套路。大象被充分拟人化了，先是目空一切，横冲直闯好不得意，以后吃了大亏或遭到惊吓，于是一改前习而变得谨慎起来。真不明白，这样的道德因果联系是属于自然界的，还是属于人世间的。

在这一类的因果解释中，各种生物的拟人化是不可避免的。不过，细细分析下来，其间或多或少有一些差别，大体说来可分为三种情况。

其一还保持在生物世界的范围之内，以上的大多数作品即是这样的。另外再如，哈尼族和景颇族有同名作品《蝙蝠》，说明蝙蝠为何傍晚出穴觅食；苦聪人（拉祜族）有《野猪为什么没有爪》，提及野猪为何啃树干；景颇族又有《斑鸠与蚂蚁》，讲到蚂蚁为何上树筑巢。这类作品里一概都有着“自然”的起始之因和终结之果，而作此种“自然因果”联想认知的人并未出场，仿佛还真是一种自然因果决定关系在其中发挥作用似的。

其二则直接介入人间生活，人类参与了生物习性的生成过程。这类作品不太多，而且基本上仅限于与人自身或人类生产生活有较近关系的若干生物物种。除了以上涉及牛、狗、猫等的那些作品外，又如景颇族的《狗脚印》说道，猪叫声带有难听的哭音，是因为人冤枉了它；哈尼族的《老鼠和麻雀的故事》讲道，老鼠和麻雀曾几何时与人类交恶成仇，自此便开始偷人的食品，咬人的衣服或吃人们种的谷物；布朗族的《蚂蝗与谷种》谈到，蚂蝗帮

① 怒江州编辑组编：《傈僳族民间故事》，1版，460–461页，昆明，云南人民出版社，1984年版。

人类从洪水里取回了谷种，于是人们答应它吸食人血；傈僳族的《蚊子跳蚤的来历》解释道，人们把一个妖婆剁碎并碾成了灰，妖灰却变成了蚊子、跳蚤等物，它们吸血的习性便秉承妖婆而来；更有甚者，景颇族的《知了为何不吃食》和阿昌族的《猴子是什么变的》干脆认为，猴子即是人变的，它们的习性与人类相近，原因也就在这里。在此，人类索性直接出马了，所谓“自然因果”关联的人为性认知建构显露无遗。

其三却将导致结果的决定之因归到了天意那儿去。这类作品也较少。阿昌族《遮帕麻与遮米麻》的一个片段最具有代表性，其中指明，天公遮帕麻战死魔王腊訇，麻雀、老鼠、苍蝇落实了腊訇的死情，天公大喜之下加封道：麻雀“饿了谷囤头上吃，天黑就住屋檐下”；老鼠“谷囤米囤脚下吃，墙脚打洞去安家”；苍蝇“甄子头上你去吃，饭桌上面任你抓”。景颇族《牛屎虫》也提到，牛屎虫是遭上天罚到地界来吃尿盖屎的。或许，这倒真是一个绝妙的做法，一切事象说不清道不明来头，便可举手推给一处终极的本原之因，省得人们煞费苦心地为其忙于牵强附会地人为操劳。

实际上，说到透彻处，这三类情况并无什么本质的不同，不过是因果附会的三种人工操作形式而已，殊途同归均好似寻到了一种自在自成的因果决定关系，从而对问题得出一个自足的认知解释。这种实为自欺欺人的解答招法，在一些时候里倒也真能管用，好歹搪塞一下人们焦渴难忍的生性好奇之心。

泱泱生命大世界，引出了人类先民们的多少奇异文章，一部巨大的生物学“十万个为什么”便在其中汇成初编。这是现今的童话幻想，却又是古昔的科学认知，拟人化的生物世界正是各民族的先民们身边最贴近的一个认知对象界。人类各个民族祖先们的原始的科学认知，就从他们自己出发，由自身推向整个自然对象世界。

自古以来，所谓的“自然因果”联系潜伏下了多少人为的建树，大量人工虚构的因果决定关系自不用再说，就是真实存在的“自然因果律”，也离不开人类理性的总结概括。自然规律本身也是一种对象物，只有在人类理性的把握中才同主体发生联系。无疑可以看出，在此之中，人类认知的深化提纯有很多去伪存真的工作要做。

第三节　生计所系之处（生产生活经验）

人类的全部物质实践活动及精神认识活动的根本目的何在？话说到透彻处便极为简单而平俗：人的一切活动归根结底都是为着人类物种的保持与延续。人自身的生产和再生产是人类最根本的一项历史性事业，而这绝对离不开人类物质生活的生产和再生产，后一个方面是前一个方面的基本保证。

因此，人类物质生活的生产和再生产成了人们所有活动的基础，包括人们的整个精神生活最终也是为此服务的。人类各个民族的文明就在此基础上建立起来，他们各自物质生活的延续保证了各民族自身得以延续至今。

古往今来，人类世界的诸多民族世世代代地生活着，他们各自特定的物质生活方式通过一代代人交替接力传了下来，这本身就是物质生活延续的基本形式。然而，不容否认，在这一过程当中，语言的传达作用也是不可或缺的。特别是在无文字的历史时期，各民族的物质生活经验和技能的总结概括，作为他们古老知识体系的一项重要内容，便经由各自传统的口承文化长久保存并传承下来。

一、物候天历

地球的自转运动带来地表对太阳的向背交替，形成了地球日；地球的公转运动带来地面的四季变化，形成了地球年。日及年的更替就是地球环境中最为基本的自然周期规律，地球大气圈内的重要生态现象便在其中周期性地循环往复。再加上月亮的绕地运动，地球上又有了一种更为独特的地球月。建立年、月、日周而复始的自然历法，无疑是地球上的人类把握这一特定的宇宙自然环境的关键一环。

历法的重大意义不言而喻。气候冷暖姑且不论，动、植物的生息与昼夜及年岁的自然周期变化尤为密切相关。人类无论以何等方式获取物质生活资料，都需要学会利用这些自然周期律。近乎每一个民族都有自己的自然历算法，不过，有的历法却来得一点儿也不“自然”。拉祜族的《历法的来源》称，天神厄莎让太阳骑马、让月亮骑猪在天上行走。可见拉祜族的太阳也同月亮一样，围着大地做绕地经天运动。厄莎又依据太阳和月亮的行程来计算日子，规定太阳走一圈是一日，月亮来去圆缺一轮为一月。在他们的《牡帕密帕》里，这同一个厄莎又进一步告诉太阳，12 个月是一年。《扎鲁树》则另持一种看法，说是遮天蔽日的扎鲁树一共有 12 个大树杈，30 支大树根，360 片大树叶，人们砍倒了扎鲁树重见天日，得知一年有 12 个月，一月有 30 日，一年之中共 360 天。拉祜族中的苦聪人有一件作品《见到了阳光》，也表达了类似的说法。人们生活在暗无天日的原始森林里，从来不知道天上有什么太阳。一日，有人用弩箭射穿了浓密的树冠，第一次见到了光亮。接下来，人们齐心合力地砍伐遍地的参天大树，终于得见阳光，并开始种庄稼。据传，人们当时发现，被砍倒的每棵树上都有 12 个树杈，每个树杈上都有 30 片树叶，于是乎，他们就把阳光照耀之处每年分为 12 个月，每个月又分为 30 天。其实，后面这一类见识与其说是本于自然，不如说是得自天启，同样难得有“自然”的意味。

然而，或许由于高原山林民族的天赐所在，相信这一类天启历法之源的不乏其人，哈尼族也是如此。《奥色密色》告知众人：历书是天王给的，哈尼人过海时将其吃进肚里，从此没有了历书，不会过日子。天王只得再设法种出一棵大树，并交代哈尼先祖看树节分年，看树杈分月，看树叶分日。树节共 12 节，树杈也是 12 杈，树叶 360 片却同样只有 12 种，一概是按照虎、兔、龙、蛇、马、羊、猴、鸡、狗、猪、鼠、牛的生肖顺序排列。因此，哈尼人便有了 12 属相年，一年 12 个月，12 天则为一轮。他们另有《砍大树》与《收局阿央央者》的异名之作，说的实际上完全是同一码事。有一棵神奇的大树蔽日遮天，或者，这棵树即为收局阿央央者树，人们伐倒此树见到天日，也得到了历法：全树有 12 个树枝，每枝有 30 片树叶。据称，这便是人间年、月、日历算的来历。自然历法取法于自然是顺理成章之事，问题是开初究竟因何而来，来路不明就找到超自然的去处寻求帮助，这每每是人类初民处理棘手难题的拿手好戏。

实际说来，自然历法不过是一种物候之历，丝毫也没有什么超自然的神秘来头。自然周期律是多种多样的，环境周期变化与生物周期活动之间的对应关系，本身便是一部无所不在的物候历书，任何一个民族的初始历算几乎都是由这里起步的。有几个民族的历算法便极其典型。独龙族历法以两次大雪封山之间的时间作为一年，称之为“极友”。他们又将一年划分为12个时间长短不一的月份，依次称之为“阿猛”，即过雪月；“阿薄”，即出草月；“奢久”，即播种月；“昌木蒋”，即花开月；“阿石”，即烧火山月；“布昂”，即青黄不接月；“阿茸”，即山草开花月；“阿长木”，即霜降月；“单罗”，即收获月；“总木甲”，即降雪月；“勒梗”，即水落月；“得则砍”，即过年月。傈僳族的自然历法则把一年划分为10个节令“月”，即所谓的花开月（三月）、鸟叫月（四月）、烧山月（五月）、饥饿月（六月）、采集月（七、八月）、收获月（九、十月）、煮酒月（十一月）、狩猎月（十二月）、过年月（正月）、盖房月（二月）。佤族历法的闰月格外有意思，有的地方根据河里的鱼类上水迟早而定，有的地方根据岩上的野峰来得早晚而定，若在二月（公元历3月）则不闰，若已经该是三月则改为闰二月。此外，普米族也有“花开月”、“烧山月”、“醉酒月”之类的季节划分。从这里面可以非常清楚地看出，这一类物候之历同人们的物质生产生活直接有关。

物候与生产的紧密关系，正体现了人类掌握自然节律而加以利用的智慧及能力。特别是传统农耕民族，依照物候之征兆来安排生产活动，这更是理所当然的事。傈僳族《布谷鸟和金蝉》就明白道出了其中最紧要的两个生产季节及其相应物候——

每年春耕来临
一只大鸟布谷布谷报春催耕
每年秋收来临
一只金蝉鸣叫喜颂五谷丰登

大鸟年年叫在春耕时节
金蝉年年鸣在秋收良辰
人们开始掌握生产季节……①

在其他的民族中间，与此相类似的物候知识和生产经验也比比皆是。尤

① 《山茶》，27页，1985年第3期。原文无标点，类似情况后同。

其像哈尼族的《十二月的歌》，简直就是一部物候之历，其中直言道：攀枝花是哈尼的历书，是哈尼的报讯花，正是它告诉哈尼人要过年了，该翻田了。哈尼族还有《尝新先喂狗的由来》和《阿罗找布谷鸟》。前者讲道，布谷鸟叫，人们忙着挖田开沟；阳雀叫了，则忙着撒播稻种；燕子飞来，再忙着移栽稻秧；鱼雀将叫，便开镰收割；燕子南去，又翻田备耕。后者索性将布谷鸟拟人化，并且让它时时说人话报节令："三月水满田"、"五月长青草"、"七月谷子黄"，如此等等。佤族神话《司岗里》更是明白无误地说道，佤族人把春蝉叫的日子定为撒旱谷撒秧的节令，把绿青蛙叫的日子定为薅旱谷的节令，把秋虫叫的日子定为秋收的节令。《我们是怎样生存到现在的》则语出庄严神异，说是有一个仙人教导佤族先民们："小鸟'背背'叫时，你们赶快挖地；'姑姑'鸟叫时，你们赶快撒谷子。"这种物候天历不免有了些超乎自然的非凡意味，不过，其间所记述的物候知识却是真实的。景颇族《种谷调》和《秋收歌》倒是充满了人间的愉悦气息，一个唱"布谷鸟叫夏天到，放水泡田栽秧苗"；一个唱"下了露水谷子黄，割谷要挑好时光"。难说这当中没有同一类型的知识记载及经验传授的潜在用心。可以设想，倘若缺少对于物候的直观认识，至少各民族初民们最早的农耕活动是很难进行的。

当然，随着人们对地球环境周期律的认识的深化，各个民族的前人们逐渐概括出四季之别，掌握了月份之分，他们的自然历法开始层层脱去直观物候的外衣，而有了更多的理性把握的成分。哈尼族的《火红的妥底玛依》，便已经按照夏种、秋收、冬藏的明确划分逐一道来；他们的《四季生产歌》更进一步分出一年四季 12 个月，依次唱叙出其生产生活情形。拉祜族《牡帕密帕》和基诺族《时节歌》也是这样，几近全然抛开了物候之征，而直接依照月份的人为之序，来述说全年生产的主要过程。实质上，地球环境本身只有干湿冷暖的自然周期变化，四季之规律则是人们理性的总结，月份的区分更是人类智力的创造，并非绝对地师法自然。公元历的月份长短的变动，就是一个明例。从这个意义上来说，纯粹的自然历法恐怕天下难觅，即便最原始的物候历法，也肯定是人类思维认知的人文成果。

二、仙谷圣火

毫不夸张地说，就谋生方式来看，种植和熟食使人类终于脱离了普通生物界，而超越于自然造化的本性天功之上。无需否认，采集和狩猎的觅食方式从根本上来讲，还停留在生物本能的基础上，但是，农耕和游牧却是利用自然能量聚积的规律来生产食物的人为创举，而农耕在人类诸民族中的普遍性又远甚于游牧。至于生食与熟食之间的重大区别，则更明显地表露出了自然与文化之间的本质差异。种植需要有谷物种子，熟食离不开火的利用。可想而知，在各个民族久远的口承文化里，关于谷种和火的描述几乎总是少不了的。然而，在此应当意识到，这不仅仅是先民们对谷种和火的来源的神异理解，更重要的还在于，在很大程度上，其中包含有各民族先人的相应生产生活知识和经验。这一切便通过口承文化而保留下来。

有关谷物的发现和种植的创造，最贴近历史事实的记述或许应首推唱叙"哈尼族祖先的迁徙"的《哈尼阿培聪坡坡》。其中有一节明确地唱道：

哈尼还有一位能人，
遮努的名声飞遍八方。
这位姑娘摘来最饱的草籽，
种进最黑最松的土壤；
又去背来湖水，
像雨神把水泼在草籽上。
草籽发出了粗壮的芽，
草籽长出高高的杆；
树叶落地的时候，
黄生生的草籽结满草杆。
先祖们吃着喷香的草籽，
把它们叫作玉麦、谷子和高粱。[①]

显然，种植谷物是一个人为的文化过程，而谷物本身却是自然造化的产

① 《山茶》，28页，1983年第4期。

物。在这里，从自然到文化的临界转化，便由先民们对于谷物的认识及谷种的发现开始。布朗族有一则神话说：起初，人间没有谷种，当然也不会种谷子。后来，是老鼠把谷子衔到地里，谷种发芽出穗，人们才懂得种植谷子。怒族的《龙潭》则描叙道：从前有一个猎人寻猎，猎狗咬死了一只麂子拖回来，人们在麂子头上发现一穗谷子，于是乎便忽儿有了农耕种植。同哈尼族、布朗族的叙述比起来，怒族的这一说法多少让人怀疑，中间缺少了若干环节。佤族《我们是怎样生存到现在的》愈发言之怪异，说是人和众多野物一道寻取谷物，结果让大蛇游到水里去拖谷子，人们又拉着蛇尾巴，这才取到了谷种。到头来，野物们嫌麻烦不乐意种谷子，人却把谷物种植一直保持到今天。假若果真如此，人类也就实在没有什么值得夸耀的了，人类的实践活动对自然的改造势必所剩无几。

不过，令人间欢欣的是，有不少民族的祖先们坚信，谷物种子是上天给人类的专宠恩赐之物。拉祜族的《牡帕密帕》和《谷子的来源》异口同声，都说天神厄莎告知人们，到斑鸠那里去找谷种。哈尼族《英雄玛麦》和独龙族《木彭哥》也大同小异，分别说玛麦和木彭哥从天神那儿偷来了谷种。另外，普米族有《洪水滔天》，哈尼族又有《奥色密色》，前一个说山神的女儿由天上取来的谷种失落到地界，后一个说天王的女儿把谷种偷偷送给人间。而独龙族同工异体的作品《彭根朋上天娶媳妇》和《聪明勇敢的朋更朋》更加不可一世，确认谷种是天神的千金下嫁凡人时带来的。谷物及其种植在各个民族当中都意义重大，不染上一点儿来历超凡的仙气，也许真难得说过去。

的确，在若干民族的先辈们看来，谷物原先是仙气十足的，来到人间以后却不幸流于凡俗。景颇族有《太阳神的谷子》，讲的是人们向太阳神讨谷种，太阳神嘱咐人们和谷种，将来一穗稻谷可以长得有牛腿那么粗，一颗谷子有马蹄那么大。在回来的路上，刺猬听说后不怀好意地讥讽道：“要是种出那么大的稻谷来，你们咋个会吃得完！一穗稻谷最多只能有我的尾巴那么大。”可恼的是，谷种竟然忘了太阳神的叮嘱，偏偏只记住了刺猬的恶言，果然照此办理，最终丧尽非凡的仙品神性。德昂族有《大火和洪水》，谈到天神引导人们去向老鼠王要谷种，此谷种实在不凡，又宽又长。可是，凡俗之人种植仙谷，仙气难免大损，到头来谷种只剩得如今这么大了。布朗族有《沙卡呃》，说得尤其让人悔恨不已。大谷子是人类自己敲碎的，人们将碎谷撒入地里种下，收获的自然是细小的谷粒。天上人间自有殊异，即便人生地界的谷物果真出自于天意，种植也毕竟是人工之事，下多大功夫就得到多大报应，怨不得仙谷本色减退。

如果说，以上对于谷物的描述，较多的还是带上神奇色彩的超人间之事，那么，关于火的记忆，人们则更注重实际的人间经验和知识。下面便来看一看。

诚然，同谷种一样，在早期人类眼里，火也是神圣之物，少不得也有一处神秘的本源。鬼神上帝创火，或是指教人类取火，这样一类的看法在众多民族中都可以找到。按照阿昌族《遮帕麻与遮米麻》所说，正是地母遮米麻用两块石头相碰，得到了第一个火种，随而天公遮帕麻又挥起赶山鞭，抽打出了一串串火花。在《牡帕密帕》里，拉祜族的天神厄莎更具创造力，竟然是用火石和火镰来打火。景颇族专门有一个《取火的故事》，火神王丸勒哇摩甘晓以人们，挑一个叫麻堵（老四）的小伙子和一个叫麻图（也即老四）的姑娘，让他们拿两块竹片不停地摩擦，便可以得到火。佤族的神话《司岗里》和《我们是怎样生存到现在的》两件作品又多一层曲折。一说人派蚱蜢去向雷神达赛求火，达赛交底道："把干藤子放到石头上敲，火就会出来。"人又向蚱蜢学会取火，从此才用火取暖，烧东西吃；一说人叫小鸟上天问雷，雷回答："把藤子用力拉在木头上，火就会擦出来。"以后人们缺火，便用这个办法取火种。大家都能够看出，如此诸神也并不见得有什么奇功异力，其多种取火方法仿佛盗自于人世间，全然是人类之经验的转述，可他们公然大言不惭地倒过来向人类反授知识，这实在不公道！不过，话说回来，神圣之火自当有一处神圣之源，这很可以理解；再者，人造了神，想必就是用人间之功力来武装诸神，本来不该问神的不是。不论怎样，久远流传下来的口承文化传统作品总归保存下了人世间关于火的认知经验，这才是实质所在。

也有一些民族将火种之源归为自然的造化。在这当中，有的说法不无几分实情，诸如哈尼族《哈尼阿培聪坡坡》，认为是天雷劈树起火；又如傈僳族《洪水》，认为是山石滚碰出火。另有的说法却又落虚玄，比如拉祜族《最早的迁徙》，讲来令人难以置信，第一个玩火者居然是一只毛猴儿。据传闻，有一天，一只毛猴拿着一根木棍反复捅戳朽木，结果钻出了点点火花，慢慢燃成了火团，进而吞没了森林。很难说，这取火方法到底是人教给猴儿的，还是人从猴儿那里学来的。总之，人间最初的取火方式，说来也无非就是这么几种。

排除有关火源的神异之说，仅就凡间的人为取火方式而言，若干民族古老的口承文化里时常提及的主要有以下三种。

一为碰石起火。哈尼族的《奥色密色》和《火源歌》都确切唱出了这一点。具体地说，就是石头相碰，迸发出火星，点燃细碎的干草。就此而论，尤以独龙族的《创火人》最为详实，而且其人文创造意义明显，不妨简录于此一睹其要——

> 一天，太阳火辣辣地照着，有两个独龙年轻人在山坡上玩耍。正值秋天，草枯山燥，到处黄澄澄的一片。他俩玩着玩着，随手从地上拣来两个石头，“当当当”地敲，敲着敲着……不一会就燃起火星来，烧着了地上的草，于是，满山坡大火熊熊。两个独龙年轻人惊讶地看着越烧越旺的火……大声喊叫道：我俩创火种了……从此，独龙人得到了火，大家冷了有火烤，饿了烧野物吃，永远不怕寒冷不怕饥饿了。①

二则摩擦生火。怒族《腊普和亚妞》中提到，有一对兄妹要找火种，冥思苦想了好些日子，突然记起平时他俩用竹子在石上磨制弩箭，竹子像火烤过那样烫手。于是他们便寻来竹子，两人轮流在石头上使劲地磨，磨了三天三夜，竹子终于燃起烟火来了。独龙族也大有此一说，《木彭哥》里用枯藤在树干上摩擦生热冒火烟，《洪水滔天》里则用松明和藤篾杆摩擦起火，《九条江的来源》里又用木棍摩擦裹在木桩上的衣服燃火。或许，越是难以用便当方法取火的民族，其原始的取火经验越是要大讲特讲，以便让人们普遍掌握。实用的生活知识最需要广为传播。

三是火镰打火。拉祜族《牡帕密帕》的厄莎天神即以此法创火，无需再提。他们又有题意为“寻找肥沃的土地”的作品《勐属密属》，其中说的便是

---

① 《山茶》，40页，1987年第6期。

凡世之人如何用火镰打火的具体做法。布朗族有一个传说，专门谈及火镰的来历，然而却让今天的人们很难依照事情发生的前后逻辑次序来理解。据称，混沌初开之际，地上只有水和火，后来它们分开了，水躲在低洼的山谷中，火则藏在石缝里。人们由地下挖出石块来冶炼，得到火的帮助，熔炼出铁片，铁片又和石头撞击，发出火花，给人们以火种。在这里，火与火镰，其间因果循环，似乎构成了一个互为前提的怪圈。不过，人们不必在意这一点，重要之处在于，人类毕竟有了对于火的认识，掌握了对火的应用，神圣之火长存人间，而且取火工具竟这般先进，不再是直接取法于自然。先民们在古老的口承文化中真正要传给后人的，恰恰就是这一类人文经验和创造技能。

三、觅食建房

无疑，物候历法、谷物种植和火的利用，这些在人类诸多民族的物质生活中都具有举足轻重的意义。但是，具体深入到各民族生产生活的实际过程中去，就能够发现，除此而外，他们还有着多种多样的实际生计经验和知识，那同样是至关重要的。古昔的口承文化丝毫也不曾忽略这一点。

农耕是最普遍的传统生计之道，刀耕火种的粗放农业则是山林民族最主要的传统生产方式。这些民族传统的口承文化大量保存下这一方面的经验和知识，这想必是理所当然的。基诺族《生活的歌》就如实描绘了刀耕火种的全过程。先是砍树，待到晒干之后，人们便清理出断火线，接下来就是烧地，然后再耙散火灰，末了才是下种。拉祜族的《勐属密属》与之相似，在具体叙述了点火烧荒之后，又格外提到用树疙瘩做木锄来挖地。独龙族有一首生产歌还道出了其间的究竟，告诉大家，大火烧过土地，庄稼才能茁壮生长。佤族的类似作品是《下种歌》，其中更为全面，从下种直到收获，一年到头的整个生产过程如数唱来，这对生产经验的记述及传授的意味是十分明显的。

极其典型的情况还是在景颇族中间。他们有一首《种谷歌》，不仅唱出了砍地和烧地的情形，就连挖坑者应怎样，点谷者该如何，坑挖多深，土盖多厚，也都一一说得明白。分外有趣的是，景颇族先民们总结生产经验和劳动技能，特别倾向于用“仿生学”的方法来做出概括。《种庄稼歌》是他们的一部较长的传统古歌，其间描述了人们砍地的情景，特地开导年轻人们：“不会甩斧头，就去看老水牛如何甩尾巴；不会砍大树，就去学小虫子怎样咬断树枝。”他们的《一支古老的歌》也毫不逊色，追根追底地描摹道：男人们见到野猪拱翻嫩竹，学会了砍倒长竹；见到蚂蚁结伙抬走长虫，学会了合力扛回大树。女人们看着牛尾巴扫荡，懂得了怎样割草；看着鱼尾巴摆动，懂得了怎样破篾。如此这般的劳动技艺，到底是最初本于仿生摹拟，还是最后归为比附概括，或许实在难得讲清楚，反正都能够给人们以启发，教人们以知识，让后代很好地掌握住有关的劳动生产技能。

狩猎在山林民族中也较为广泛，其相应的经验知识仍需传示后世。在《牡帕密帕》里，拉祜族先人打到猎物，是用扫把草的叶子剥皮，用石斧、竹刀割肉，作品记录下这一切正是为了晓示后人。基诺族的《团结年歌》则详尽解释了弩把、弩档、弩箭、弩绳应分别用什么材料制作，并具体说明如何做成沾鸟雀用的所谓“枝调”。景颇族的《一支古老的歌》又借“仿生”的技法唱道，山茅草的叶刃割破了人的皮肉，于是乎人们就学着打出了能砍杀野兽的长刀。他们另还有《狩猎歌》，如同《种谷歌》那样，歌中教导人们，在寻猎时应该怎样撵野物，怎样堵口子。《打猎的日子来到》是佤族的一件作品，其中谈到捉麂子和打豹子，除了技术准备以外，甚至连这中间不同的心理准备也透彻明了。这样的经验之谈想来具备很大的实际运用价值。

建造住所，这是任何一个民族的人们都必须有所作为的要务，这方面的经验总结和知识概括自然更少不了。普米族的《捉马鹿故事》本文有两个截然相异的口头版本，一说用马鹿造天造地造万物，一说用马鹿造住房，二者实质上是一样的比附之说。“造房说”告以后人们，最早有一个神一般的猎人捉住一头马鹿，他砍下马鹿的头，鹿头变成了房顶；他又砍下马鹿的腿，鹿腿变成了房柱……于是普米族先人便有了住房。看来还是神话时代的新鲜事多。怒族《盖房子的歌》却没有这么神乎其神，全然是一部平俗人间的建筑教程，用什么筑墙，用什么制梁，一切都做了详细而通俗的叙述。人间后代理当接受人间之术的传授，神人的本领人们恐怕无法掌握。《奥色密色》尽管由开天辟地讲起，但终究归到了人世，哈尼族先祖在里面塞进了不少凡间的俗事，包括普天之下首回盖房的石匠和木匠也有名有姓。下石脚，拉墨线，墙、柱、门、梁逐一道来，描述得具体详实，让人一目了然。拉祜族苦聪人在历史上曾久居原始森林，可他们的《盖房歌》却依然极其出色，专门述说建造房屋的经验技能。伐木要注意什么，盘地基有何标准，材料质地如何，操作工序怎样，用料数量多少，等等，真可谓无一遗漏，总不至于单纯是唱着逗乐吧？迈出山林未久的民族，大概格外需要大力普及建房知识，他们的传统口承文化当仁不让地负此重任。

再着重来看景颇族。他们的《盖新房的歌》其实是《建寨盖房歌》的异名之作，另有《贺新房》也大致雷同，三者提到的是同一些事，都以“仿生学”的手法来唱叙建房的各种经验和技能的来由。在《竹楼是怎样盖起来的》这一作品里，所有这一切得到了最集中的体现，有必要实际见识一下——

传说最古的时候，景颇人没有房子。后来为什么世世代代要盖竹楼……传说是这样的：

那时，出了两个人，一个叫阿真尼里拉，一个叫勒然兹满。他俩决心学会盖房子，便一同去游山。在山上，看见竹鼠吃竹根，根断竹子倒，得到了启示，从此知道盖房可以用竹子，并学会了砍竹子。

……看见有条蛇横架在树枝上，得到了启示，从此学会架梁子。

……看见丛丛芭蕉林，树杆排对排，树丫枝连枝，得到了启示，从此学会立柱子。

……看见斑鸠在做窝，小树枝压着大树枝，得到了启示，从此学会放楼楞。

……看见山脚的迈立开江和恩梅开江，江水明明亮亮，流得平平展展，得到了启示，从此学会去铺竹块。……看见藤子绕在树身上，得到了启示，从此学会用藤条来捆大梁。

……看见个野猪窝，窝里的茅草横一层、竖一层，还有树枝、藤条上下穿，得到了启示，他俩学会了铺茅草。回到家以后，他俩重新铺茅草，横一层，竖一层，再用藤条、竹条上下穿，茅草铺牢了，房子好住了。竹楼终于盖成了。[①]

① 徐华龙、吴菊芬编：《中国民间风俗传说》，1版，210-212页，昆明，云南人民出版社，1985年版。

从科学认识方法的角度来看，这样一种解释当然纯粹是形象类比联想的因果附会，反映出了人类初民理性思维在由表及里、由此及彼的抽象概括中的不足之处。因此，本不相干之物竟被归为浅表近似的同类，进而还发生了无中生有的“因果关系”。然而，这却正好同早期人类的思维发展水平相适应，便于人们理解和把握，由原始知识体系的传授功用上说，也许反倒不失为一种可取的做法。是的，联想记忆向来就是人们掌握知识的一种取巧的办法，无论其间的联想有多么荒唐。不难看出，前人的原始知识体系，包括其中的那部分生计经验，正是在这种前科学的口承文化表述中传承下来的。

自然，传统生计知识的内容还很多，各民族先民希望传授给后世之人的人文成果经验总结，必定远不止于这些。例如，在衣和行的方面，此处基本上未能涉及，而怒族的独木舟和独龙族的溜索，据说也同样是得自于“仿生”的启发，才发明创制出来的。鉴于资料的多寡不均，这里就只好择其广泛性要而言之。

到此已经可以看出一点，任何一个民族，只要其整个知识体系的传承全得靠古拙的口承文化传统，那他们历代之人的经验记忆就是其社会的人文成果惟一的理论形式。无文字民族传统社会的传统生产生活方式注重往昔的经验之谈，这同他们的知识体系及其传承方式的原始性分不开。在那种历史条件下，“不听老人言”就将会一事无成。倘若再设想一个近乎封闭的传统社会文化共同体，在其中，这种情况便更加突出、更加明显，人们的社会化学习活动仅限于所谓的言传身教。

人类世界的各个民族世世代代地生殖繁衍下来，他们的物质生活方式同时世世代代地延续下来。在这两个方面的生产和再生产进程中，他们各自民族的人文经验概括和生活技能总结长此以往，经过久远的传统口承文化而积累传承下来，反过来维持着这两种基本的再生产活动。只要历史的发展尚未打破社会的原始传统，口承文化就仍将继续保持其既有的知识传授功能。不管这当中存有多少严肃认真但失于粗陋古拙的无稽之谈，人类的文明古史总是在这里开口讲起的。

价 值 文 化
（传统的行为模式）

从前，天上掉下来一个大葫芦。葫芦炸开了，人就从那里边出来。开始的时候，人又不兴结婚，不管整哪样都是一大伙。

人从根根来那个时候，个个都是一个样子，老小都分不出来。后来，天帝困士戛教大家结婚，男人和女人就不兴找家门家。困士戛在天上好好瞧着下面，看哪个敢不听。

——德昂族“天帝教人结婚”

据笔者1986年3月在保山市大沟边自然村采风所得。

第三章　伦常规范

——视做天伦的人为调控

自从人类有了自觉意识以来，在人类与对象世界的整个主客体关系中，也就开始有了人与人、个人与社会的各种各样的关系。人与人之间的社会联系，个人与社会之间的依属关系，毫无疑问是人类生活里的一个最本质的方面。早期时代的人类各民族中的各类社会关系，诚然远较后世简单得多，但也是人们极为关注的重大问题之一。因此，在其既有生活模式的世代因袭延续的同时，各个民族的传统的口承文化与之相配合，也在发挥着传承并巩固其社会各方面伦常规范的重要功能。他们各自古老的神话、传说和史诗，以及随后的民间故事、童话和叙事诗之类的作品，于是便深深渗透着这个方面的内容，那里面处处可见神秘的启示、世俗的劝导、执着的理想、婉转的说教或直截了当的禁忌。

人类世界的本质在于人们的社会关系，人类的其他特性，诸如思维、语言、文化及使用工具的劳动等等，全都离不开这个必要的前提。虽然说，人类最初的社会共同体的形成，在一定程度上仍以血缘种群为基础，可是，仅只遵循基因遗传系统和生物协作本能来维持的原始自然群落，还算不上成熟的社会组织形式。就此而言，应当把最古老的氏族组织的建立，视为人类社会具体组织形式的起点。

在氏族组织内部，先天的生物协作本能已由社会化的生产及分配形式所代替，自然的亲子哺育关系也升华为亲辈对子代的社会供养关系。至此，基因遗传系统的信息识别，已开始让位给文化传承系统的信息认同，各种社会关系规范最终形成，并成了调节和维系一切的强有力的纽带。有趣的是，氏族组织内部的社会关系规范的确立，自有其天然所在的亲缘性基石，既可说是自然长成的，又可说是自觉建构的。所以，在这一方面，尽管久远的宗教教义也有戒律，劝诫人们何处当有所不为，但却很少见到人们的潜在危机感，更难得见到人们借助于超自然力量的额外干预。

正是在氏族组织内部，孕育出了使其自身解体的家庭形式。家庭有着两性自然关系和亲子本能联系的先天基础。在家庭内部，尤其是在亲子之间，其社会关系规范仿佛是天然生就的，并不需要有什么超自然的强制力量来格外加以保护。当然，婚姻关系是另外一回事。

然而，氏族社会组织向外部扩展，并且日趋政体化，情况就不同了。特别是随之而来的部落联盟、邦国之域等等集行政性、地域性于一体的政治组织形式，以及国家之中偏居一隅的土司制度、山官制度等等政治统制层序，便完全失去了以血本亲缘联系的自然支柱，其超自然的社会强制性规范尤为明显。而且，举凡原始的政治统治制度强加于社会之时，差不多无一例外地均要祭起上天的旗帜，依靠超自然、超社会的神秘天意，来强化和稳定实则是人为的社会伦常规范。任何一个民族，任何一个社会文化共同体最早的政治制度、法律准则，以及某些重大方面的道德规范，几乎都是这样建立起来的。各民族的古老的口承文化，替人们记下了这一切。

这同样也涉及人类社会生活中的另一个重要方面，即由氏族组织形式造成的外婚制社会规范。本来这一切全都是人为调控的建树，是社会对自然的胜利，也即文化对基因的胜利；但是，就因为这不是天然所依的结果，便时时可能面临大自然固有本性的反叛。人类由生物界带来的基因纯合保持的自然天性，严重威胁着社会。针对自然力量的这种压迫，人类初民只得求助于他们征服自然的看家本领，假借超自然的天意禁忌，击退来自亲本自交系的基因保持本性的挑战。各个民族的婚配神话中所暗示的兄妹不婚的蕴意，便是一个明证，很多明白无误的细节都能够证实这一点。在庄严的成年礼仪式上讲述神话，在隆重的婚礼场合中唱叙史诗，这一类传统习俗，起初绝少不了那一番深刻的良苦用心。

血亲禁婚到头来作为乱伦禁忌，铸成了人类的性道德心理，成为既定的普遍规范传承下来，天意形式却因历史的进步而永远抛弃了，其间的功过是非难以言说。假天伦的形式将纯合禁忌强加于人，从而才得以建立起人间婚配的杂合伦常，这样兜一个圈子大概真有些不必要，不过却是真实的。远古时代的社会道德规范不仅仅靠公众舆论来维护，有时也少不了超自然力量的强制，与现代社会相比的这种不同致使人们乞灵于宗教信仰。宗教的神秘疆界距离艺术的幻化领域并没有多远，一旦社会伦常规范不再需要有超自然的冥冥监护者，那些神异的天意征候便被看成了充满艺术魅力的审美奇想。这可确实冤枉了朴质本分的人类初民。

通常所说的童话则另有些不同之处，如果说神话的布道可视做天启的法规教义，那么童话的教诲只不过是人造的德育读本。神话着重于社会关系的某些重大课题，而童话则主要做儿童的道德常识启蒙之用。人们更容易、也更直接地把童话归为艺术虚构的文学故事。这虽说还有不够精当的地方，可也多少有些道理，童话毕竟是回到人世间的寻常说教，比起神乎其神的非凡启示来，当然会多有一点儿人间烟火的凡俗气息。然而仍然需要注意，童话在幼儿的心里绝非离奇的审美幻象，反而就如同人类初民们对世界万物的拟人化附会理解那样，令其确信不疑。其中的缘由并不难明白，在那个原始的世界图景之内，分明留下了人类童稚期的历史。

第一节　天人之间的向背（政治伦理）

天下人间，昔去今来，一切皆可归为文治教化。人类自诞生之初，命中注定就成了一种社会化的物种。人类种群是以社会的组织形式生存于世的，人的本质便在于人是一种完全社会化了的活动主体。而在人类社会的全部人文制度当中，政治制度向来都是最重要的一个层面。人类世界中的任何一个民族、任何一个社会文化共同体，实质上均不可能是某种纯粹非政治性的自然集合体；人类社会里的任何一个个体，实质上也决不可能彻底脱离某种政治现实生活。

同样真实的是，人类是惟一能够自觉意识到自身必将死亡的理性物种，但每一个民族、每一个社会的人们从未放弃过自己的现实追求，因为人类具有理想，总把希望寄于未来。假如不是这样，人们恐怕早已自绝殆尽，好在人类世界的各种人文理想实在诱人。基督教有彼岸天国，佛教则有轮回转世的来世，伊斯兰教也起码有末日审判时的死者复活。凡此种种可不单纯是宗教理想，同时也是人类社会的政治伦理理想。人类社会的各种理想世界一向吸引人们心存向往。

所以，显而易见，人类的各个民族在本身的发展过程中，自有其特定的政治现实，当然也有其特定的政治理想，这一切都会渗透到他们各自的社会文化传统中去。对于长时期无文字的诸多民族来说，他们久昔的历史上的各种政治伦理思想，不可避免地已存留在各自的古老的口承文化之中。

一、上天骄子

世间一统之天下，少不得要依靠上天意志来管理，君权神授的观念在世界众多民族的历史上十分普遍。当人类尚处于童蒙幼稚之时，人间政务对于上天造物之主的依赖是非常自然的。古希伯来人便坚信，亚伯拉罕曾得到耶和华的显灵启示，吩咐他把属民团结成一个统一的民族，并由他来做这一国之中的“万民之主”。在古华夏文化里，像“天授”、“天业”、“天朝”等观念更是洋洋大观，而这些统统都为古代君王的“天子”身份做了很好的衬托。

一国之君贵为“天子”，一些民族中独霸一隅的地方之主，也何尝不是秉承上天旨意？况且，实际说起来，越是传统久远的原始政治统制形式，十有八九越是离不开天意的支撑。基诺族有一个名曰《阿嫫尧白》的口承作品，说的是女始祖创世造物的情形。“阿嫫”意即妈妈，“尧白”为其人之名，此名又另有“阿莫小北”一说，据称，这人造地、造物、造人，只有天是现成的。显然，她已不仅仅是人间的始祖，而实在是一位创世主。正是她明确规定，在这块土地上，人世间至高无上的是土司、头人；而这些小小的土王居住的地点，也就是人们八方所归之处。同样，傈僳族的《洪水》里有一对夫妻，种了房子那般大的一个瓜，里面竟然有人声。这时，天上掉下来一把刀给他们，他俩砍开了大瓜，各民族的人们便从中走了出来。就这样，他们二人做了天下各个民族的领导人，此乃天意。很难设想，倘若缺少如此这般的上天意旨，事情会是个什么样子。或许，就会如同独龙族的《创世纪》中所讲的那样，众兄弟姐妹争做首领，结果只好以比试箭法来定夺，射中箭靶者当起了首领，射不中箭靶者便要被杀掉。到头来，还是那做父亲的发话了：

"我们都是从格蒙（天上最大的鬼）那儿来的，不能互相残杀。射中箭靶的，不要杀射不中箭靶的兄弟姐妹；射不中的人要服从射中的人管理，听他们的话，以后给他们送礼物上贡税。"看得出来，在这个地方，天上的鬼神旨意仍然在内中起着很大的作用，否则人们没准就根本不会服从那毫无来头的什么首领。

在中华民族文化圈内，君权神授的观念还往往同天赋老子亲权的传统搅在一起。所谓的"天子"，同时又是天下"万民之父"，黄帝和炎帝二老便是始作俑者。这一点在景颇族的口传古史中也明白昭彰。其《木脑斋瓦》世世代代传示后人：在三代创世的天鬼之后，第四代就是人类始祖宁贯娃。此人为第三代天鬼彭干支伦与木占外顺所生，是名符其实的"天子"，做起了景颇族的第一任山官。他一身兼人间始祖与地界山官之二任，这种身份的根基便在于他来历不凡，有着超乎自然的万能之主做后台靠山。后世的历代景颇族民众自然统统是他的子孙，又是他的臣民。天赋亲权与君权神授就此合二而一。有意味的是，据传言，宁贯娃曾与同为第四代的天鬼兄长的九个儿子开战，引来洪水滔天，随后是人类再生，重建人寰。这期间因为没有山官，世道一片混乱，人们商量着再请他出来做那天授命定的山官。人们一而再、再而三地去请，最后派马去才把他请动。宁贯娃骑着马回来做山官，据称这也就是以后的世代景颇族的山官都要骑马的初始原因。这也难怪，天鬼之子自当位居权势，后代山官也龙种精贵，摆此架子是理中之事。在另一件作品《宁贯娃》里，景颇族先人也代代传唱下这桩公案，只不过人间民意的气息似乎多了些，首领的天授之威变成了民举之尊。

另有若干民族的口承作品，也讲到了诸如此类的民选首领的事情。在人类早期的社会政治生活中，这大概还真较为广泛。以民族、部落组织的历史遗存形态为基础的早期政治社会，带有较原始的民主制的色彩也是理所当然的。拉祜族的《雅卜与乃卜》便记述道：远古的时候，人口繁殖起来，建立了寨子定居，生产日益发展，人们苦于没有当家人，于是就选出头人来管理寨子。傈僳族的《洪水》则言之奇特：最初的一对天命所定的首领老夫妻去世后，各个民族没有了领导人，人们不再听上天菩萨的话，结果有的人变为猴子。人世间又发生了战争，直到选出了新的首领，战争才告结束，人间重归天统。其实，这一类原始的民选制度每每也少不了天意的暗中作用，一切都往往唯天唯命是从。阿昌族有一件作品直曰《选头人》，其间便清楚地表明了这一层意思。阿昌人定居户撒之后，各姓氏族人轮流出来管理公共事务，谁也无法将事情办好。最后大家约定，赶摆之际在摆场内埋下三颗土炮，谁走进场子时炮响，谁就是命中注定的头人。整整七天过去，直至快散场时，熊姓和赖姓两位老人进摆场恰逢炮响，于是人们便推举他俩做了正副头人。阿昌族的另一件作品《早慨》，更是直言不讳地道出了这一点。其中说到：

> 早慨灭了底弄，为民除了害，众头人和百姓都拥戴他，一致推举他做酋长。早慨和众人掘土作祭祀台，准备正式宣誓做酋长。早慨一锄落地，挖出一个铁砣砣，仔细一看，原来是一个铁印卷，是前朝皇上封赠官衔的授印。大家左看看，右瞧瞧，个个新奇，认为早慨做酋长是神灵的安排，是天地的意志，于是，对早慨更加敬佩了，没有一个人愿意反对他。
>
> ……早慨和众头人协商议定：以后，有铁印卷的人才能做酋长，不有铁印卷，谁也不能任意自称酋长。并且规定：酋长的位置，由大儿子来继承。[①]

可想而知，上天旨意非人力所能违抗，人类各民族的初民们很少有不信天命的。那时节，如果短少这样一种天意的钦定，世间的纷争也许要杂乱得多。脱离普通自然生物世界的人类需要有各种规范，以便来调节各类社会关系，而社会早期的最高规范却是天意。人类的初期就是这样，创作出一种超自然的天意强制来约束自己，从而才有可能把形形色色的人为调控强加在自身的自然之上。

更有甚者，这种上天骄子的天授身份之尊到了这样的地步，以至于不但可以父传子嗣，而且在生前、身后也均是一样。景颇族的巫师们曾郑重其事地谈到了鬼世界的身份层序，他们说：在地府老家那里是鬼的世界，衣、食、住等等一切都同阳世一样。那个地方也有山官，管理着地下的世界。生前当山官之人，死后也在那儿当山官；生前做百姓之人，死后也只能做百姓。鬼

① 德宏州文联编：《阿昌族文学作品选》，38-39页，潞西，德宏民族出版社，1983年第1版。

世界也要有山官，这一点儿也不足为怪。既然是天意安排，阳界没有山官就办不成事，想必阴府也是如此。在《奥拉当当官的故事》里，景颇族的前人们便认为，寨子里缺了山官，什么事也不好办。寨民们居然凑出了几条牛，以此来“买”回一个山官。于是，一个名叫奥拉当的人便走马上任，做起了山官管制他们。天授之意的社会政治规范贯彻到了这一步，也真可谓人心顺乎天意，一切自然天成了。各民族传统口承文化维护旧有的社会伦常规范的既定功能是不言而喻的。

二、善的向往

人类先民们信仰上天意志，因为上天代表了一种无所不在的至上公理，这实质上恰好是社会的人文伦理理想的某种折射。就这个意义来看，天人和谐的伦理理想，在人类历史的原始时期也曾经是一种社会现实。可是，在更多的时候，天理仅仅不过是一种善良理想而已，世间的人伦现实时常并非那般完美尽善。何况，天意伦常一经确立起来，绝对是要走到人的对面，以其强制性的社会规范反施于人。这样，天与人之间就难免产生直接的冲突及对抗。

在此，天人之间的对抗有着多个层次上的不同意义。首先，天理的伦理理想与人伦的伦常现实发生冲突，人间天理难存，现实远不及理想那么美好动人。其次，位及天子的政治统治者们假借天意之威而大行人欲，迫使更多的人们不得不反其道而行之，公然犯上作乱而反抗皇天旨意。第三，声言替天行道而铲除恶弊者也大有人在，天理、天道最终成了一种人文的、伦理的和政治的理想，归结起来实际上也就是人世间经久长恒的善的向往、善的追求。

从社会政治伦理上来说，求天理、行天道就体现在人们对于邪恶现实的抗拒之中。天生命定的权贵之人便是社会政治统制天授之业的人格代表，人们为求天理而又反天业的矛头所指，正好是这一帮命定的天选之人，似乎去除了这一些人，天下从此便道理长存、美妙绝伦了。故此，除权恶而扬民善成了人类近乎每一个民族、每一个社会的常规话题，各民族的久远口承文化也莫不如此。

恐怕不好说，在各民族久远的口承文化作品里，这一类型的主题究竟有多少史实记述的成分，但是，其中所表现出来的政治伦理理想，却无疑是实实在在的。前边曾提到了阿昌族的《选头人》，其中并不是依天之定数选出来便一了百了。熊姓头人治理政务公道，得到众人拥戴。他去世后，赖姓副手接任，派地租，养家丁，假天威而施人欲，终于逼得人们举事将他杀了。也许，自此天下太平，天理复归世间。的确，差不多每一件这类作品，无不着重强调这一点。不过，这当中的真实性不能不让人怀疑，事情果然如此简单吗？理想总是来得干脆利落，毫不顾及现实的滞留与否。

在传统亲族社会内，亲权通常就是君权的基础，中国数千年的历史便是这样的。这一点前面已谈到过。同时，中国数千年来又是一个传统的农业社会，乡绅也就成了君主国家在社会基层的政治代表。在这一层意义上，绅权也即君权的基础。所以，民间犯上的政治理想追求，时常具体落在灭除恶绅的行动或愿望之上。傈僳族的《竹笛姑娘》便说道，孤儿此阿切娶了竹笛姑娘为妻，却遭到富绅普盗黑迫害，竹笛变为一条大蛇，又化出几百天兵神将，杀灭了普盗黑及其同伙，由此他们夫妻俩过上了幸福的日子。哈尼族的《红鱼姑娘》与此如出一辙，只是孤儿名叫岩朵，娶的是红鱼姑娘，恶绅则是依莫拉格，也是在红鱼姑娘用计惩杀依莫拉格之后，岩朵与红鱼姑娘才得以奔往自由、幸福的地方。如果说，搬倒一两个乡间劣绅，世道便大吉大利，那人间真说不清早已翻上了几多重天堂。

实际说来，在这些少数民族地区，传统上的基层社会政治制度毕竟自成一体，那便是人所共知的所谓“土官制”。因此，在人们的政治伦理理想与现实社会政治的冲突中，民间锋芒所向主要是头人、山官和土司之流的具体人物。哈尼族有《鹅姑娘》，所说的同样是一个孤儿嘎成，一个白鹅姑娘与他成亲，又有一个哈尼语称“阿窝”的头人因眼馋而使坏，全然是同一类型的动物妻子的作品。结局也一点儿不差，白鹅姑娘作法，把恶人连根铲除，自此白鹅姑娘与嘎成过起了无忧无虑的幸福生活。德昂族又有《七姑娘》和《聪明的果索》，二者都确切地讲到了头人毙命，有一个长工奇彪甚至还娶了头人的七姑娘。末了，前一个强调，从此民众安居乐业，奇彪和七姑娘也幸福、美满地生活在一起；后一个则强调，从此德昂族居住的山寨吉祥太平，百姓们安居乐业过生涯。景颇族则有《三钱娃》和《金睡莲》，其中的作恶山官一个摔死，一个烧死。此后的结果，一个说三钱娃一家和全寨子的景颇族人都地谈起了一处叫做“欢乐国”的所在。据传，在那里，飞鸟会说话，流水会唱歌，树木会弹琴，愁苦之人到那儿就会找到欢乐，辛劳之人到那儿就会得到幸福。奇怪的是，寻见此欢乐国度的人并未将世间众人引导而往，仅只带回了一只鸟、一勺水和一棵树，好歹给苦难的人寰增添了一点儿希望。当然，人类世界的理想天国绝不仅仅是几处鸟语花香。

傈僳族的这一作品全然忽略了人间理想境界的人文方面，尤其是政治伦理方面。他们另有一件作品《孤儿与小人国》，则说得简单明了，只有逃出劣官恶绅的辖区，才能找到自由幸福的好去处。然而，这样的世外桃源果真有吗？更多的民族的口承文化作品不打算白白耗费一番力气去寻找，而是干脆就在这常俗的苦难人世间建构出一个乌有之乡，并真心希望他们各自的政治理想能够变为现实。

社会政治生活中的原始民主制是这些民族的古老的社会历史遗产，也是他们一向追求的一种社会政治理想。在这一方面，景颇族的《罗孔扎鼎》可谓之代表作。不过，其间道来却不无神奇色彩——

……雷鬼阿木正在这一带山顶游逛，突然听得哭声和祈求，便闻声赶来，问明原委，救下了扎鼎。为了避免扎鼎再遭阿胆都杀害，雷鬼阿木将扎鼎带到了天上的巩龙。那里山青青，水潺潺，鸟语花香，屋舍整齐，六畜兴旺，人寿年丰，山官由百姓选举，官可为民，民可当官。

……扎鼎从天上回到景颇山寨的消息很快传遍每一幢竹楼，人们都闻讯而来……山官阿胆都……不觉又想起往事，于是他决定拉事（复仇的军事行动）……

战争开始了，扎鼎一马当先，率领百姓向阿胆都的队伍冲去。……阿胆都的队伍本是乌合之众，见扎鼎带队冲来，便如鸟兽散，顷刻瓦解。山官阿胆都见状，自知不妙，仓皇而逃，但被扎鼎追上，一刀宰了。

后来，扎鼎便拿了山官阿胆都的家产，分给了百姓们，让阿胆都的奴隶也获得自由；并按天上巩龙的样子重新建立景颇山寨，有事共商，有难互帮，官民一律，官由民选，民可当官。不久，景颇山寨也真如天上的巩龙一般，房前屋后，浓荫匝地，芳草摇曳，幢幢竹楼充满了欢声笑语。[1]

这也便是景颇民族历史上出了名的所谓巩龙传说，景颇族民众把这样一种社会政治制度称做巩龙制度。

与之类似的民选官职的原始民主政治传统，在不少民族的口承文化中都大量保留着。哈尼族的《马鹿儿子》、拉祜族的《扎娃和金镯姑娘》大同小异，都谈及民选头人的事。景颇族另有作品《隐身鸟》和《梦》，讲的则是民荐山官。傈僳族的《公主寻夫》、景颇族的《黑小伙子》、德昂族的《金鱼姑娘》、《阿板和龙女》尤为彻底，索性来了个民举国王。所有这些是现实里的行动，还是理想中的愿望，这一点已经无从查考。不过，它们均一致提到，正是在那些头人、山官、国王由于种种原因遭报应毙命之后，人们便照此办理。这就不能不让人起疑心，事情难道真能如此这般简单易行？惩杀那么些暴虐的头人、山官和国王，这本身已经带有足够多的理想成分了。人们无疑是想要在凡俗的世间虚构出理想的天国。

是的，在这里，无论是结果了暴虐的头人、山官、国王的罪恶性命，还是民主选举出新的头人、山官、国王，通常都不免要借助于神力或天意。在《马鹿儿子》中，阿担是用世上难寻的指生指死棒点杀了以往的头人。有此宝物，自然是天下无敌，没有人敢来同他作对。在《隐身鸟》中，那个穷人则口衔一个金环而飞起来，手拿一只铜锅要怎么做都行，这才将山官烧死。在《阿板和龙女》中，阿板又是靠龙女之兄送的一头牛肚内飞出的刀、枪、梭、矛，而把国王及众臣逐一杀灭的。最典型的想必还是景颇族的《罗孔扎鼎》，巩龙制度干脆全盘从天上引进。此外，还有一件德昂族作品《金凤凰》称：国王驾崩，无子继承王位，却有几个侄儿跃跃欲试，群臣只好请求上天下达旨意。结果，老天经佛爷之口传旨道："用金象拉着银车，金象在谁的面前磕九个头，谁就能继承王位。"绝妙之处在于，这样一种看起来定难实现的天旨居然灵验，偏偏让一个名叫春良的穷汉子碰上了天大的好事，做起这等天赐的国王。凡此种种神功天意固然反映了人们对于天理的渴求，但如此一来，

① 鸥鹍渤编：《景颇族民间故事》，51-53 页，昆明，云南人民出版社，1983 年第 1 版。

人间原始政务民主的民意举荐岂不是落得个徒有虚名。到得头来，乌有之乡还是天子的一统天下，只不过改朝换代而已。

诚然，天下的劳苦之众有时候也盼望着能够改朝换代，向往至善的乌有之乡缩减到寄希望于现实之域出现清官好皇帝。这在诸少数民族当中也不例外，而且，他们的改朝换代之念有时也实在过于异想天开，简单易行。景颇族的《山官发火》言及，山官同孤儿打赌输了，两人便因此而调换主仆的位置。哈尼族的《红花仙女与吴大黑》说到，国王同渔夫换了衣服，结果渔夫吴大黑就成了国王。或许，这倒不是社会底层的人们要想过一下做官为君的干瘾，若真能如此，来自民间之人大抵更容易成为清官明君。看来人们还真是这样认为的。在阿昌族的《万能的鼓》里，一个穷孤儿做了新土司官，便把老土司爷的粮食分给了大家。在哈尼族的《波者和他的儿子》里，老光棍波者当起国王，也把所有的财产都分给了百姓。再就是上面谈到过的《扎娃和金镯姑娘》、《梦》、《公主寻夫》和《金鱼姑娘》，那些个孤儿、农夫、穷汉等等，当上了头人、山官或国王以后，也都不是将钱物分给穷人，就是理事公道，体恤民情，使得世间人人幸福，家家美满。只可惜，所有这一切从头至尾全都是善良人们的空幻愿望罢了，严酷的社会政治现实当然是另外一个样子。不用说历史上的君主制度，就是少数民族地区的土官制度，过去何时又曾发生过根本的变化？理想固然美好诱人，但那永远只能属于乌有之乡。

在各个民族的口承文化里，可以清楚地看到各民族中长时期存在的各种政治伦理思想。这些政治伦理思想，有的是对既存政治制度的解释，是占统治地位的社会意识形态泛化民间的结果，维护着由来已久的社会政治传统；有的则是对现实政治制度的抗拒，反映了民间意识形态同正统天授之业的不屈斗争精神；还有的是对天国大同世界的执着向往，具体表现出人类社会人文理想的历史追求。在这中间，有些内容迄今看来依然闪耀着永不消褪的历史光辉，确实是人类文化的宝贵遗产，例如，政务民主的古老传统，天理公道的现实追求，毫无疑问就是如此。至于其间的天意期待、明君向往等等的无为观念，自有其产生的社会文化背景，历史局限性是十分明显的。谁也无权过于苛求前人，尤其是事实上处于社会亚文化境地的诸少数民族。

总之，不难看出，即使是那些生活地域狭小、社会经济落后的少数民族，也有着自己毫不逊色的政治伦理理想。他们的理想境界同桃花源及乌托邦比起来，至多也仅不过存在着社会文化背景的差异，其实质是一样的人文社会理想，同为全人类政治伦理思想宝库的一部分。

第二节　天伦之功谬（婚配制度）

人类自身的物种延续离不开性及生殖，这恐怕是人类一切活动中保持自然本性最多的一个方面。至于食的方面，情况早有变化，火及熟食，作物种植或畜禽饲养，食品加工和烹饪等等，无论哪一个环节均充斥着文化的创举。本能的性及生殖却依然如故，男性与女性交合，精子同卵子组构，坐胎孕育分娩，何处见得到革命性的文化创造？所谓试管婴儿也不过是在体外先做人工授精罢了，而单细胞培育和基因拼接技术则远未达到应用于人类之躯的阶段。然而，不容置疑，在性及生殖的社会化形式上，无处不在的人类文化毕竟业已将一切纳入了社会规范的轨道，特别是对两性自然关系的调控，历来是社会备加关注的一处重点警戒区域。

性是自然的，而婚姻则是社会的。尽管婚姻与性不可分割，但二者终究不是同一码事，倒不如说，它们是同一问题中正好相反的两个方面。婚姻是把自然的性导入规范的社会调节之果，因而恰恰成了人类世界性禁忌的反面伴生物。这样看来，婚姻实在只能是一种人文制度，而婚配范围的所谓“天伦”之义却向来是一种误解。那么，人间两性关系中的乱伦“伤天害理”之说从何而来？人们对乱伦的厌恶乃至恐惧心理为何总是潜藏着一种不可名状的神秘禁忌？人类婚姻早期历史上造下了这一文化之迷，破解谜底当然应该反溯而上，向古老的历史寻求答案。在这一点上，人类无文字时代的古老口承文化不容忽视，各民族以此长久而较完整地保存下了人类社会最古老的一些文化历史遗迹，在其中便可寻出某些不无启发的端倪。

一、天显禁忌

生物生殖的实质在于，各物种按照亲本基因密码来繁衍子代，以保持种群的延续；而遗传基因的本性又在于，各物种生殖子代即为一种自身复制，为的是尽可能保持种群基因库的纯正。如此说来，出自同一亲本的基因纯合生殖，才能最精确地复制自身，换句话说，才能最大限度地符合有性生殖基因遗传的自然本性。但是，世人皆知，人间婚姻关系的所谓“天伦”规范却刚好相反，偏偏禁止亲本自交系的纯合基因遗传，这能够说是天然之伦常吗？可见，人类婚配范围恰好是社会文化强加于生物两性关系的自然天性之上的。面对基因本性所固有的天赋驱力，人类初民不得不求助于超自然的冥冥力量，以“天伦”来对抗天性。如此“天伦”的要害便在于“天戒”、“天遣”、“天刑”、“天罚”等的神秘禁忌意味。一场文化对自然之战演义成了超自然天力与自然天力之战，以超自然之“天”来对付自然之“天”，这可真有意思。

人类之初的情形究竟如何，古人类学的研究也未免有缺欠难补的环节。不过有一点可以肯定，尚未完全超越出普通生物界的“准”人类物种，同一般灵长类动物比起来并无多大质的区别。那时候，在种群内的诸个体之间，还没有形成严密规范化的社会关系，一切活动表现不外乎满足饮食和生殖的本能欲求，所遵循的只是生物利己主义的选择竞争原则。对此，古罗马的杰出学者卢克莱修曾用诗的语言做过神话般的描绘，他在《物性论》一书中写道：在漫长的时间内，人们还过着一种像野兽那样的生活，他们不懂得采用任何共同的习惯或法律，每个人都只为自己去自力生活和奋斗。至于两性关系方面，景颇族有一则人类起源神话不无道理地讲道：人刚刚开始变的时候是不结婚的；人在学会结婚以前也不知道害羞，男人和女人之间就像现在的牛马一样随便。其中还格外强调，人像牛马那样不结婚的时候，兄弟姐妹也像牛马一样过日子。显而易见，在那种情况下，所谓伤天害理的乱伦简直无从谈起，因为那时根本就不存在什么婚配关系的伦常规范。

性本身是天然自在的。要说天伦，生物世界的自然两性关系才是真正的天伦——天然之序。景颇族有传统仪式古歌《孔然斋瓦》，虽说题意即为“结婚歌”，但其间所唱叙的，表面上好似人间婚配的觉醒，实际上却全然是天生本能的自然之性。据称，男人们看到，格鲜草串着格喇草，麻埃草连着巴令草，花椒树缠着秋千树，大青树抱着大青树，他们也就学会了“串姑娘”。此类“仿生”启示的附会解释纯属多余，自然本能从来都是无师自通的。不过，这种理解也正好反映出，人间“串姑娘”实在是受着天然本性的驱动。这距离人类社会自觉的和规范化的婚姻制度还差得很远。

那么，人类社会的婚姻关系规范到底是怎么一回事？探讨婚姻的发生问题免不了要推测乃至猜度，因为人类的古史早已湮灭在不可逆的过去。各民族的古老口承文化正是这样做的，甚至认为那是一个自明的先天设定，或者更确切地说，是一种上天意志的必然安排。据《孔然斋瓦》声称，景颇族的天鬼之子宁贯娃娶水族龙女为妻，首创了天下婚配的先例，自此世间才有了婚姻伦常之序，这个宁贯娃也成了人间始祖。独龙族的《彭根朋上天娶媳妇》说得愈发明白，天神木崩格将只有一只眼睛的女儿木美姬许给彭根朋，让他把这天女带回人间。据传，人间娶媳妇，嫁姑娘，就是从天作之合的这一对开始的。另一件独龙族作品《坛嘎朋》更加有趣，猛朋天神将自己的四姑娘嫁给凡人坛嘎朋，坛嘎朋陪媳妇回娘家，天神老丈人送给他们夫妻一只竹筒，并嘱咐他们回去后由男人打开。回地界的路上，四姑娘好奇，偏打开来看看，谁知这一下却害苦了凡间的女性人等。原来，天神猛朋的意思是让娶走自己女儿的人间小伙子怀孕生孩子，结果四姑娘代人受罪，怀孕生孩子成了女人的事。照此讲来，人世间的婚配生养自有老天冥冥之力的定数安排，凡俗之人当然用不着费劲去操这份闲心。人类婚姻的人文发生学问题在这些民族的口承文化里并不成立，婚配之事本身也不过是一种超自然天生定在的东西。尤其令人叹为观止的还在于，万能的上天意志果然不凡，所有这些天作之合的初始嫁娶，竟然全都已经到了后世的一夫一妻的个体婚这一步。

不难看出，在古老的口承文化当中，各民族的先人们都把人伦婚姻的确立同创世造物的超自然本原联系在一块了。上天神功异力创世造物造人类，甚至还创制了人间的婚配制度，这样一种宇宙本原论倒也自成一体，大凡发生学的迷惑均由特创论的神异所掩盖了。德昂族原始的哲学思考和科学认知中便有一种“茶本说”，以为地界万千事物皆为天上的茶树精灵化身所成。这样一种宇宙本原思想势必也体现在他们世间人文制度的理解上。题意为“始祖传说”的作品《达古达楞格莱标》告诉人们：102 片茶树叶自天庭飘落下地，单数叶子化做 51 个剽悍小伙，双数叶子化做 51 个秀丽姑娘，开天辟地以来头一遭，51 对男女婚配成双。在此，茶树精灵成了地界自然之物及人文之序的一统之源，而这精灵同样也是来自于天上。此外，德昂族又有一个历史传说持另外的一种看法：人的祖先是从葫芦里出来的。起先，人人都是一个模样，区分不出你我，所以性关系很混乱。到后来，天帝困士戛把人们的面目一个个分开，由此才有了固定的婚姻配偶。其民间的传言进一步补充道：困士戛教会大家结婚，男人和女人就不得找同姓家门家。天帝还在天上时时监视着人间，看有哪一个人胆敢犯此天禁。在这里，人世间婚配规范最初的天意禁忌性质终于显露了出来。

禁忌没有任何道理可讲，本身即以绝对的形式将无可逃避的天意必然性强加于人，其禁规效力是神秘的和神圣的。违反血亲非性关系的禁忌便是乱天伦，必定要受到上天的惩罚。对于超自然神圣威力的神秘恐惧，正是禁忌本身所暗含的心理功效。佤族神话《司岗里》中直截了当地表明了这一点——

> 有一年，寨子里突然发了洪水，房屋被冲毁了，许多人畜淹死了。洪水落了以后，人畜又遭瘟疫，谷子长得不好。牙董（传说中的第三位民族女首领）把这个情况报告了莫伟（造人之神）。莫伟亲自下来调查，发现是因为达赛（雷神）和牙远（虹神）兄妹通奸，触怒了天神降下的灾祸。于是，牙董找来达赛和牙远审问，达赛和牙远都不承认。这时，着（一种虫类）出来说它瞧见了。莫伟很生气，叫牙董派人抄了达赛的家，把达赛撵到天上去了。临行时，达赛对大家说："以后哪个再犯我的过失，我就要用雷打死他！"牙远害羞了，钻到地里去了，变成了彩虹，每年只好意思出来两三回。从那以后，佤族就形成了同姓不能结婚的严厉习俗。[①]

克木人民间也有类似的婚配规范传说，确信血亲禁婚之人若是通婚，一定会遭到天打五雷轰。因此，倘若有人触犯了如此禁忌，便要举行一种象征严厉惩罚性的"同槽就食"仪式，即把米糠和水倒入猪食槽内，令当事的男女二人学着猪的样子爬近此槽就食。此时，由另一男子手举一柄斧子从两人上空劈下，意谓向雷神认错，请求以后不要劈打他俩了；又由另一妇女手提

---

① 《山茶》，16页，1988年第1期。

一桶水向二人泼去，意谓向龙王认错，请求以后不要咬他俩了。这般严厉的处罚，如果不是为着缓解人们对于天意神圣禁忌的严重危机的惧怕心理，又何至于此？这绝不是普通的道德戒律，禁忌总带有信仰的神秘色彩，超乎自然的天意强制力甚至超过了现代社会的法律规定。这也即是所谓“天伦”的背后的冥冥之力的威胁。所有的这一切，在一般所说的兄妹婚配神话里，也同样或直接、或间接地披露出来，其间深层的兄妹不婚的真实蕴意普遍见于几乎每一个民族。

二、兄妹奇婚

在全世界的众多民族当中，人们婚配关系的社会规范通常都明确禁止血缘近亲通婚，这首先是指直系亲子之间、嫡亲兄弟姐妹之间必须实行一种非性关系禁忌，偶然出现触犯之人便是所谓的乱伦者。至于其他亲等上的婚配关系，却远不是这般严加禁止，有的甚至还是传统婚姻规范所指定了的。关于这一点，后面将会具体谈到。

按照血缘亲等来计算，亲兄弟姐妹间无疑是亲缘系数最高的，两个人之间血缘全等，而亲子二人之间却减半。就此而论，兄弟姐妹之间通婚，比起亲子之间婚配来，应该说是更加严重的“乱伦”。可是，人类各个民族久昔以来的口承文化却似乎存心在此开了一个天大的玩笑，偏偏大谈特谈令后人困惑不解的所谓兄妹婚配。人们所熟知的兄妹婚配神话，在世界诸多民族里都不难见到。古希伯来人就有可视为同胞变形的亚当与夏娃，古巴比伦人则有鲁克穆与拉克哈穆及其子女安莎与基莎，古代希腊又有宙斯与赫拉，古代日本也有伊奘若与伊奘冉，古代华夏还有无疑是同胞变形的盘瓠与高辛氏公主。不必说，这又是人类文化史上的一个有趣的谜。

具体集中到此处所讨论的这些民族中，有关兄妹婚配的形形色色的作品或相关说法更是数不胜数。为了全面分析的方便，在这里不妨尽可能地一一浏览一下。

先来看看那些同样明确地指名道姓的种种说法。哈尼族的古老的口承文化里自相婚配的诸对兄妹几乎全都留下了名字，《兄妹传人种》中便有者比与帕玛，《天、地、人的形成》中则有佐罗与佐卑，《俄美俄八》中又有者见与阿妮，《糜咪天神造天地》中还有布希与妞希，《豪尼人的祖先》中再有塔甫与睦耶，《奥色密色》中也有阿摩卓罗与阿摩卓索，《族源歌》中另有莫鲁与沙崩。拉祜族、怒族、基诺族也多是言之有名。拉祜族的《雅卜与乃卜》中即有雅卜与乃卜，《牡帕密帕》中则有扎笛与娜笛，至于他们的一则创世神话中的扎底与娜底，想来当为前一对的汉译异名。而在拉祜族的苦聪人那儿，《创世歌》中也有单梭与单罗。怒族的《腊普和亚妞》就有腊普与亚妞，他们的人类起源神话中另有拉瓜与绍瓜，他们的创世神话中还有腊山与此山。基诺族的《玛黑、玛妞和葫芦里的人》、《玛黑玛妞》中同有玛黑与玛妞，而在《敬献祖先的来历》中的麻黑与麻妞不过是汉译之异，这几件作品显然为同本异文。傈僳族、独龙族诸民族则只有一部分作品如此处理。傈僳族的《创世纪》神话中有列喜列刹与沙喜沙刹，《洪水滔天和兄妹成家》中又有勒赤勒散与双赤双散。独龙族的《洪水滔天》中有波与南，《创世纪》神话中有阿波与阿朋。有意思的还是佤族、阿昌族、德昂族的神话。佤族关于人类起源的一个传说提及雷神同其姊妹成婚，此间二人实则就是前面《司岗里》中谈到变做雷神及虹神的达赛与牙远。阿昌族的《九种蛮夷本是一家人》却反过来将创世造物的天公和地母当成凡人，于是有了人间兄妹婚配的遮帕麻与遮米麻。德昂族的《达古达楞格莱标》里茶树精灵变幻出了51对男女结成夫妇，到最后却只有小弟达楞与小妹亚楞留在地界，这一对兄妹夫妻做起了人间始祖。在德昂语中，“达楞”之名意即男人的祖先，“亚楞”之名则为女人的祖先。这几个民族的兄妹婚配之说更明显地发散着非人间的天功神异气息。

再就是那些佚名或匿名的兄妹婚配之说。景颇族此一说中常见者差不多全都无名，只不过《木脑斋瓦》、《宁贯娃》、《人类从哪里来?》中讲的是兄妹俩，而《创世纪》、《人类始祖》中则是说姐弟俩，两种情况之间当事男女二人的亲等指数相同。同样，布朗族的《人类起源》里是兄妹俩，而与布朗族同源的克木人却有创世纪说是姐弟俩。傈僳族和独龙族的多数此类作品也并没有提及人名。前者有《洪水》、《天、地、人的形成·兄妹配偶》、《民族的起源》、《开天辟地的故事》、《创世纪》史诗，后者则有《半边刀壳》、《聪明勇敢的朋更朋》、《九条江的来源》、另一种文本的《创世纪》，大都只讲到了无名氏的兄妹俩，惟有《聪明勇敢的朋更朋》中持姐弟说。此外，拉祜族当中的苦聪人流传的一则神话、怒族的《射太阳月亮》、基诺族的《"白发老人"当月老》、阿昌族的《人类的来历》也都仅仅言及一对成婚的兄妹，而未报姓名。其中在《人类的来历》里又翻新说，阿昌族地母生下一个葫芦，育出一双兄妹自相婚配始有人类。这可同阿昌族广为流传的葫芦里出来"九种蛮夷"的说法大不一样，想必是逐步觉醒了的人们否决了天公和地母的神创人寰之功。

在此之所以不厌其烦地尽量列举这些民族中各色各样的兄妹婚配之说，一方面固然可见其分布的广泛性和流传的普遍性，另一方面则便于在此基础上系统地加以剖析，探究兄妹婚配神话的内在历史蕴涵到底是什么，以其普适性立论。那么，这一类神话之说的本文构成究竟有什么共同特点呢？

首先，作品里大都安排有一场近乎灭绝人寰的灾难，而这灾难总是洪水滔天，人世间仅幸存一对兄妹或姐弟，除此而外再无他人可延续人种。在以上诸多作品当中，绝大多数持此一说，其间怒族的《腊普与亚妞》中有一段对话分外明朗，不加掩饰地道出了他们所面临的无可奈何的窘困——

> "妹妹，你我都长大成人了，该成亲了，可是世上只有我们兄妹俩。我想，只有我们兄妹结为夫妻生育下一代，人类才能繁衍。你说行不行？"
>
> 妹妹听了很是害羞，说："你是哥哥，我是妹妹，世上哪有兄妹结为夫妻的道理呢？"
>
> "兄妹结为夫妻虽然不合情理，但你想一想，当洪水把人类都淹死以后，天神才派我们兄妹俩来到大地，为的是要我俩结为夫妻，生育下一代，使人类不致灭绝呀！"哥哥苦苦地劝说妹妹。[①]

在余下的几种作品中间，德昂族的达楞与亚楞、阿昌族的遮帕麻与遮米麻恐怕并非凡人，如此"兄妹"婚配当然同阴阳相生而创世界造人类有关；拉祜族的扎笛与娜笛或扎底与娜底、《人类的来历》里的那一双阿昌族兄妹，同出自于造物主种下的葫芦，明显当为造人之神功的成就；只有佤族的达赛与牙远、拉祜族的雅卜与乃卜似乎同人类创生无涉。

---

① 谷德明编：《中国少数民族神话》，510-511 页，北京，中国民间文艺出版社，1987 年第 1 版。

其次，此种违背“天伦”的兄妹婚配，势必还需要有天意奇迹来特许解禁。一是由鬼神或其他灵物劝导成婚，二是靠上天显出神奇的迹象以示恩准，这两类情况分别可见于大部分作品。简要说来，这些作品里所显现的天意之象，就如同傈僳族的《创世纪》史诗中所吟唱的奇迹那样：“念上咒语滚磨盘，发上誓言射针眼。天也同意咱成亲，地也允许咱配亲。”仅有很少的几件作品中未见确切提到这一层意思。至于佤族的达赛与牙远、德昂族的达楞与亚楞彼此婚配，自然当属于非人间的超凡之合。

最后，尽管有了这般非正常的境况和非常俗的特准，有悖于伦常的兄妹婚配依然引发了若干无形的和有形的不良后果。大多数作品专门谈到了当事人羞臊难当的心理压力，哈尼族的搭甫与睦耶甚至发誓赌咒道：“为了今后有人种，哥妹成婚无奈何。今后哪个兄妹再成婚，娃娃长大拄拐棍，不成憨聋就成哑，断子绝孙不发芽。”如此强烈的羞耻感还仅是事情的一方面。兄妹成婚后，没有能够正常生育，这样的结局同时还见于多种作品，仿佛人们不高兴做那乱伦而来的后代，倒更乐意由当事兄妹俩所生下或种出的葫芦里钻出来。达赛与牙远尤其悲惨，佤族的先人们不仅抄了他们的家，还进一步将他俩驱逐出人间，发配去做了雷神和虹神。只有少数作品未见正面谈及这种种后果。另外，德昂族的达楞与亚楞承担着兴造人寰的使命，自有天授意旨在身，也许不必担心遭天雷轰打。

归结起来，始终处于以上设置困境、应对方式、身心后果几方面异常情况之外的，就仅仅是《达古达楞格莱标》这一个作品，而其间的达楞与亚楞显然并非凡俗之辈。由此看来，当然无法断定众多的兄妹婚配神话是在详尽记述人间兄妹通婚的史实。恰好相反，同胞兄妹彼此婚配的人类社会婚姻规范，可以认为从不存在。兄妹婚配的神话倘若讲的是人类婚姻的前史之事，那么根本够不上社会规范化的婚姻关系；倘若讲的是诸如洪水浩劫过后的权宜之计，那么完全算不得普遍通行的婚姻社会规范。一般所说的“兄妹婚配神话”其实质性的内涵偏巧是告诫人们兄妹不婚。正是为了具体解释这一天伦之规，习惯于直观思维的各民族先民，便有必要设计下一场先出台而后禁演的活剧，以实际的事例来说明本身实在难以明言的超自然禁忌。这也即是兄妹婚配奇谜的表层之惑的缘由，深究谜底，却反而得出血亲不婚禁忌的深层之解。所谓的兄妹婚配神话，说透了，其实恰恰是兄妹不婚神话，这一文化之谜的所出之处，就在于超自然禁忌本身所特有的神秘性。

三、纵横之伦

从天上到地下，最初的天意禁忌最终固定成了人间伦常。天伦实则本来就是人伦，人们以为是天然所成，故谓之曰“天伦”，事实上却是古人凭借超自然的上天禁忌之威的人为文化建树，所谓“天伦”之说的实质便在于此。“天伦”的概念包括了自然之“天”（天然之常）和超自然之“天”（天意纪纲）的双重意义。通常所说的“天伦”，实有纵、横之序两个方面的含义。纵的方面是以生物亲子联系为基础而确立的社会继嗣制度，这或许不失为自然“天伦”，但也不尽然，过继或收养的继嗣关系同样具有社会效力；横的方面即以自然两性关系为条件而建立的社会婚姻规范，这恐怕主要是超自然“天伦”，其中的自然因素已得到极大的改造，性关系的取向有严格的范围限制。

纵横伦常的两个方面总是密切联系在一起的，人们所熟悉的女儿外嫁之俗，便是传统的父系继嗣制度与古老的氏族外婚规范相结合的产物。这一例子极为通俗常见，说来很容易明白。独龙族有婚配规范俗语，称“尔哇尔莫甲尔莫久”，意思就是“自家的姑娘不讨”，于是乎，男、女两性之人都只能行外婚；布朗族又有父系继嗣谚语，说“姑娘接替母亲的背箩、竹筐，儿子接替父亲的土地、茶树、竹棚”。儿子承继世系，于是儿子娶人，女儿嫁出。同样，如哈尼族的《出嫁歌》、《安慰出嫁姑娘歌》，拉祜族的《讨亲嫁女歌》，独龙族的《劝嫁歌》，普米族的《认亲调》、《出嫁歌》等等，这一些作品实际上也都道出了此番纵横伦常整合作用的必然结局。就这一点而言，天庭的天显禁忌业已退隐幕后，而人世间父系社会人为的男权却明火执杖。

人伦的纵、横两个方面整合一体，最主要的结果便在于，一定的继嗣制度总是联系着一定的婚配规范。大家将会见到，在不同的继嗣制度下，婚配关系的具体细部组合存在着别有意味的差异。当然，到今天，即便是在各个少数民族中间，纵横人伦的古制也已经或正在发生变化，但他们各自久远的口承文化却仍旧保存下了不少历史遗物，人们不难依此推测其原貌。

拉祜族传统上向来以母系计算血缘，保留有明显的母系继嗣（matrilineal

descent）的遗痕。另据有关社会历史调查所闻，以往农闲时，两个村寨各自的男女青年们常常相聚在一块儿，A 寨的男青年对 B 寨的女青年，B 寨的男青年对 A 寨的女青年，一起集体娱乐。这想必与古老的两合氏族婚的遗制不无关系。关于母系两合氏族婚，基诺族的一个传说讲得愈加明了。据称，最早建立基诺族村寨的人是一位妇女，她的众多后代分成了两个寨子，男、女相互间交叉通婚。此外，他们还有《同氏族人》、与之同义的《巴什》原始情歌、《堂兄妹的故事》几件作品，一致提到氏族内不得通婚的规范。据此种种，可以勾勒出母系两合氏族外婚关系规范如图 3–1。

氏族 A		氏族 B	
=外祖母	祖父=	=祖母	外祖父=
=母亲	舅父=	=姑母	父亲=
=姐妹	兄弟=	=姑舅表姐妹	姑舅表兄弟=
=外甥女	外甥男=	=女儿	儿子=
=孙女	孙男=	=外孙女	外孙男=
女性集团 a	男性集团 b	女性集团 b	男性集团 a

图 3–1 旧时母系两合氏族双向交换的对等交互从表婚（姑舅表婚）

为了便于表述及理解，图中将人类学里惯常用以表示男、女性别的符号直接换成了叙述式亲属称谓，解读此图的立足点在于“兄弟”处（后同）。可以看到，在两合氏族世代联姻的严格形式下，每一个人都被指定同今天意义上的姑舅表兄弟或姐妹通婚，即对等的交互从表婚。然而要注意的是，这里的各种称谓所指称的人，均为类别式亲属之复数，即同一氏族内同性别的全体同辈者。所以，图示当然也包含了群婚的情况，而这也就是夫兄弟婚和妻姐妹婚的一处渊源。在此，同胞兄弟姐妹之间无法通婚自不用说，而且，每一称谓还包容了现今的同辈叔伯堂亲，他们同时又是两姨表亲，即平行从表。在类别式亲属制度下，他们被视同为亲兄弟姐妹，同样不能通婚。不过，最关键的基本原则在于，氏族内部实行非性关系禁忌，随之而来的一应婚配规范只是这一“天伦”的必然结果。其余未言之意大家自会看出，无需赘述。

假设此间尚未分出依世系辈分的各个婚配等级，那么即为 Aa 整个集团与 Ba 整个集团通婚，同时，Ab 整个集团又与 Bb 整个集团通婚。因此，从逻辑上来讲，同一氏族的兄妹间不婚，显然应早于不同氏族的父女间的非性关系禁忌；反过来看，在父系两合氏族外婚制下，则是同一氏族的兄妹间不婚，应早于不同氏族的母子间的非性关系禁忌。倘若事情果真如此，那倒是人类婚姻古史上的一大奇事，可也正符合基因同异亲疏递减的顺序，基因纯合保持的自然天性节节败退于血亲不婚社会规范的非自然人伦之下。

独龙族、德昂族、景颇族久已实现父系继嗣（patrilineal descent）制度，他们的传统婚配规范有着共同的特点。独龙族对其古老的婚配关系习规有一个专用的说法，就叫做“伯惹”，意思是“姐妹和弟兄的婚配”，实为一个氏族历代的众兄弟固定娶母方氏族（舅家）的从表姐妹为妻，反过来却不能。德昂族的“克勒”（氏族）外婚规范全然与此相同。景颇族称这样一种婚配规范为所谓“血不倒流”，用景颇族各支系语言说来，两个氏族间一为“莫户”或“达玛”（姑爷种），一为“蒙户”或“梅龙”（丈人种）。以古昔的习俗而论，这样的婚配关系在这些民族当中一律曾经是规范性的指定婚，一氏族的男性生来就是另一氏族的女婿，与此对应，一氏族的女性生来就是另一氏族的儿媳。这倒可以省去不少麻烦。诚然，此处至少需要再有一个氏族加入，才能构成完整的单向固定联姻的循环之链（见图 3-2）。

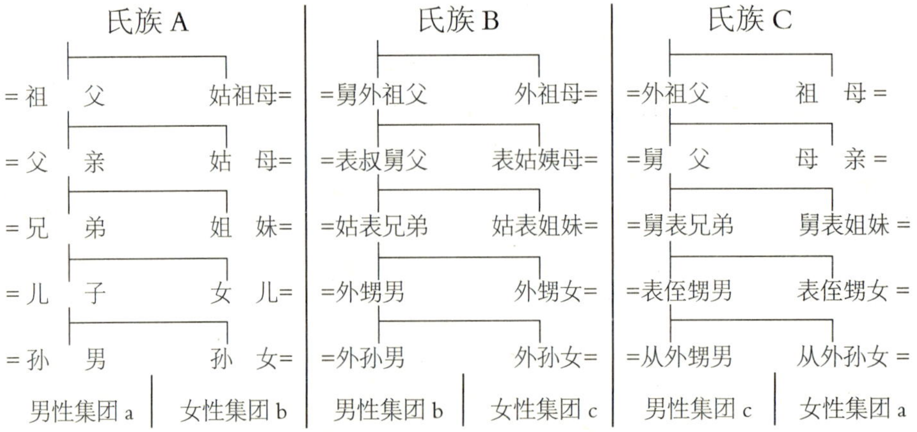

图 3-2 旧时父系多联氏族单向固定的母方交互从表婚（舅表婚）

在单系继嗣制度下，世系即为血缘的体现，涵括范围为氏族，表征符号即姓氏。因此，在各个民族的先民看来，同一姓氏才是同血缘，此种氏族外婚制的要义依然是血亲不婚。事实到底是否如此，只有天知道。当然，今天的人们也心中明白。但是，在华夏历史上，包括汉族在内的不少民族的人们，骨子里都否认母方血缘，登峰造极之处便是允许母方平行从表婚通行，这可实在是犯了早先氏族外婚规范的大忌。另一方面，因为姓氏是由父传子，霸道的男权竟然推行到了普天下同姓不婚的无理地步，全然不顾姓氏来路多源的史实，同姓并非一定同血缘。

正是由于这个缘故，景颇族前人自以为使“血不倒流”便恪守住了血亲不婚的禁忌。也正是基于这一点，他们的“公房”情歌必须以男女双方互道姓氏来开头——

女：啊哟喂！河里的水有源，山上的树有根，
你不报姓名就开口唱，
勒排（景颇姓氏）姑娘难对上。
男：啊哟喂！亲爱的小姑娘哎，
小伙子春雷（景颇姓氏）太高兴了，
按照祖先的规矩，
最合适的就是我们俩。[①]

格外有意思的是，在诸如傈僳族等民族中，虽然早已经奉行父系继嗣，但他们的传统的口承文化及其婚配规范却依旧存留着母系制下的余荫。这当中最突出的便是舅权，具体包括过去舅家之子娶姑家之女的优先权。傈僳族人有谚语“树最大的是杉树，人最大的是舅舅”；而他们的婚配旧俗即有“有女先问舅”的说法。拉祜族母系继嗣的古俗较完整地长久保存着，他们的舅权甚至可同神权并提。拉祜族人声言：“天上最大的是厄莎，人间最大的是舅舅。”同样，在拉祜族聚居的多数地区，旧时舅父之子有优先娶姑母之女的权利。其中，旧时苦聪人还解释道：把女儿嫁回舅家，这是对母亲当初嫁离娘家的补偿。与上一种情况相比较，此类婚配规范可真正成了血脉来回往复倒

① 中国社会科学院云南少数民族文学研究所、云南省社会科学院民族民间文学研究所、中国民间文艺研究会云南分会编：《云南少数民族文学资料》，1辑，130页，昆明，铅印本，1980年。

腾（见图 3–3）。

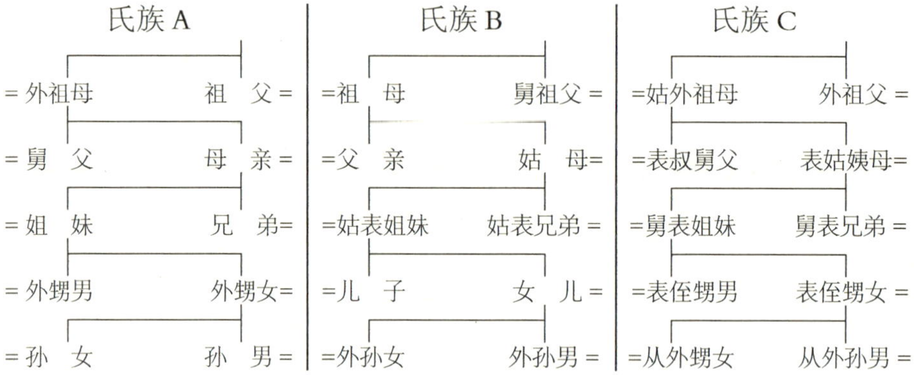

图 3–3 旧时母系多联氏族代际交换的父方交互从表婚（姑表婚）

对照图 3–2，这里的世系联系及婚配关系都正好颠倒了过来，一氏族的各代男子一概娶父方氏族（姑家）从表姐妹为妻，反之则不行，而且两代人之间的嫁、娶方向刚好相反，从而在各氏族间形成了代际交叉的互换婚。但是，鉴于此间只承认母方血缘，血亲不婚的禁忌似乎仍得以维持，最低限度看来，这几个民族的先人们是这样认为的。

最为别具特色的纵横天伦还见于克木人的解释。克木人也有姓氏，代表着他们的世系，不过后代子女却要依性别分开，儿子随父灶，女儿则随母姓。这样一来，便形成了奇特的子从父、女从母继嗣（sex–linked descent），构成纯男性或纯女性的氏族组织形式，于是，实现氏族外婚制更加势在必行。可是，同胞兄弟姐妹虽不同姓氏，也不得通婚，而父方平行从表即叔伯堂亲，母方平行从表即两姨表亲，均同姓氏、同性别，皆无法通婚。再则，兄弟之子也不可与姐妹之女婚配，因为他们男方的父亲与女方的母亲是亲兄弟姐妹，而儿子正好随父姓，女儿又正好随母姓，便算是近缘血亲。然而，令人大感奇惑的是，姐妹之子娶兄弟之女却在优先考虑之列。原因在于，尽管他们男方的母亲和女方的父亲同为亲兄弟姐妹，但男却随父姓、女则随母姓，便不算是近缘血亲。这套奇特的逻辑无疑有了些诡辩的味道，其实就其亲等来说，的确并无任何差异可言。无奈人们总习惯以姓氏来界定世系的归属，姐妹之子随其父去了，而兄弟之女又随其母去了，分别划入两个仿佛不相干的氏族，于是乎好像并未突破血亲不婚的禁忌。要准确而又清楚地勾勒出旧时的这样一种近乎怪异的纵横伦常之序，还真不大容易，大致有如图 3–4。

图 3–4 旧时子从父、女从母多联氏族单向轮次的母方交互从表婚（舅表婚）

事实上，图内昭昭然显示出，旧时，当男之父与女之母为同胞兄妹时，此男女二人不可通婚，然而，到了再下一代，当男之祖父与女之外祖母为同胞兄妹时，此对男女却正好相遇婚配。有几对男女单性氏族参加这里的单向联姻之链，这种情况就将在第几代上发生。只不过此刻这一对男女却成了姑表兄弟对舅表姐妹的关系，于是乎名正言顺好事做成。男女诸氏族各代人的通婚关系，就这样在各个异性氏族中间轮次组合，图中即氏族 A 每一代人分别依次与氏族 c、b、a 同代人婚配，其余以此类推。另外，在勐海的拉祜族那里，其“屋吉屋卡”单性世系组织及其婚配关系之说，大体上也可以与此一比其中高妙。

在这个地方也如同上边各图所示那样，各个民族的先人们实在是很动了一番脑筋，就连自己都深信不疑，确认如此一来便可保住血亲乱伦禁忌不受侵犯。这也是没有办法的事，人类初民的童蒙智知已经够上进的了，超自然的神秘天意毕竟返回了凡间，终于成为人们自觉意识到并把握住的人间伦常。

在人类社会的文明历史中，对于血亲乱伦的禁忌是最为古老也最为严格的一种性关系禁忌，只不过在各个不同的时期里，各个民族、各个社会对血亲世系的划定各有不同。当然，仅仅有禁忌还远远不够，无论是天意还是人伦都无济于事，重要的还在于性禁忌的反面，即性的人为疏导，以便把自然两性关系引入社会规范化的合法轨道。于是，在实行性禁忌的同时，社会化的婚姻关系便应运而生了。各种形式的交互从表婚恰恰不是什么“血缘婚”的遗存物，反而偏偏是血亲非性禁忌的产物。古老的氏族外婚制的关键就在于，凡不同氏族便被认为不同血缘，至于实际情况究竟如何，那是另外一回事情。所谓“血缘婚”作为一种有意识的社会婚姻规范，是从来也不曾存在过的，各民族古昔流传下来的口承文化及婚配规范，或可间接证明这一点。

血亲不婚到头来作为最基本的一项婚配关系规范传了下来，起初的天意禁忌的超自然强制形式却被人们逐步抛弃了，转而内化为人类自觉的性道德意识和性心理戒律。“天伦”之谬误固然明白显见，但其间人文创制的历史和文化的功绩也无可否认。实际说来，人类世界的婚姻制度究其根源，正是性禁忌在相反方向上的伴生之物，婚姻同社会对性的限制一道产生。婚姻规范总是由禁规的形式从反面来体现的，以往的情形自不待言，就是时至今日，法律和道德也皆有通婚范围的明确限制，禁域之外才是可以得到社会认可的。

第三节　人间世俗习常（德行规范教化）

人类既是自然进化的结晶，又是文化教化的产物。这也就是说，人类物种既是一种普通的生物物种，又是一种独有的社会物种，人类的生物自然性与社会文化性两个方面并存。不过，不论是人类物种特性的发展，还是人们个体人格的形成，总是以生物自然性为前提，而以社会文化性为结果。尤其是在人类个人的童年发展当中，这一情况是极其明显的，从天性蒙昧到通晓世故，其间就有一个必经的社会化过程。

人类学和社会学里的“社会化”（socialization）概念也可称为“文化化”（culturalization），在中国的古老文化里相应的传统概念即是“教化”，社会政教风化、人文教育感化、文化环境熏陶等义皆在其中。在现代社会里，学校教育作为家庭教育之外的重要补充，以不同的书面教育方式，对维护社会的道德法律发挥着教化人心的作用；而在无文字的传统社会，村社教育则与家庭教育并无二致，以同样的口头传承方式向人们、特别是向青少年灌输社会的各种习规伦常。传统的口承文化便是传统社会中家庭教育及村社教育通用的天启教义和德育教程。关于这一点，在各民族的无文字时代保留下来的古老口承文化里，人们都不难注意到。

一、天惩地戒

诚然，在各个民族的古昔历史上，政治制度的天授之业，社会伦理的天国理想，亲子世系的天伦之序，婚配规范的天意禁忌，凡此种种都是所谓“天纪”、“天纲”的重大方面。往昔无文字民族的古老口承文化无不大量涉及这些方面的内容，这一切已另做了专门讨论。此外，在各民族往昔的普通社会生活中，人们之间的日常社会关系的一应常规之序，也往往冠之以诸如“天道”、“天理”、“天则”、“天常”之类的名目，同样成了天经地义的伦常道理。一切人文伦常规范均是超越自然的，因而开初差不多总要假借上天的名义，才得以广为推行，以抵制、改造或取代人类物种所固有的生物自然天性，维持人类社会的正常秩序。

每一个民族皆有自己的一套古老的习惯法，“路不拾遗”就曾经是许多民族的传统道德通则。克木人有一个石雕大象的传说故事，专门述说这一类传统美德的沿革。他们相信：曾有一个石象腹下压着一罐奇珍异宝、金银首饰。人们去做客或赶集，若需首饰佩戴，可向石象借用，只要心地诚实，用后即送还，便总是有求必应。后来，有一个外地商人经过此地，黑心发财而借了不还，从此这一奇迹便再也不灵验了。无疑，这个严重后果正是超自然的神力天功对人间伤天害理之恶的惩罚。

在景颇族社会中，这种传统习惯法被称之为“通德拉”，意思也就是天经地义的人间“道理”，此番“道理”又每每同对于鬼神天力的原始信仰观念联系在一块儿。按照景颇族古老的“道理”，杀了人通常是不偿命的，因为他们认为，杀人已是不好的事情，要杀人者偿命而再杀人更不好。然而，他们的

“道理”却规定杀人者必须做出赔偿。照此行事，恰好是把公罪当做私罪处理，以民法之责来代替刑法之惩。这样的赔偿再有趣不过了，实为一种基于相似律的交感巫术般的同态类比摹拟赔偿。除去赔数头牛抵偿人命而外，还要对应人体各个部位赔偿各种物品，具体说来即以葫芦抵头颅，以羊毛抵头发，以宝石抵眼睛，以木耳抵耳朵，以长刀抵四肢，以衣服抵皮肉，如此等等，对号入座。赔偿之际须举行仪式，景颇族语称做“抗突”，届时还得由巫师念鬼经，其中便透露出了人们对于超乎自然的鬼神之域的恐惧心理。这一“抗突”鬼经念到：

今天，
你的身子，
我们已经作了赔偿了。
你不要变成鬼来咬我们。
你走得远远的，
不要向我们打招呼，
也不要对我们讲话。①

在各民族中间，超自然的天意惩处的最突出而明显的形式，即是所谓的“神判”。一旦有人违犯了习惯法，而又无法辨明个中曲直，引起了原告与涉嫌者之间的纠纷，便需要由万能的至上神明裁决，其结果自然是天意惩处。独龙族民众有一种传统信念，确信存在着善、恶两种超自然力量，不管人们做什么、怎样做，老天爷都一定会明察，并予以相应的报应。做人行善，将得到上天善的力量的恩赐；为人作恶，会遭到上天恶的力量的惩罚。这种信念就是神明裁判的信仰依据。

旧时，怒族传统上的神判方式主要有三种，一是从开水锅内捞石头，二是拔起火烧透的石桩，三是喝鸡血酒。他们的天惩观念认定，倘若捞石头后手未烫伤，拔火桩后手未灼伤，或喝血酒后三年不病不死，此涉嫌者即为清白之人，否则便是罪犯无疑。景颇族历史上的神判方式也不少，其中的对天诅咒直接诉诸上天，要求明察并决处。遇失窃涉嫌事件，失主对天呼喊道：

① 《民族文化》编辑室编：《风情奇趣录》，1辑，1版，95页，昆明，云南民族出版社，1982。

"老天听着，老天看着，如果我诬赖他，给我死！"涉嫌者同样也对天呼喊："老天听着，老天看着，如果我偷的，给我死！"他们确认，对天诅咒之后，失主或涉嫌者谁若有不实，此人往后定会遭雷打，或患重病，或房屋谷堆被雷击火烧，这便是天惩报应。在傈僳族那里，古老的抛血酒、喝血酒神判仪式也需要对天盟誓。据说，要是原告错诉，或是涉嫌者抵赖，必受天惩在三日内死去，反之则将活百岁。诸如此类的神判天惩，其基础正在于人们心中的超自然信仰观念。若是社会的文化传统着力维护好如此信念，这一类荒唐的神判还是挺管用的。天惩之威就是维系传统习惯法的超自然的冥冥守护神。

可是，习惯法所规范之处，毕竟是世俗人间的事情，超自然天惩之威有时也显得有所不及，这就需要人世间的地戒之功来助力。传统习惯法同样少不得地界的守护者。尤其是对未谙世故的青少年说来，神秘玄乎的天惩之威大抵不起什么作用，还得要靠煞费苦心的地戒之功来完成对于他们的社会化训练。较为典型的情形是基诺族的成年礼。经过成年礼，先前还处于父母亲长庇护下的童稚少年，便取得了成人的资格，成为村落亲族社会的正式成员，拥有了一定的权利，并同时承担起相应的义务。因此，这种成年礼是对青少年进行社会化教育的重要环节。在行此成年礼的过程中，"寨父"、"寨母"之类的村社族中的长老带领着大家吟唱古老的口承作品，其内容包括既有的社会生活习惯和伦理法规，也包括久远的生产经验和劳动技能，还包括传统的婚恋道德和家庭生活准则等等，这实质上是对青少年进行民族文化传统的突击强化教育。在这个地方，古老口承文化的社会化教育功用昭然于世。

与此相类似，不少民族的婚礼仪式也常常是对青年人进行相应的社会化教育的重要场合之一。哈尼族的支系豪尼（布都）人的《哭嫁词》，另一支系碧约人的《哭婚调》，普米族的《嫁女调》，拉祜族的《讨亲嫁女歌》，独龙族的《劝嫁歌》，这些在婚礼场合唱叙的仪式歌，一概都对出嫁的年轻姑娘往后的为人处世之道做了详尽的指教。至于景颇族在传统婚礼上唱叙《孔然斋瓦》，独龙族在传统婚礼上唱叙创世史诗，内容更广及天地人寰、生产生活的各个方面，其社会化教育的意义更加一览无遗。

同样引人注目的还有，基诺族传统村社里有着一种特殊的青年组织，也充当了传统习惯法的监督执行者的角色，任何人若有违犯，均要受到处置。

这种青年组织有性别之分，它们具有一整套约定俗成的组织规则和纪律，实际上是一种对青年人施行社会化公共教育的社会组织，负责组织其成员担负起村社里的各种公共劳务，执行习惯法并调解纠纷等等。这一些活动配合传统口承文化的传授，年轻人在其中自然而然受到了生产劳动、社会交往、宗教信仰、恋爱婚姻等多方面的教育。这一套实实在在的地戒之功，想来要比虚虚渺渺的天惩之威更富有成效。

德昂族和西双版纳傣族自治州境内的哈尼族未婚男女青年中，也存在着与之同一类型的青年组织。这类青年组织皆有自己的头目，一律在未婚的年长者当中推举产生，一旦此人结婚，便由他人递升顶替。在德昂族中，男青年头叫做“叟斯欧”，女青年头叫做“叟得比阿”；在西双版纳傣族自治州的哈尼族中间，男青年头叫做“扎达阿龙”，女青年头叫做“米达阿龙”。不用说，这样的青年组织实为一种无形的山野传承学校，是传统的村落社会里对青年一代施行社会化教育的强化组织形式，而其基本的教育内容绝少不了古老的口承文化。

二、人生常理

家庭教育的基本形式是家居生活里的言传身教，为的是向后人传授一般社会生活中的某些人生常规、常理。在前面已经看到，传统社会的村社教育与此相比并没有什么不同，除了组织青年人参与身体力行的社会生活以外，还有向他们讲授口承文化的言传施教。古老的口承文化成了无文字民族里社会化教育的正式教材，日常生活当中的社会行为模式的诸多方面都有所涉及。所以，同现代社会的学校教育比起来，传统社会的村社教育更直接地介入了个人德行的教化培育。传统的口承文化里通常所谓的“生活故事”那一类作品，普遍具有这样一种教化功用，那绝不是用“文学”二字所能概括得了的。无文字传统社会的村社教育，可不是单纯为着讲故事解闷。

其目的在于直接向青年一代施以人生教诲的口承文化作品，颇有代表性的比如“祖传之宝”那一类型的故事。这类作品往往开篇即告诉人们，有一家人养了一个或两个懒儿子，为父之人多方教导无效，只得用计骗道：地里埋着祖传的珍宝，去挖出来，待老父死去也好用以维生。到底是什么祖传之宝？佤族的《谷子就是金子》、傈僳族的《地里有金子》都说是金子，而在哈尼族的《一罐银子》里则是银子。那些懒儿子们自然满心欢喜，舍力遍地深翻，金银当然挖不到，无奈之际听人言或观人行，只好也跟着播种谷物，打算秋收后再继续干那掘地寻宝的勾当。等到谷物收获下来，这帮懒汉有所醒悟，明白了老父亲的良苦用心，珍宝原来就是劳动果实。只是傈僳族的那一位懒儿子出息得尤为可以，直至第二年再次收获时，经人特意点破，才最终得以大彻大悟，否则也许硬要寻宝不止。不过这也无大妨，掘宝不得却另有收获，总不至于会饿死。只要获得勤劳的人生之道，也即是得到了世间珍宝，这便是此类作品所要教给青年人的。而且，作品的本文自身已采取了长辈施教于后人的表述方式。

勤劳是人生第一要务之宝，这一道理的宣扬灌输在其他类型的口承作品中也屡见不鲜。景颇族的《金草帽和糯米粑粑》干脆将金子与劳动果实放在一起比较，让一个头戴金草帽的生意人同一个头顶糯米粑粑的种田人凑在一起，争论各自头上"帽子"的优劣。作品刻意设置下一种特殊的境况，把他俩关了三天，生意人没饿死已是大幸，只得承认："看来还是劳动比金子值钱！"关于金钱的价值，他们另有一件作品《一元钱》，说来还更公道一些。父亲让儿子出去挣钱，儿子拿母亲悄悄给的钱交差。父亲把钱扔进火塘，见儿子无动于衷，断定其中有假，便再让儿子去挣钱。终于有一回，当父亲把钱扔进河里时，儿子可着急了，于是乎严父之教大功告成。金钱完全可作为所付出劳动的标记符号。在傈僳族的《懒汉的故事》里，为父之人则用的是归谬的逆向教法，看来也成效显著——

从前，有一个人很懒。有一天，他父亲带他到野果林里。父亲摘了一小会儿，摘了一大堆果子，就想要走了，便问儿子说："孩子，你摘了多少果子？"儿子说："我不会摘，一个也没有摘到。"父亲告诉他说："如果你真的不会摘，你就躺着等风把果子吹到你嘴里吧。可以吃现成的。"这个懒汉真的躺在树下张着嘴。风吹来了，果子就掉下来，但偏偏只掉在嘴的两边，一个也没有掉在他的嘴里。他饿极了，就爬起来捡掉在两旁的果子吃。从此以后，才知道不劳动是不得食的，他由一个不会种庄稼的懒汉变成了一个勤劳的庄稼汉。[1]

佤族也有一个《懒人岩坎》，同傈僳族的这个懒汉相比，讲来只有过之而无不及。最彻底的还得要数拉祜族的《佐媒俄马江》，有人居然劝诫自己的爱女，找对象首先要看手上有无老茧，有手茧才是勤劳可靠之人。据称，男人不会耕地，女人不会缝衣，那就只能忍受孤寂之苦。难怪景颇族的《扎英姑娘》称，一个名叫扎英的美丽姑娘寻遍天上地下，到最后找了最爱劳动、最能干的铁匠过日子。久昔的口承文化大力推行这一方面的社会行为模式，竟已经到了如此地步，恐怕难得再有人安心置身化外，不然准把头等终身大事也给耽误了。

在传统的村落社会里，亲族联系通常构成了人际关系之中最基本的社会网络，社会组织的层序结构由亲族关系所代替，辈分决定着人们的社会地位。在此情况下，尊长敬老的个人私德很自然地强化为十分重要的一种社会公德，这也即是一般所说的所谓“孝道”。“孝”作为传统亲族社会维系正常秩序的一项基本原则，往昔的口承文化绝不会忽视而不顾。佤族有《孝敬父母的传说》，直言道出人人家里有“两尊大佛”，把孝敬亲长看得比供奉神佛更重要。据称，只有先供奉“家佛”，才能去供拜神佛，也才能得到神佛保佑。哈尼族有《铁匠和他的儿子》，与佤族的《两兄弟卖爹》相比，差不多出自于同一具模子。二者都讲到，两个逆子打算把年迈无力的老父亲抬到街上卖掉，在路上，他们见到鸟雀吐哺，一时间天良发现，痛改前非，将老父亲抬回家好生孝敬。浪子回头，虽有令人痛心疾首之过，好歹也算没有打破天纲地常的人间道统。傈僳族有《父亲怎么做，儿子怎么做》，索性把这孝道的人为用心揭开露了底。一个孽子将年高体弱的老父背往一处偏僻的山洞里扔下，自己年幼的儿子却跟来把背带捡回，说是将来好再背自己的父亲到这山洞里来。面临如此将来，着实让人有所顾忌，纵使只为着后人之鉴，孝道看来还是守下去的好。孝道之教需要讲到这一步，难免已带有了些许人心不古的慨叹。阿昌族的《酒的故事》便有意让不孝之人遭受惩处，称酿酒的黄花草是受虐失

① 中央民族学院汉语文学系民族文学选编组编：《中国少数民族寓言故事选》1版，244页，兰州，甘肃人民出版社，1982。

踪的老母变的，不孝顺父母的逆子吃了酒会迷醉疯癫而死。在此，人伦之教又转回到天道之罚的护法神力上去，天经地义的伦常风范不容亵渎。

说到个人日常生活里的为人处世之道，传统社会的村社教育也近乎无所不致。各民族的无文字历史上流传下来的口承文化作品，便表达了多种多样的说教，正好反映出传统村社教育言传之教的处处用心。阿昌族有一个作品《猎人过生日》，讲来实在别有奇趣。一个猎人自己有一条规矩，逢单日只猎公麂子，逢双日只猎母麂子。他为过生日请客出去猎麂子，整天碰到的均是母麂子，这天恰逢单日，他信守规矩无一伤害，直到天将晚才射杀到一只公麂子。这时，有三个和尚化斋路经此处，他便邀他们第二天来做客，并托他们顺路代请大河水（神）也来。和尚们没敢去吃那杀生害命得来的佳肴，大河水却赏脸去了。又过了几天，绝无失言的猎人托人捎来三包麂子干巴，忌荤不杀生的和尚们不知如何是好，便去请示老和尚。谁想得到，受戒信佛已久的老和尚竟然说，此人诚心实意，那肉荤可以吃。是的，超自然的或曰人格化的大河水都欣然前往做客，不过是一介凡胎的出家人自然不妨动心嚼食肉荤。可见，为人处世心诚则灵。然而，这样的说法也真让人难以确信。

其他如佤族的《打猎》告诫人们：打野物用的是枪，而不是高谈阔论。临开枪时讨论没完，甚至争执不休，惊跑了野物也许是小事，招来危险可不是闹着玩的。又如哈尼族的《达思学艺》劝导人们：学什么可要有一股学到底的决心，不然到头来就会一事无成。或许还不止于此，那个达思学打猎、学犁田、读书，都一无所成，学盖房还把自己的爹妈压死了，学打鱼自己又差点儿丢了小命，末了只好去讨饭。一句话的道理居然推演出这般严重的恶果，也真可谓透彻之至。再如景颇族的《寡妇和她的儿子》教育人们：人的外表好看，心地不好也枉然；人的外表丑些，心地善良才实在。这美与丑的矛盾可是一个古老的主题，其间又必有虚与实或表与里的分野。要想一下子教会青少年懂得辨别这一切也真难，于是“儿不嫌母丑”似乎是一个方便的话题，母爱总是最真挚的。此外，善与恶的对立更成了一个永恒的题目，到处可见以此做下的大堆绝妙文章，那许多的善恶“两兄弟”或美丑“两姐妹”类型的民间故事，说的往往就是这个。审美同劝善恐怕自古以来便结下了不解之缘。

在传统的口承文化中，一应人文道理都不是抽象的训条，而总有一篇真伪难言的历史演义好讲，这同传统社会里人们的思维习惯定势有关。各民族的先人们习惯于感性直观的思维模式，一个浅显的道理也需要有不失生活实感的完整情节来演示，否则便仿佛理论不清似的。上面那众多的“生活故事”尤不是这样，另外像傈僳族的《酒酒肉肉不是真朋友》、《高人有短处，矮人有长处》、《纵容不是爱》、《无根的话听不得》等等更其如此，题目本身就意味着，内容必有一番童蒙之教诲般的故事演示。在人们惯常所称的“童话”、“寓言”之中，这种做派得到了最突出的体现。

三、童蒙之诲

现今少儿读物开辟了一处童话天地，那实在是成人社会里人文教化的“仿拙”表现，拟人化的动物世界无处不在演示人类社会生活中的社会化教诲。刚好反过来，往昔各民族的口承文化作品面对整个社会施行德行教化，却总离不开童蒙幻化的“童话”手法，世间万事万物的人格化是人类童年时期最自然不过的感受和理解。今日的童话对儿童个体的心理起着开启童蒙的作用，古老的口承文化的童蒙之幻则是人类童年的童稚作品。故此，这里的所谓“童蒙之诲”，包含有两重意思，既指古老意义上人类童年德行教化的童稚之作，又指当今意义上开启童蒙的童话教诲。儿童是整个人类童年的缩影，今天的童话也成了往昔口承文化童稚之作的直接传承物。

启蒙之教首先注意的自然是个人的为人之道，而人们之为人的行为模式又总是由社会共同体的文化传统所规定了的。中华地域间的各个民族自古以来十分讲究温、良、恭、俭、让的个人德行修养，因而历来最容不得强悍的自信心。这种注重谦卑的个人德行的社会传统，甚至贯穿到既古老又稚嫩的童蒙之教当中，对恃才傲物的自信提出了种种严重告诫。景颇族有《有勇无谋的狮子》和《狮子求救于黄蚂蚁》，让兽中之王懂得了不可目空一切；佤族有《老虎和蜗牛》，则说自恃无敌的老虎在赛跑中败给了得到同伴帮助的蜗牛；基诺族有《大黑熊同野猪比武》，也使妄自尊大的黑熊出尽了丑。这还是好的下场，有一些作品索性毙杀了那些自高自大的狂妄者。阿昌族的《白头乌鸦为什么会绝种》，德昂族的《兔子的死》，仅标题便已经足以给人一个可怕的警告。佤族的《老虎和穿山甲》、《一只好胜的老虎》同样安排了这等结局，让目中无人的老虎在争强好胜之中死于非命。独龙族的那只老虎尤其不知道天高地厚，在他们的作品《老虎与火》中公然敢于同火赛跑，结果，火借风势，赶上老虎把它烧死了。正是如此这般逞强必败的童蒙教诲，充斥着中华大地诸民族的精神襁褓，培养出了人们普遍的安分守己的无为美德。

贬毁强悍的另一面自然是扶持弱小，弱小者团结御强成了弱者哲学中积极的一面。这也正符合人们童稚时期慰藉孱弱心理的需要，人类的童年总把同情放在弱者一边，对于长期处于社会亚文化境地的小民族来说便更加如此。怒族的《猴子和蚂蚱打仗》、拉祜族的《红公鸡》、布朗族的《天鹅报仇》可谓典型。前者是蚂蚱们团结一致，以弱胜强，打败了猴子；中间一个说，红公鸡得到牛粪兄弟、板栗小子、针大嫂和碓棒哥哥的通力合作，最后打死了野猫；后者是乌鸦、苍蝇和小青蛙协力配合，运用计谋，骗得大象自己跌死，替天鹅报了仇。当然，这中间也贯穿着公理正义的开导，演示了得道多助的为善之理。不过，善良总与弱小联系在一起，这实在只能是弱者哲学的反映，大概对无以自助的稚嫩孩童也只好这么讲。

在为人之道的其他方面，无文字时代的童稚口承文化教诲几乎无所不及。佤族的《懒风猴》演示了不劳者无食的道理：众多的猴子开沟引水，风猴却宁愿等着喝天上现成落下的雨水，到头来天旱时节就只好干嚎。景颇族的《猫头鹰织毯子》则展现了光说不动的恶果：这个织毯子的猫头鹰，就如同众所周知的那只盖房子的著名猴子一样，一而再、再而三地说“等明天”，结果总是在寒冷中苦受煎熬。独龙族的《说谎话的狗》又道出了撒谎者的下场：狗不干活，反而谎称猪白吃饭，人便把猪杀了，随后人发现了狗的谎话，割去它的舌头，狗自此不再会讲话。佤族还有一个《爱漂亮的马鹿》，那东西更是自找倒霉，穷打扮，遭了厄运才后悔不迭——

从前，马鹿的样子很难看。后来，它找来很多白色、黄色的毛粘在身上。它还不满足，又去偷来一对有很多枝桠的角安在自己头上。打扮好后，它跑到水边去照了照，这回感到满意了。

有一次，猎人追来了，它便往森林里跑，但角被藤子缠住，它使尽了力气也拉不脱，被猎人捉住了。这下它才后悔说：“早知道这样，我不该偷人家的角安在自己头上。”[①]

诸如此类拟人化的童蒙说教，用来对付一下天性混沌未开的人类初民或天下世事未晓的人间孩童，总可以起到德行启蒙的作用。如果换上一副成人世界的面孔，就会事倍功半。天性之童蒙尚未退去的人类童年，自然和他们天然所处的那个动物世界最容易亲近。

至于处世之道的诸多方面，各个民族的童蒙之教同样少有遗漏。怒族的《黄莺和乌鸦问路》展示了黄莺的礼貌和乌鸦的粗鲁，启发人们，要想获得别人的帮助，首先就要学会尊重他人；哈尼族的《小花猫送礼》和佤族的《猫和老鹰》又形象地告诉人们，在世间生活当中，大家皆各有所长，各有所短；景颇族的《骡子和马的故事》则更有意思，马不愿意与骡子分担重负，眼看着骡子独自一个驮着重物而累死，到头来全部分量压到了马的身上，马开始懊悔早没有帮助骡子，互助反回来其实也就是自助。另外，像傈僳族的《报恩的小孔雀》和《忘恩负义的小老虎》那样的作品，不必细说也能够明白是怎么一回事。动物世界里凡此种种的人格化表现，实则是人间行为模式的化装解说。人化了的自然世界反过来又向童稚的人们演示着人类社会的价值观念，这正是人类之初的泛灵论信仰的惯常手法。

除此而外，那一些寄寓于拟人化的动物世界化装表现的童话、寓言，还格外演示了世间人际交往中的若干经验教训，其启人童蒙、教人世故的用意愈发明确。阿昌族有《狮子和野猪》，景颇族有《老虎和野猪的故事》，分别讲到狮子或老虎同野猪争水喝，一只老鹰在树上静候两败俱伤，而在阿昌族那儿更多出一只捡食腐肉的乌鸦。如此这般“鹬蚌相争，渔翁得利”的告诫，当然纯粹是人文经验之谈，动物世界或许没有这么多的心眼儿。佤族则有《老倌和鳄鱼》，这心慈而多事的老头如同那有名的东郭先生一样，一心行善却自寻绝境，好在有一只小兔出来充当那智慧的救难者的角色，这才捡回了老头的一条老命。景颇族又有《猫教育老鼠》，说来实际是本性难改的老鼠教育了小猫；傈僳族另有《獐子和老虎》，则提到獐子交友不慎被老虎吃了。动

① 中国社会科学院文学研究所、中国民间文艺研究会主编：《中国民间故事选》，1集，2版，456页，北京，人民文学出版社，1980。

物们各有自己的天敌，生性交恶的物种显然用不着谁再去提醒它们应该怎样相处，如果不是借此演示人世间的处世待人的复杂，那可真正是多此一举，替天性十足的动物操心。这些用童心编织的童蒙之幻对人类先民来说有何意义，看一看而今的人间幼童就可以知道。在他们幼稚的心目中，动物世界演出着人生戏剧是很容易理解的事情，人类的行为模式和社会的价值观念便在其中得到了诉诸感性的推行，这也算是"喜闻乐见"吧。

"社会化"是一个涵义十分宽泛的概念，社会化过程伴随着人生历程的始终。不过，这一过程在人们童年时期的发展中无疑最为明显，个体文化人格心理的初步形成便是社会化基础教育的结果。有趣之处在于，人们个体的童年发展重演着整个人类童年历史的儿童剧，一个充分人格化了的童话动物世界为之演示着人类社会的文化规范。无论这有多么不可思议，开启童蒙的最初社会化教育却正是在这里开始的。

特别值得注意的是，传统社会里人间行为模式和价值规范的贯彻推行，却偏偏离不开超自然冥冥之力的参与。在这一点上，古老的口承文化也起到了不可忽略的作用。超越自然的人文伦常需要同样超乎自然的鬼神天意来维护，这在人类社会之初恐怕是在所难免的。说到底，超自然的信仰世界也不外乎是一种文化的建树。

第四章　信仰观念
——脱离自然的幻化天地

人类的原始信仰开辟了一处脱离自然世界的幻化天地，但其最初的域界却依然是在此岸的人世间。在人类世界各个民族的古老创世纪里，鬼、神、人类、动物、植物乃至无机界的天地万千事物，一切都基于同样的创世起源，万事万物都有着同人类一样的喜怒哀乐，都像人一样地感受、思考、谈吐和行动。如此人化了的一个高度统一的大千世界，实在只能是人的理智、情感和意志的外射。于是，信仰中的鬼神与现实里的人类生活在一起，非人间的天地万物具备人一般的精神意识，不可言说、不可名状的种种神奇事象一概包容在混沌未开的整一体之中，一个万事万物交感互应的大一统世界就成了人类各民族先民们的现实环境。硬要解释事实上还不甚了解的复杂的外部世界，由人的内心世界出发来做一番比附，倒是一个很不错的聪明办法。

至少在开初的时候，人类的先民还不可能凭空想象出超验的事物和超感知的神秘力量，他们甚至尚不懂得明确区分主观世界与客观世界。物我不分、天人合一的世界自然是惟一的和不可划界的，此时，西方观念中的所谓两岸和东方观念中的所谓三界，也都还远远未到出台之日。恰恰是在这样一种情况下，自然崇拜、图腾崇拜、祖先崇拜、鬼灵崇拜以及巫术祭祀等等的出现和流行，也才成为一种理中之事。尚存原始信仰形式的那一些民族的古老神话，以及他们的传统祭祀仪礼，正可以暴露出历史在这些方面的深刻遗痕。

在人类古昔先民的心目中，自然现象和自然力表现着它们自身的意志，图腾物则是人们的精神上和血缘上的亲族，有形的和无形的鬼神同人类朝夕相处，早已过世的祖先的灵魂仍与其子孙后代同在，世间万物也全都有精神意识，而交感巫术肯定会起到奇异的作用。凡此种种均与随后逐渐成熟起来的人为宗教有着截然不同的历史前提：它们统统都归属于古远时代人类先民所独具的那一个感性现实世界。

然而，那时节，人类初民到底还是大自然驱役下的奴隶，自然界以其尚未被征服的强悍生拙的威力一再教训着目空一切的童稚的古代人类，开导他们不得不注意到外部世界的可怕力量。如此一来，人类各民族的先人解释整个大一统世界的那一自足体系所暗含着的一处隐患，终于在某种彻底外在于人的不可知力量的强烈冲击之下发难了。整个世界都是一起被创造出来的，那么，世界的创造者只能在这个世界之外，又由谁来创造它？

任何一个自足的理论体系其实都并不自足，在它之外，无一例外皆需要有一个自明的或约定的公设作为其逻辑起点。人类的初民们描绘出一个个属于自己所有的完整的原始世界图景，却也在不自觉中留下了一个不予解释的既有前提，即外在于感性世界的那种创世神力之所在。有了这样一处无法充填起的缺口，他们自以为自身完全据有的那个浑然一体的感性世界便从这里开始分裂，并最终彻底崩溃了。人们尚未充分认识的自然对象世界的起义暴动，使得原始的世界图景脱离了混沌状态，逐步与古人类幼稚的附会摹状离异。这同一件事却激起了人类认识能力发展史上第一次真正的革命，那就是对象世界的独立和人类认识的解放，主观世界与客观世界自此分化为两极。

障眼的帷幕一经拉开，外在于人类认识的自然界立刻显露出了自己冷漠无情的面目，以其未经驯服的疯狂和未曾揭穿的神秘，扫尽了人类先民们妄为主宰而随意指点世界的荣光。这场倒戈的严重后果便在于，人们在接受了自然世界的客观性之后，还不得不再退让一步，心甘情愿地向不可知的外在世界俯首纳降，承认了超自然神秘力量的存在。物我不分的一统混沌天下从此而断裂了，分化出一处真正臆想出来的超验世界，那是超自然的至上力量的所在，人们起先把它尊为天意。再往后，世间的鬼神也不断迁徙而至，在天堂建立起如同人间一样的层序结构，这才拥戴起一个叫做上帝的至高无上之主。人为创造的处所自有为人而创造的良苦用心，此岸苦难的生灵也总可以不时到彼岸去吸精神鸦片休养片刻，也好打起精神再回到此岸来吃苦受难。

至此，此岸与彼岸同在，人间、天堂和地狱共存，浑然一体的原始世界图景解体后，在现实的自然世界之外出现了一个信仰的宗教世界。必须着重强调，这个臆造的脱离自然的宗教信仰世界与虚构的超越实事的艺术想象世界，二者之间不无共通之处。在人类各民族的历史上，宗教同艺术曾有令人难以置信的密切联系，这是人所共知的，这一现象就以人类思想史上深刻的认识论根源作为基础。正好是混沌而整一的原始世界图景的分裂，在无形中开辟了一处神秘的宗教信仰世界，而虚幻的艺术想象世界的产生也取决于这同一个条件。如果没有主观世界与客观世界的适当分界，人类认识活动未能从意象化、拟人化的世界摹状中解放出来，在物我未分的一片迷蒙之中，艺术、宗教等精神领地的相对独立及升华是万万不可设想的。艺术与宗教的本质差异仅仅在于，人们走进那超越现实而飞升的精神世界里去寻求什么。

由此或许还可得出一个近乎奇怪的结论：宗教的最后成熟居然是靠了人类意识发展史上的一场革命。从这个特殊的意义上说，宗教信仰的产生也曾经是人类认识上的一种变形的进步。但遗憾的是，伴随原始信仰革心换面，自凡俗生活的地面转入超自然的天庭，人间的立法者也跟着悄悄地做了权力移交，人伦竟就此成了天条，人的创世纪也变为神的创世纪。

第一节　现实世界的背面（鬼神信仰）

宇宙天地间，大自然千般造化，终于孕育出了大智大勇的人类物种。可是，人类并不是万能的，更不是独占这个世界的惟一者。人类始终面临着永远也无法彻底消除的局限。在物质生存活动中，人们追求完善，却总是受制于既有的历史条件；在精神认知活动中，人们追求终极，却总是受阻于现存的未知领域。自古以来，人类的各个民族一直在不断地试图突破这些局限。人们致力于社会实践和科学认识，历史也因此而一步步向前发展；人们也迷醉于宗教信仰，历史同样因此而留下了一处处的神异光彩。

宗教的信仰世界是一个非现实的世界，它永远处于客观的自然世界之外，是现实的人生世界所投下的一片虚幻的倒影。然而，与此同时，宗教的信仰世界又是一个真实地表现出来的世界，它一向存在于人类所具有的主观意识活动之中，是人们头脑里实际建构起来的一种观念世界。人类在客观世界以外又建立了一个主观世界，这既能体现出人类理性的智慧，又可以给人们带来某种信仰的愚陋。现实世界背面的这个信仰世界就植根于人们的观念意识当中，在无文字的各民族历史上，这一信仰世界同样也存活在他们久远的口承文化里。

一、至上之主

天地世界，千千种种，人们需要把握住一个起点，由此出发来思考整个世界。所谓世界的原点，其实不过是人们思考对象世界的起点。探寻终极，这是人类理性的癖好，但人们却始终无法真正做到。理性的智慧不足，便只好以信仰或信念来弥补。甚至数学、逻辑学的思辩世界，也离不开若干基本的设定作为基础，这些至上公理均被认为是自明的而无以解释。在理性的天地里，人们尚且需要有对于自明公理的信念，更何况面对着诸多未知领域的人类各民族的先人们，他们索性以自己对至上之主的信仰，来开启自身的理性探索之路。于是乎，至上之主作为世界的终极原因，也就成了人类最初思考和解释自然对象世界的起点。正是这种至上之主从所谓的混沌中开始创世造物，古人类面前才有了这个童稚的理性很难加以把握的陌生的对象世界。

在长时间存留着原始的信仰形式的民族当中，这一点尤其突出，他们的口承文化每每反映出了诸如此类的信仰观念。景颇族的巫师一身兼宗教祭司和文化传人二任，关于整个自然世界的起源，他们是这样告诉人们的——

> 最早的世界是漆黑一团的，渐而出现了萤火虫一样发光的东西，但世界还是模糊不清。这时候却出现了格莱、格散（即借灵掌、帕林散），这是两个造物主，他们想象什么就会有什么出现。他们想，在模糊不清的世界里，应当有个太阳，让天空光明，果然出现了太阳。开初太阳虽然发光，但并不发热，格莱、格散用药水浸泡之后它才发热。他们又想，夜间应当有个月亮，月亮果然出现了，但不清楚，格莱、格散用清水把它洗白了。他们再想，月亮太孤独了，应当有星星去陪伴，于是星星出现了，银河出现了。他们想，上面的有了，但下边的没有，应当有地才对，于是地出现了。开始出现的地是软的、稀的，经过太阳晒以后才硬起来。格莱、格散又想，地上应当有动物，于是大蟒、乌鸦、老鹰、虎、大象、野牛……出

现了，格莱、格散吩咐它们守山。有了白天和黑夜，也有了大地和动物，应当有管理者，于是格莱、格散叫窝那林推腊做白日之魂，它是男性；叫林醒木锐木占（女性）做夜晚之魂，它没有伙伴，让蛤蟆、猫头鹰、蝙蝠做它的伙伴。[1]

至上的造物主就如同自明的公理，本身即成了世界的起始之因，人们对此的信仰也就成了他们思考整个自然对象世界的开始。如此这般来把握自己第一次所面对的这个近乎一切都还未可知的对象世界，倒也不能说人类的先民们十分缺乏智力的创造，他们好歹以信仰对世界的起因做出了一种解释。

在拉祜族民间，人们的古老信仰观念认为，老天“儿萨”是创造一切的最伟大的力量，世间的万千事物都是由它所生所养。不用说，这个“儿萨”也就是拉祜族人信仰中的世界终极原因。其实，所谓“儿萨”亦即他们那个意为“造天造地”的创世诗篇《牡帕密帕》里的厄莎天神，在别的一些地方也译做“厄霞”。拉祜族曾经普遍相信，它是至高无上的神灵，创造了宇宙人类，统治着万事万物，掌管人间的凶吉祸福，其威力巨大无比。不过，饶有趣味的是，它居然还需要有一个妻子，那就是地神眉娜玛，分工主宰着大地上一切生命的繁殖。这在《牡帕密帕》里未见提到，没准是虔诚信奉天神厄莎的善良人们自做主张为它匹配上的。

独龙族古老信仰中的“天”与此相近似，既可理解为上天，又可理解为至上天神，总之是世界的终极。他们认为，上天有多层结构，最上一层称“南木年各岩”，住着木佩朋，据说它口中长着一颗硕大的独齿，吞噬生灵如嚼饭粒；其次一层是“木代”，或曰“木代龙岗”，住着格孟，即独龙族《创世纪》里天上最大的鬼格蒙，它是人类的主宰，决定着人们的生死命运；再一层叫做“木达”，住着格孟派到人间祛病消灾的众南木，鬼头即南木曾木柔，它是格孟的朋友。独龙族人也曾确信，“木达”层直通人间，连接着人们的屋顶及居室内的火塘，此处即为南木们往返于天地之间的必经之地。由于这个缘故，在独龙族的传统社会里，火塘被视为天的一部分，并被尊为一家

① 云南省编辑组编：《云南民族民俗和宗教调查》，200页，稍做文字修订，昆明，云南民族出版社，1985年版。

之中的真正的主人。如此“格孟”或“格蒙”又有人称做“给母达”，说成是惟一的神，本身即为“天”的象征，代表了独龙族往昔世界里的至上之主。

同样，其他很多民族也有自己所信仰的至上神。西双版纳傣族自治州境内的布朗族传统认为，最高的神即是帕亚英，开天辟地以来一向住在天上。红河两岸哈尼族的万物创造者为天女奥玛。基诺族干脆将一位母亲尊为至高至上的造物神，她的名字叫做阿么腰贝，此即别处提到的“阿莫小白”和“阿嫫尧白”，其中，“阿莫”便是“妈妈”的意思。可以说，这一些至上者都还或多或少地带有原始信仰的崇拜对象的色彩，尚未最终成为人为宗教的人格主神。相比之下，德昂族所信仰的至上之主则显得更加趋于成熟，神灵域界里也有了最初的层序结构。德昂族人受到佛教的影响，已经有天堂（“勐亮”）、人间（“勐陆衣”）和地狱（“勐戛林”）三界的明确观念，也有了较为明确的“天帝”概念。据称，天帝困士戛居住在天堂，为男性至上神，它时刻俯视着地界，观察着人间的好、坏、善、恶，主宰着人们的命运。仅次于天帝的大神还有一个困散罗，此神为困士戛的副手。另外，司命之神为赵独罗尼巴，男性，主宰地界人之繁衍；司报之神为楠叔特利，女性，专门考察人间善良与邪恶，以上报天庭达于困士戛。然而，诸神之间未见亲缘关系，因而神界并无谱系传下来，大概它们已不再是氏族神。

就这一方面而言，佤族的信仰观念格外显得古朴。在佤族民间的传统看来，木依吉是创造万物的鬼，是世界的最高主宰，它创造出了动植物和人类，并赋予万千生物以种种机能。佤族传统社会中的拉木鼓、作鬼、祭人头、剽牛等原始的祭祀活动，都是为了供奉木依吉。据称，它有五个儿子，即各拉日姆，管地震，为地震鬼；普扔，又称达阿撒，管打雷和发火，为雷鬼亦即火鬼；达利吉，是辟地的鬼；达路安，是开天的鬼；克里托，是佤族的祖先和古时首领。可想而知，木依吉的子嗣兴旺，后代香火不断，得以至上至尊是很自然的。

有意思的是，在景颇民族的历史上，至上天鬼却不是这样的一位天父般的角色。结合《木脑斋瓦》和相关的景颇族神话古史谱系，可以大致勾勒出景颇族信仰中的创世鬼灵谱系。代表阴、阳的第一代创世天鬼为能汪拉与能班木占，他俩生下了代表智慧的天鬼潘瓦能桑遮瓦能章，又生下了第二代创世天鬼娃襄能退腊与能星农锐木占，后二者再生下了第三代创世天鬼彭干支伦与木占外顺。景颇族以往一般相信，鬼的世界和景颇历史便由这第三代的一对天鬼肇始，他们的后代主要有八男一女：木作毛浪，天鬼；木作肯娃弄，天鬼；省腊，天鬼；阿木，雷鬼；阿占，太阳鬼；梓卡堵娃，天鬼；木代，天鬼；格宰（虹），女性，水鬼；宁贯娃，人间始祖。在这当中，不但自始至终一点儿不关格莱、格散两位造物主的什么事儿，而且最后一代的七个男性天鬼里最年幼的木代，居然成了享受人间祭献的头号至尊，实在有了些僭越之嫌。原来，这个木代天鬼同时又是景颇族历史上山官的家鬼，当然权力最大；再则，景颇族的社会一贯奉行幼子继承权，子嗣中也以幼子为大。细细考来，宁贯娃之子扎宋扎又偏偏是娶了木代之女普昂，才传下景颇民族一脉香火，人间后嗣尊它为大更在情理之中。景颇全民族最为盛大的传统祭典“木脑纵歌”，说到底就是祭祀木代鬼的仪礼活动。人间社会格局反射到鬼世界中去，人们愿意抬举木代，其余诸天鬼想来也奈何不得。

人类各个民族的先辈们大都就是如此，在自己的观念世界里制造出一个个至高无上的鬼神灵物，以此信仰作为自身观照和解释世界，并作为在这个世界中思想和行动的重要参照系。天帝困士戛对于德昂族传统社会的意义，就是一个极为典型的例子。甚至不妨这样说，倘若童蒙的古代人类失去了这一类终极之因，那便如同数理世界缺少公理定义一样，他们会因为没有最高律令的支撑而感到无所适从，整个对象世界也将变得无法理解。至上的主宰曾经是人类各民族的先民们把握自身对象世界的自明“公理”依据，是他们思考这个世界的最初起点。

二、鬼神之域

在实践和认识活动中，人类同自然世界发生了主客体关系，外在于人类的自然世界成为人的对象世界。但是，人类的对象世界是有层次之分的，在人们的实践和认识的活动范围以外，也还存在着一无所知的外在世界。即使是在人类实践和认识所及的范围之内，人们的生产实践和理性认识也并未能完全掌握住客观的对象世界，总还会存在着某些未知的领域。如何对待这些未知的领域？各个民族的先人们的办法差不多都是把它们交给信仰。

人的实践和理性所能驾驭的现实世界极其有限，尚待开拓的未知世界便十分广阔。在这种情况下，人类要面对自己的对象世界，求助于信仰也是一个颇具创造力的方法。其他生物物种固然没有信仰，可这并不见得是一件幸事，它们也没有理性的觉悟，没有自身的对象世界，当然就无所谓已知和未知的领域。人类所独有的意识活动，在现实的对象世界背后，在未知的领域内，建立起了一整个超自然的信仰世界。这个信仰世界由鬼神或精灵占据着，它们便代表着人类尚无力加以控制的各种自然力，不过却又被当成了神秘莫测的超自然力的象征。

普米族先人的信仰世界似乎建筑得分外完备，俗称“八百种神，三千种鬼”。他们信仰观念上的鬼神系统中，已经出现了主神：天界主神为木西布斯咕鲁梭，司管33个天神；地界主神为甸西诺恶诺徐，司管28个地神；龙潭主神为约遮沙务扎，司管四面70个龙王神；山林主神为吕布呷布措娜儿迁，司管八方90个山神。神、鬼系统如此发达，专业分工势必也很细致，鬼、神们各司其职，不能越俎代庖，多管闲事。仅仅是管理亡灵的鬼，就有专管本族亡灵的主鬼冬颂棍拉高布，专管外夷亡灵的主鬼撒迁诺瓦窝丁，专管战争亡灵的主鬼提冬宗加捉举，等等。相形之下，哈尼族支系叶车人的信仰世界可谓简陋。叶车人虽然明确区别了魂、鬼和神，但划分却异常单纯。关系到活人生命安危的精灵即为魂，人死之后便成了鬼；鬼是低下的，人们能够与之争斗；神却是至高无上的，人们无法与其抗衡；神大致可分为天神、地神、水神、火神、山岩神和树林神六种。天神摩米永住天庭，时刻审视着世间，其余诸神则常留地界，赐善人以福，降恶人以灾。据称，地神米收是天神的女儿，受天神的派遣，驻足于人间村落，专门行善事，保佑小孩无忧无虑，青年男女幸福如意，老人无病无痛。有这么一个功德无量的天使在人们身边，难怪叶车人不必再去供奉更多的神灵，一位真能管事的也就足够了。神界太宽只会挤压人的天地，神明太多也只会给人间带来愚昧。

哈尼族叶车人的鬼有着善、恶之分，阿昌族也区分了善神与恶鬼。在阿昌族先人的信仰中，善神有榜，相当于汉族的财神；谷期，据说是一位守谷仓的瞎眼妇人的灵魂，可算是谷仓神；另外还有山神、猎神等等，助人生计。恶鬼则有太阳鬼、月亮鬼、饿痨鬼、藤子鬼、毛虫鬼、狼鬼等10余种。其间最可恶的是所谓棒头鬼，即阿昌族创世纪《遮帕麻与遮米麻》里同天公地母作对的魔王腊訇，天公自然有能力致它于死地，可是凡俗之人却仍然不得不祭祀此一恶鬼。人间善与恶的价值评判贯彻到了神、鬼之域，人们借超自然的善的力量来抵抗超自然的恶的力量，人类的童年正是这样，以信仰来克服自身对于未知世界的恐惧。人在童蒙之年自会生出一些童稚的主意。

独龙族同样有神、鬼、善、恶之分，神保佑人间，鬼却加害于人。独龙语称鬼为“不朗”，据说有山鬼齐不朗、水鬼瓦松不朗、地鬼经日不朗、羊鬼苍麻不朗或崖洞鬼岂不朗、江边鬼旺抢不朗、水沟鬼鲁不朗、森林鬼木里不朗、山峰鬼咱不朗、泄肚鬼尼杂不朗、替死鬼（淹死鬼）恰他儿不朗等等，各地说法不一。拉祜族也是这样，除了天神厄莎、地神眉娜玛、司报神厄莎茨雅、雷神母页铁等外，在信仰世界里还有许多受崇拜的鬼灵，例如月亮鬼哈巴泥、山头鬼科泥、山箐鬼科罗泥、水鬼依戛泥等。在拉祜族的支系苦聪人中，雷神被看做威力最大、危害也最大的一种神。据说，它住在天宫，人世间的好、丑、善、恶时刻看在眼里、记在心上，伺机给予报应。每当出现树倒山崩、雷击房屋或人畜的情况，苦聪人均相信，那是由于有人做了丑恶之事，激怒了上天，雷神前来问罪。因此，苦聪人的传统社会对雷神格外敬重，每年定期祈祷。人们对难以控制的自然力赋予了超自然性，又以信仰世界里的冥冥力量来调节现实世界中人们的思想和行为。信仰世界的创造者在现实面前却显得无以自助，只有虔诚祷告——

雷公有眼睛，
雷神有眼睛。
凡间你望得见，
人畜草木你分得清。
做好你认得，
做丑你认得，
做恶你也认得。
好的你要爱，
善的你要保；
好的你不要怪，

善的你也不要害。
给他有吃有穿，
给他多子多孙，
给他无病无痛，
给他无灾无难；
全家老小平平安安，
人畜五谷快快长。
丑的你扯闪打死他，
恶的你打雷劈死他；
丑的树倒压死他，
恶的山崩埋死他……①

其实，在不少民族的语言传统中，都还尚未形成关于“神”的确切概念，至多也只有“鬼”或“鬼魂”的说法。在这一方面，景颇族的情况是一个很好的说明。现已整理成文并发表出来的景颇族口承作品中出现的“神”的概念，实际上是翻译整理者们人为地套用上去的。在景颇族先人的传统观念里，各色各样有名字、有来历的鬼共计有130多种，真构成了一个几近包罗万象的鬼的信仰世界。这些鬼大体上可分为三类：一类是天上的鬼，另一类是地上的鬼，再一类是家鬼，亦即他们通常所说的“家堂鬼”。在这当中，较为重要的天鬼前面已多有涉及，而家堂鬼将留待以后再讲，此处重点看一看人们经常在野外献祭的几种鬼，主要是地界的野鬼。山鬼，来路不凡，早在洪水时代便已出现，正是它出坏主意，指使蛇去让人间最初的一男一女犯了“原罪”。月子鬼，为一女性，完全就是景颇民族版的夏娃，只因吃了禁果，被罚成了分娩致死而变的鬼；在此实在叫人起疑心，这里若不是古希伯来人《创世纪》的翻版那才令人称奇！一男一女的大口舌鬼，原为一对夫妻，咒死亲生儿子后，双双变成了此鬼。这正是景颇族民间施诅咒巫术的借用力量。同为一男一女的小口舌鬼，是人们讲坏话而形成的鬼，是不是被咒死的，未得

① 中国民间文艺研究会云南分会、云南省民间文学集成编辑办公室编：《云南民俗集刊》，2集，57页，昆明，铅印本，时间不详。

传闻。取新鬼，生前系两兄弟，都很贪心，彼此妒忌，一同成为鬼；此鬼听到谁家的牛和猪长得好，就会去“咬”，人们得献上鸡哄着。蚂蚁子鬼，生前为一位妇人，睡着之时被蚁群围咬而死，就此成了蚂蚁子鬼。火鬼，生前是夫妻俩，性情皆很暴躁，不仅打死了亲生孩子，还烧了房子，从此即变为火鬼。人们每年以竹磨擦取新火之前，每家均需将旧火灭掉，便意在送走坏火鬼。关于各种鬼的来历的传言和献鬼时的各类祭词，在景颇族的传统口承文化中占了相当大的比重，正是这些言语形式世代维系着人们观念意识上的那个鬼的信仰世界。

更有甚者，有的民族索性无所谓鬼与神，其信仰世界里只有一种神秘的冥冥之物。傈僳族便是这样，无论是“鬼”还是“神”的概念均未分化形成，未知世界的一切神秘对象一概称为“尼”，大体可说是“精灵”吧。不过，在翻译为汉语时，却没有十分恰当的对应词，一般都只好转译成“鬼”，有人也改译为“神”。怒江傈僳族自治州的傈僳族以往经常祭祀的精灵包括：白加尼，即天鬼；海夸尼，即家鬼；米司尼，即山鬼；爱杜斯尼，即水鬼；结林尼，即路鬼；奥别尼，即疮鬼；密加尼，即梦鬼；疑甫尼，即刺鬼；爱起尼，即慢性病鬼；茄姑尼，即病鬼；曲尼，即触犯鬼；尼柏木尼，即妇人鬼，计有30余种。这里面，山鬼米司尼是他们最早祭祀的精灵，据认为，它有最高的权威，管辖着所有山林、土地、石头的精灵，进而也主宰了人间的现实世界，特别是人们的经济生产活动。至此不难看出，在各民族的原始信仰中，不论是神是鬼还是精灵，尽管躲在现实世界的背后，却又时时介入人间。如此说来，人类与鬼神这两个世界本是相通的，人们创建一个信仰世界来填补现实世界里未知的黑洞也理所当然。童蒙之中的人类各民族先民本来就生活在一个混沌未开的原始世界里，与人的现实世界几乎同质同构的那个神鬼精灵的信仰世界，恰好是由这之中脱胎而来。

三、人鬼之间

人与鬼，现实世界与信仰世界，其间到底是怎样一种关系？毫无疑问，鬼是人臆造的，信仰世界只存在于人们的观念之中，这都是实情。在这一层意义上，也可以说，鬼也即在人间，在人们的生活现实当中，不过这却是一种意念的现实。然而，在人类社会古老的信仰观念里，人间之地与鬼神之域却不仅仅有一种精神上的联系，信仰世界也成了现实世界的彼岸对应物，或者干脆就在现实世界的后院。只要人们还不能够在自觉意识中泾渭分明地划分开内心的主观世界与外部的客观世界，只要人们还不能够以理性的智慧审慎地区分开人的概念世界与物的对象世界，这样一种心与物、名与实的混淆便永远不会消失。这也是人类物种与生俱来的心身二元对立所带来的永久性的困扰。

在各民族的前人那里，事情就显得更加迷离。人与鬼同源，现实世界与信仰世界同形，物、我未分的原始世界图景只能是这个样子。上边提到的山鬼米司尼，在傈僳族的古远观念中，便被认为是人的从兄弟。当初，人有父母，米司尼为孤儿，寄食于人的家里。人的父母欲将米饭给儿子即人吃，而将糠给侄儿即米司尼吃，人终不忍这么做，就把糠丢在一个大树洞内，与米司尼分食米饭。时间一长，米司尼发现了真相，极为气愤，不愿再回到人的家里，临走时与人瓜分了山野之物。人分到了野鸡、野猪、山牛、山羊等等，即如今的家禽、家畜，其余尽归米司尼所有。人嫌所得太少，米司尼又将狗给了人，并说：我山中野物脚底都有一个小孔，散发臭味，而狗能凭此寻找兽迹，你以后可带狗来猎取。人同意了，从此便常常带着狗上山打猎。日久，米司尼开始不满，要人祭献给它肉吃，声言只要吃肉的气味，吃一个祭品之名。据称，这就是傈僳族的第一个鬼及其第一次祭鬼的由来。人与鬼之间有如此亲缘，人界与鬼域自有割不断、扯不开的瓜葛。

曾经拥有一整个鬼世界的景颇族，则以一种近于幽默的抱怨，讲到了《景颇山上为什么鬼会多》。其中说，过去，汉族、傣族、景颇族原是一家三兄弟，爹娘死后，三人分家。分鬼的时候，汉族用花篮去装，分得的鬼基本上跑光了，所以汉族聚居的地方鬼很少；傣族用麻布口袋去装，分得的鬼跑了一些，所以傣族聚居的地方还有一些鬼；景颇族用皮口袋去装，分得的鬼全都背了回来，所以景颇山上的鬼多得就像树叶一样。实际说起来，景颇族传统的观念世界里鬼多，是因为他们曾经确信，人活着是身体与鬼魂的统一，实在可谓人与鬼同在；人的肉体死亡而鬼魂不灭，另有一个地下鬼魂世界。景颇族的原始信仰世界里那一百多个数得上来的鬼，大部分据说就是人死之后变的。在景颇族的传统社会里，人们认为，人死之后躯体腐烂而鬼魂并未离家，丧葬的要义在于送魂。他们的传统葬仪被称为“埋魂”，其关键是要将死者的鬼魂送离人间，送到阴间“老家”，即以先祖原先居住过的地方为其象征。如果死者的鬼魂送不出去，那也只好供在家里做家堂鬼了。就此种传统观念而言，从人到鬼的转换无处不有，景颇山上的鬼哪有不多之理？

独龙族另有歧见，在他们看来，人与鬼分属于两个相互独立而又对立的系统，鬼并非人的亡魂。照此看来，人与鬼之间似乎不会发生什么联系，其实不然，在他们的创世之说里，现实世界与信仰世界同样交叠在一起，搅得难解难分。对照独龙族几种文本的《创世纪》神话传说可知：人是由格蒙或日格孟创造出来的，而鬼则是由木佩朋创造出来的。格蒙与木佩朋同住在天上，可说是紧邻；人与鬼则同居于地上，混杂在一起。鬼不断吃人，地上的人越来越少，鬼越来越多，格蒙很生气，想要用发洪水的办法把人与鬼分开。洪水过后，人与鬼两个世界好似隔开了，但鬼却能看见人，随时找人的麻烦，要酒喝要肉吃，这一下更糟。看来格蒙做了一件蠢事，让鬼占了便宜，而人却只有虔心献祭这一条路可走。当然，蒙昧的人类初民也是自做自受，让自己臆造出来的没影的鬼抄了后路。

以上几个民族的传统信仰观念对于人与鬼之间关系的见解，足以代表在这一问题上的各类看法。人与鬼之间同源也好，不同源也好，彼此之间能够转换也好，不能够转换也好，反正人、鬼两个世界同在，这一点是一致的。人们害怕鬼作祟，需要隔绝人、鬼两界；人们也希望鬼开恩，又需要沟通人、鬼两界。这个两难的抉择给凡俗的人们带来了诸多的烦恼，于是只得求助于那些据说既有能力通鬼、又有本事驱鬼的神秘人物。哈尼族的《人鬼分家》讲到：人与鬼分家时，人分得了平川，鬼分得了山野。不知过了多少年多少代，人慢慢地听不懂鬼的话，也看不见鬼的影子，鬼却躲在暗处，经常跟人捣乱，人没办法对付，吃够了鬼的苦头。天神摩米看到这种情形，就由人群当中挑选出一些聪明人来作为中介，沟通人、鬼两界，把人的想法转告给鬼，把鬼的要求传达给人。这种沟通人、鬼联系的中介人物也即是哈尼族的巫师“贝玛”。天神摩米同时又教会他们如何隔绝人、鬼两界。很长时间以来，“贝玛”所念诵的驱鬼咒词仍记录着这桩久远的往事——

今晚我们用灰糠分界线，
这里再没有鬼神歇脚的地方。
飞落粗糠的地方是人的地盘，
撒过火灰的地方是人的建房地。
邪恶的鬼神阿，
快离开这圣洁的乐土！
假若你不搬家，
我们用箭射你；
假若你不快走，
我们拿扫把扫除你；
假若你不跑开，
我们用白布把你拖到悬崖边。
……
人是老大，鬼是老二，
老古时候就分明了：
广阔的平地是人的面份，
刺棵石岩是鬼神的住地。①

在其他一些民族当中，恪守原始信仰传统的人们也普遍相信，巫师们确有通鬼的神通。比如西盟佤族自治县的佤族，巫师被称为“教奇艾”，意思即“作鬼的人”，他们可以通过念诵咒语把人们的祈祷传达给鬼，又通过卜卦把鬼的要求传达给人，起到了人与鬼之间的媒介作用，具有所谓先知的本领。又如怒江傈僳族自治州的傈僳族，巫师分为“尼扒”和“尼古扒”（也叫“必扒”）两种，被认为是人与鬼之间的沟通者。特别是“尼扒”，格外了不起，宣称能够用肉眼看到鬼，他们的通鬼巫术据说也来自“神授”，这想必已非凡人所能。再如拉祜族，巫师叫做“魔巴”，其资格居然属于“天授”，即本人先前患了病，得以死里逃生，踏过鬼域的门槛，这才换来了周身的通鬼之术。

① 中国民间文艺研究会云南分会、云南省民间文学集成编辑办公室编：《云南民俗集刊》，5集，113–114页，昆明，铅印本，时间不详。

再就是基诺族，巫师“白腊泡”和“牟培”更是超凡脱俗，分别有着鬼魂“白腊泡内”和“牟培内”附体，沟通人鬼两界自然不在话下。最后还可见景颇族，巫师“董萨”有多种类别，有的负责祭祀，有的负责卜卦，有的负责送魂，均为人与鬼的中间人，人们通过他们向鬼表达乞福、免灾之意。旧时，景颇族的传统社会里的一切生产和生活活动几乎都离不开“董萨”。别有情趣的是，“董萨”在送死者之魂“回老家”之际，必须十分小心，送去时念了哪些地名，回来时也要念哪些地名，如果中间出现了遗漏或错乱，据称他们的灵魂就会被隔在路上，回不了人间。神通广大的通鬼之人竟然也害怕呆在鬼的域界，这恐怕真有点儿出乎人们的意料之外。

诚然，这些民族的巫师们的本事也并不仅仅限于沟通人与鬼两个世界，他们真正值得人称道的历史作用还是表现在现实世界之内，在于他们记忆中和言词上对于各自民族的古远文化传统的世代传承。巫师在怒族的各个聚居地区有着不同的称谓，原碧江县域内称之为“米亚楼”和“禹古苏”，福贡县域内称之为“尼玛”和“达施”，贡山独龙族怒族自治县域内称之为“董木萨”和“那木沙”。这一类人属于怒族的传统社会里的知识阶层，他们熟知各家族、各古老氏族历代祖先的谱系和整个民族的历史，是怒族的文化历史和社会知识的传播者。景颇族的“董萨”也是本民族的文化知识和历史传说的传承者，尤其是其中地位最高的“斋瓦”，像《木脑斋瓦》和《孔然斋瓦》这一些宏篇仪式古歌，便由他们在相应的重大社交仪礼场合向众人唱叙。他们能较全面地记忆并讲述景颇民族的历史、文化及神话传说，可谓传统的景颇社会的高级知识分子，享有极高的声望。基诺族的巫师们也是熟记本民族历史及其习惯法的人才，多数还是著名的歌手，为史诗的传播者，成了民族文化的显要传人，在基诺族村落社会内发挥了不可缺少的施教作用。

当然，不管是谁，要想做到这一步并不容易，除了需要有良好的记忆而外，还必须有丰富的生活阅历和知识积累。正如佤族社会那样，由于没有文字，巫师们要熟悉本民族的历史、掌故，成为本民族的文化的保存者，没有长时期的直接生活经验和口耳相授的学习是不行的，所以他们的大巫师皆为长者。其余民族中的情况也是一样，声威显赫的大巫师总是年长辈高之人。如此一来，他们的通祖之位事实上更使其接近于祖灵所在的鬼魂之域，这些人也就由此而增添了几分神秘的灵通，愈加显得非凡间的俗人可及，在信奉原始信仰的人们看来，他们或许真有能力沟通人、鬼两界。但是，这类通鬼之人真能够消除人类世界所面临的种种未知的困惑吗？

理性与信仰事实上并没有必然的矛盾。对于人类世界各个民族的先民说来，原始信仰或许还是他们克服自身理性的局限性，消除自己对难以把握的外部世界的陌生感的古老法术。原始信仰决不仅仅是情感的麻醉药，起初倒更像是理性的兴奋剂，为古人类认识大自然、把握客观对象世界注入了一剂强心针。诚然，这样一来也难免给人类的对象世界蒙上一层神秘的纱幕，结果反而让人自身承受起理性的蒙昧。

此外，在人类各民族的历史上，人们的社会行为模式也并不完全是建立在理性和科学的基础之上，信仰同样在其间起到了不容忽视的作用。尤其是在古远时代的人类初民们中间，假如没有人们对于至上天意的广泛尊从，很难设想最初的各类社会规范会十分顺当地确立起来。就这一点而论，信仰往往成了某种“绝对命令”的渊源，宗教信仰与道德伦理的密切联系也来自于此。

事情还不止于此。再进一步说，信仰也可说是人类对于某种终极的理想状态的向往，而这又恰恰是人们的理性认识活动和情感实践活动得以不断深化的重要精神动因。具有想象力和预见性的人类物种必然会有信仰和理想。由这个意义上看，人类历史的进步不外是将信仰转化为已经充分认识了的理性，将理想转化为已经完全达到了的现实。

第二节　乞灵于天地间（巫术祭祀）

天地明暗，日月升降，阴阳交迭，冷暖更替，山水盛衰，风火起伏，禽兽消长，草木枯荣，生死错落，祸福变换，等等，偶然的，或然的，还有近乎必然的，一切都仿佛有前定之数，却又显得那么变幻莫测。确实难为了创世造物的万能者，把一个大千世界安排得如此这般的五光十色，多姿多彩。面对着这样五花八门的一个偌大的对象世界，人类各个民族的先人们无不感到童蒙未开的头脑实在不够用，不由得生出了几多困惑、几多张皇。还有什么能够比得上无力把握自己面前的对象物更令人窘迫无措的！

在人类社会的早期发展水平上，人们的实践活动能力和理性认识能力都还很低下，人的智能还无法十分清醒地破解大自然难以计数的奇谜，人的体能也无法十分有效地抵御大自然难以抗拒的重压。面临陌生而神秘的自然对象世界的严峻挑战，人类童年的感性实践和理性认识尚不足以自助，人们求助于信仰，求助于巫术，求助于祭祀，应该说是势在必行之事。人类先民们总得要找到某种接近并掌握自己对象世界的方式，哪怕这只是一种童稚之想。于是，乞求鬼神显灵的巫术祭祀风行一时，并作为一种古远的信仰传统长久保存下来。在无文字民族古今相传的口承文化中，也不难看到历史在这一方面的深刻遗痕。

一、天下平宁

在带有原始信仰遗痕的俗民传统中，“天”的观念神秘而又意味深长。其实，与实实在在的“地”相对应，“天”是一个十足人为的含混概念，四方上下的六合宇空全都归结于此。不过，古人类早以自己狭小的视域认定了天为“上”、地为“下”的方位感知，因此“天”也只得总是高高在上了。自然之“天”高远无垠，让人迷惑，引人遐想。人们无以把握的对象物只好放到现实世界之外，于是终有一天演为超自然之“天”，成了冥冥之中一切神秘力量的总的象征。原始信仰观念上的超自然之“天”至高至上，也具有万能的神通，就如同人为宗教里的人格化至上神。时至今日，正像基督教社会里的人们呼唤“上帝”、伊斯兰教社会里的人们呼唤“真主”一样，中国社会的民间传统是呼唤“青天大老爷”和“老天爷”，或者直呼“天啊”。

保持着原始信仰传统的众多民族，差不多都拥有自己的超自然之“天”的观念。人的命运在于“天”，世间伦常源于“天”，整个民族、整个社会的正常生产、生活秩序的维持更有必要乞灵于“天”。于是乎，祭天或祭祀天神、天鬼，也就成了这些民族求得其一方之天下平和安宁的根本保证的传统法术，离开了超自然之“天”的神秘力量在冥冥之中的保佑，信守原始信仰传统的人们说不定真会坠入无助的迷茫。独龙族一年当中最重大的社会性祭祀活动便是剽牛祭天，通常是在独龙族每年惟一的传统节日“卡雀哇”举行。

所谓“卡雀哇”，即独龙族的年节，时间大致在农历腊月三十，节期长短视所备食品多少而定，一般为两三天或四五天不等。剽牛祭天是他们年节中最为隆重的仪式活动，牛被剽倒以后，凡参加聚会的人们，不论男女老少，皆可平均分到一份牛肉，当场烧食，并共饮水酒。他们就是用这样的仪式祭祀上天，以求得人畜平安，五谷丰登。

令人感到别有情趣的是，独龙族剽牛祭天过程中所唱的剽牛歌，居然这样安慰道：“祭天神的牛呵，这是你的荣光；你为我们献身给天神，保佑我们安康。”想必这牛死后已无法得知，是俗人的肚腹接受了它的献身。至于为何要祭天，除了剽牛歌有所唱叙之外，另有作品《大蚂蚁把天地分开》也讲到其间根由：在古老时代，天和地紧紧相连。有一名叫嘎姆朋的人，要到天上去造金银，他踩着一个土台，一步步朝天上走去。后来，大蚂蚁把土台的土扒松，土台倒塌了，从此天和地分开来。不知过了多少年，孤独的嘎姆朋变成了天鬼，整天向地上的人要吃喝。人们就在每年过“卡雀哇”时剽牛祭祀，以免嘎姆朋发怒，降灾祸给人间。先人们祭天糊弄鬼神，实则是在糊弄自己未开化的童蒙之心。

由于处在汉文化辐射圈的影响范围之内，云南的许多民族也都有在农历正月初一过大年的习俗。人间喜逢年节，神界也跟着享受祭献，此刻自然少不了乞天祭神的大典，以求得新的一年天下平安。拉祜族社会的“取神种”即是一年之中极为庄重的一件大事。每年春节之际，人们便聚集在广场上，举行盛大的“跳歌”会，一来欢庆丰收，二则为着孕育“吉祥的种子”。大家吹着芦笙，弹着三弦，边唱边跳，感谢天神厄莎保佑，使刚过去的一年得以丰衣足食，世平人安，祈祷天神厄莎再给予保佑，使新来临的一年又获丰收。歌舞完毕，各家各户分领几粒得到厄莎天神赐福的“神种”，带回去拌入自家的粮种，待到开春时下种。普米族每年过年时的祭祖仪式最为隆重，人们同样不忘祝祷天地神灵。届时摆满祭品，燃起酥油灯，主祭者手持栗树枝，口中念念有词，恭请“十三重天的天神，十三层地的地神，四境名山的山神，八方灵泉的龙神”都来享受人间奉献的祭品，感谢它们的保佑。哈尼族的“奇拉胡息”即为正月年节，节期一天，此节主要祭祀天地日月神，祈求天上诸神保佑世间平宁兴旺。祭品以鸡、汤圆、酒、姜汤为主，很少杀猪，想来他们的天界众神倒不难伺候。祭词是这样的——

脚勤手快的哈尼人
早起捉来大公鸡
两脚两翅大公鸡
七十七层红冠子
火塘头首摆供桌
供上整鸡伏香案
祭献天地日月神
祈赐人间降吉祥
竹篾供台置汤圆
祈求祖宗赐福寿
人丁兴旺六畜发①

“木脑纵歌”是景颇族社会最为盛大的全民祭典，一般在农历正月十五日举行，为期数天。这一仪式活动在景颇族语里意为“大家同歌共舞”，实质上却是为祭祀木代天鬼。木代是景颇族传统信仰观念中最有权势的天鬼，同时又是景颇族历史上世袭山官的家鬼，在景颇民族传统社会，它既代表了冥冥之中的超自然上天力量，同时又是生活现实里山官的世袭权力象征。因此可想而知，对于维护景颇族地区一方天下的旧有秩序，祭祀木代天鬼的“木脑纵歌”具有何等重大的意义。巫师“念鬼”之前，照例要讲几句吉祥话，告诫人们必须诚心诚意地祭祀木代天鬼，它自然也会体察下情，给人间以幸福。念木代鬼开始，通鬼的巫师便前去接木代天鬼，向它报告人世状况，请木代去参加“木脑纵歌”盛会，享受人间祭祀。请到木代鬼之后，巫师则向它介绍这次祭祀所献给它的供品，接着念木代的历史，从开天辟地一路念下来。最后，巫师再向木代鬼祷告：“我们供奉你，祭献你，要你保护寨子清吉平安，猪瘟、天花……这些传染病不要进寨子，造谣、破坏的不要进寨子，保护寨子里的人不论是种田、种地，或到东、南、西、北四方去做生意都顺顺

① 中国民间文艺研究会云南分会、云南省民间文学集成编辑办公室编：《云南民俗集刊》，4集，4页，昆明，铅印本，时间不详。

当当，使寨子里的人有吃、有穿，过上幸福、富裕的生活。”如此祭奉天鬼，将信仰里的上天观念同现实中的社会秩序联系起来，实在是维持景颇民族地区旧有的传统社稷天下的良好方剂。

佤族的“作鬼”祭天活动显得更加古拙。在佤族社会的原始信仰观念里，木依吉鬼是世界的最高主宰，代表了那个至高无上的超自然之“天”，他们的“作鬼”祭天活动即以祭祀木依吉为中心。祭祀活动自拉木鼓开始，佤族人相信，木鼓是通天的神器，敲木鼓就是为了让木依吉听到鼓声，也好下来接受人间的供奉。木鼓房也即是祭人头的地方，人们把木鼓拉到木鼓房，便开始剽牛祭鬼。剽牛的用意在于供奉木依吉，祭人头也在于供奉木依吉，这一切全都是为了在每年撒谷种前后祈祷木依吉保佑人间的生产、生活的正常进行。

关于猎取人头祭祀上天鬼神的古远习风，佤族民间有多种多样的说法均提到了其由来。一是《西岗里》神话，即《司岗里》的异文版本，其中讲到，曾几何时，先人们迁徙途中，洪水很大，要淹没人寰，木依吉神就让人们砍人头祭神灵。于是，佤族便开始剽牛供牛头，砍人头供人头。这样一来，谷子长得很好，做出来的饭也好吃了。二是《达惹嘎木造人的故事》，说的是早先天板曾经垮下来，从此，太阳光照不到地上，世间变得一片黑暗。人和动物在黑暗里过日子，实在是难熬，达惹嘎木便去见天神，天神说：“你砍上一个人头，祭祭老天，天就会亮啦。”第二天，达惹嘎木背着长刀，出门遇上一个人，马上砍下他的头，挂在寨旁木桩上祭老天，天果然亮了。这就是佤族猎头祭天的开端。另外也还有一种传说：很久以前，人类遭天灾人祸，人和牲畜大批死亡，谷子也长得不好。人们用各种兽头祭鬼神求救，但毫无效果，后来则又砍人头祭鬼，才免于灾难。凡此种种，讲得神乎其神，颇显出几分蒙昧蛮野，可祭天乞灵又仿佛格外灵光。当然，佤族传统社会猎头祭天的古俗现早已不复存在，但只要原始的信仰观念尚留有残余，那个神秘的超自然之“天”就不会不继续享受着世上烟火的祭献，只是或许稍有了些开化，不再要求用人头来做牺牲。无可否认，“天”的观念迄今依旧存活于中国民间的俗民传统当中，表现在善良的人们的日常语言里，只不过多半成了某种最高道德律令的具体象征，而其原始的神秘蕴意却是相同的。说到底，人间始终是在“天”之下，而“天下”的本义可不是来源于纯粹的自然之“天”。

二、生存保障

人们要生存，食，恐怕可说是第一需要。觅食本是所有动物都具有的最紧要的本能活动，不过，普通动物界没有自己的对象世界，自然世界是彻底外在于它们的，它们与自然界之间谈不上有什么主、客体关系，所以，它们的觅食算不上是一种有目的的生产实践，它们也不可能有意识地去认识面前的那个外在世界。人类却大不一样，人类的觅食是认识、利用并改造自然的一种有预定目的的生产实践活动，是人类与自己的对象世界建立起主、客体关系的一种最基本的联系形式。如果说，徒手采集和运用天然工具的渔猎，尚未能完全脱离一般动物的觅食本能，那么，使用人造复杂工具的渔猎、驯化动物的牧养和农耕种植，便是文化突破自然的创造性活动。

然而，尚处人类童年的各民族先民们大都并不具备战胜自然的全套本领，他们生活在其中的那个自然世界似乎还隐藏着某些未知的神秘力量。在为食而作的生存活动中，一方面，他们事实上已在利用和改造各种自然力，以满足自身的生存需要；另一方面，他们又幻想着借助某种超自然力，以克服自己无能为力的不安。于是，他们的行为模式呈现出了不无意味的双重性质，现实世界中的创造性活动乞灵于信仰世界里的保障，利用并改造自然力的生产实践离不开超自然神秘力量的参与，认识并控制对象世界的努力导致了奇幻的巫术祭祀。如此奇妙的结合当然出自人类童稚的蒙昧，但也正好表现了人类童蒙的智慧。面对严酷的生存环境，人们总得想尽办法来驾驭自己的对象世界，至于是否真管用那是另外一回事。

曾有不少人还真相信巫术祭祀的法子管用。怒江傈僳族自治州的傈僳族以往就有一套对付风灾的巫术祭祀方法。在风灾降临之时，他们便用树叶蘸酒洒向四方，并念祭祀咒语："管岩石的鬼，管树林的鬼，我用花花的碗盛着我没吃过的酒，先给你吃，请你别吹倒我们的庄稼，要保护我们的庄稼，风吹到山上去吧！"人们也还会对着风吹起牛角或羊角，以为这样的做法可以止住风头。拉祜族的支系苦聪人则认为，风有风神司管，只要祭祀了风神，大风大雨自会减少，庄稼就能避免损失，人们也不会遭遇饥饿灾难。因此，他们每年都要在农历正月里祭祀风神，而日期必须在属马日。他们传言，古时候的神马能够飞天入地，跑得比风快，力比风神大，只有神马才能降服风神。直到现在，部分苦聪人聚居地区仍保持着在正月属马日祭祀风神的传统。

怒江傈僳族自治州境内的傈僳族也还有祈雨的古老传统。在他们看来，久旱不雨是由于火烧灼土壤的缘故，为了消除旱灾，就有必要以水灭火。他们在举行祈雨仪式时，用竹或木编织成方状，再涂抹以泥土，由属龙的人在上面燃起一堆火，置入池塘或江河，如果火苗被水淹灭，即看做是天将下雨的征候。相传，在古时他们还有一种祈雨仪式，即用弩弓将箭射入“龙潭”，以图触动龙神而降雨。

基诺族传统的求雨仪式也许做得更显出诚恳。村落长老头戴一顶草帽，身披一件树叶做的蓑衣，跪在地上祈求道：

地神！
天神，云彩，雾中神！
基诺在地上，
鬼在天上。
月亮出来的时候它的光朝我射，
太阳出来的时候它的光朝我射。
你如不下雨粮食长不出，
钱也找不到。
我们杀猪祭你，
求你快快下雨来。[①]

念罢祷词，即把各种供品摆在一张竹桌之上，抬到水塘边安放好。水塘本来早已干涸，但长老却恰恰须做出下水状。随后，众人也一起卷裤挽袖，下到塘内用锄将塘底泥巴挖出，象征着恭候上天显灵降雨。实际说来，不管求雨与否，老天或迟或早终归会有下雨的一天，实在不知这算不算得上灵验，到最后，管用的大抵还是“信则灵”那一类心理安慰的戏法。

基诺族社会中长时期保留着刀耕火种的原始耕作方式，用他们自己的话来说，就叫做“生来都是野火烧地为生的人”。每年烧地点火之前，他们都要

① 云南省编辑组编：《云南民族民俗和宗教调查》，168页，昆明，云南民族出版社，1985年1版。

念经祭山神，请求山神“不要让火翻山越岭，不要叫火烧过防火线”。在撒种后拔草之际，他们又得杀一只狗去祭山神，以求消除杂草，获得好收成。之所以如此，还有一个传说：很久以前，人们开出了一块地，一夜之后，只见地里已长出了很高的杂草。大家感到奇怪，于是便杀了一只狗去祭，杂草就不再长了。他们对此有一种高明的解释，认为在世上阴、阳不分的时候，只有狗是男性的，其余的一切全都是女性的，所以狗能够压过一切东西，世间男权至上的观念居然贯彻到了祭祀当中去，可见其历史影响深远。而哈尼民族祭秧苗，所祭的可是彻头彻尾的女性，并且祭起来分外有人情味。祈祷词中唱道：“三月祭秧献黄饭，祝祭秧苗快快长。祈告秧姑娘快梳妆，嫁到田里快孕穗，坐在田里产金谷粒。”有关生产的祭祀当中渗透了古老的生殖崇拜观念，这也是不足为怪的事情。在他们眼里，世上的所有事物都已经人化和灵化了，这实在是前人们的童心意象的结果，各种物魂或物神的原始信仰观念也就缘于此。

谷物是农耕民族的人们赖以维生的最基本的食物，对于他们来说必然显得异乎寻常的重要。越是重要的东西就越让人关注，谷魂信仰观念在云南的诸多民族中间非常普遍，在生产活动中祭祀谷魂的做法自然也随时随地可见。阿昌族的原始信仰传统认为，稻谷具有灵魂，一旦它离开稻谷，秧苗即长不好，谷粒也不饱满，人的肚肠便跟着闹饥荒。为了避免这种情况发生，他们过去在撒种、栽秧、收割时都得要举行祭祀活动，以安谷魂、图吉利。撒种一般挑选属马的日子，据说这种日子育的秧苗移栽后，谷穗会长得如同马尾巴那么长。栽插结束，人们要在田沟边，用剩余的秧把蘸着水洗刷耕牛的腿脚，以示干干净净地回家，免得将谷魂裹了回去，而要让它好好呆在田里，保证稻谷获得好收成。收割打谷完毕，人们则用鸡或鸡蛋祭谷堆，并在谷堆前叫谷魂：“不要在田坝，请回家守谷魂，栽秧时又再回田坝。”

德昂族旧时祭祀谷魂更甚一筹。他们相信，谷魂附着在谷种上，每个季节及种谷的每道工序都得祭谷魂，谷物才能丰产。据传说谷魂还有七子七女，祭祀之时先念其七子之名，再念七女之名，把它们一块儿请到。想必这祭祀格外费功夫。的确，在一段时间内，每月逢十五、二十三和三十这三天早晨，他们都要在一只供篮内盛上一点儿饭菜，表示让谷魂分享。费事尽管费事，若是真能以此给大家期盼丰收而又无着落的心理带来某种慰藉和保证，人们也会感到高兴的。

佤族的传统社会祭祀谷魂，就祭出了一个令人兴高采烈的固定节庆——谷魂节。每年农历七月半前后的一天，人们倾村出动，合力修补自田地到村寨的大小路径，而后又各自回去修补自家的场院。第二天，便是叫谷魂回家的日子，这也即是他们一年一度的谷魂节。到时，人们要上每一块地、每一丘田里去叫谷魂——

> 好谷呵！好谷呵！你长得旺，你长得壮，你吐穗多。我高兴，我们全家高兴！我现在就来接你回家。你看哪！条条路道修得光亮平坦，木桥搭得稳，路道没坎坷；请你跟我一起回家！路上别害怕，遇水会有桥，逢山会有路，见人他会叫你快回家，见狗它会亲亲你，见鸡它会天天给你唱调调。回去罗！回去罗！大田的谷，小田的谷，手牵手，跟我走，走！走！走！①

祭祀或祈祷大概真可以使人心慰，人们总是在自己无力掌握住的未知领域乞灵于超自然的力量。冥冥之中的神秘之力恰好可用来对付同样处于冥冥之中的未知之物。每年谷子扬花打苞时节，遇到老天降下大雨，哈尼族的前辈们一筹莫展，面对着这不可抗拒的“天”力，他们只得拾起那超自然信仰的法宝，去河边叫谷魂。一路上，人们要祭献几番，一直到认为已把谷魂叫到了家里方才停住，传统的《叫谷魂的歌》便唱出了这一层苦心。人们唯恐谷魂在田地里遭风吹雨打，失去非凡的灵性，造成歉收乃至绝产的可怕后果。在景颇族传统的叫谷魂仪式上，巫师“董萨”需“念鬼”祭祀，则直接道出了谷魂不凡的非自然性质：“人看不见的，你能看见；人不能做的，你能做……”而在基诺族的传统社会里，人们索性相传谷子在先前是会飞的，来无踪去无影，老让人们觉得摸不着头脑，担心不得吃食。因此，基诺族人每年收获之后，也有必要一本正经地举行叫谷魂仪式，人们在此仪式上祷告：“谷穗掉下，谷魂也不要掉下，人魂要回到家，谷魂要回到仓。”或许谷子果真有灵，丧失了谷魂的谷粒说不准就不能管饱，要不，人们何必如此用心良

① 《山茶》，74页，1989年第2期。

苦地操劳神智，将自然天成的谷类物种交由超自然的冥冥灵物去掌管其命运。现实的未知恰巧孕育着神秘的信仰，只要人类的面前还有未知的空洞需要填补，信仰便不会绝灭。

在云南，有不少民族的人们生存于山林之间，就某些局部来看，狩猎也是他们觅食生存的基本形式之一。所以，狩猎当中的祭祀同样是他们的原始信仰活动的重要组成部分。在传统上，怒族人认为，兽类也有精灵依附于身，而人们狩猎是秉承某种超自然旨意行事。因而在狩猎活动中，他们必须通过祭祀仪式，告慰被猎获的兽类之灵，以使狩猎行为取得信仰上的合法性，并期待得到更大的收获。他们有一曲古老的《猎人之歌》，便对兽类直言不讳地唱出了这一切，其间也不乏诱惑——

我们勇敢地和你搏斗，我们英勇地跟你打仗。如今我们胜利了，终于获得了你们。

我们还嫌不够，还需要更多的猎物。今天特地为你祭祀，要你再带你的伙伴，都给我们带来吧，都给我们领来吧！不要到别处去，要到我们这里来。

我们这地方很好玩，我们的土地很美丽。这里有多年的老酒，这里有刚生下的鸡蛋，有鲜艳夺目的花朵，有漂亮好看的树木。来吧！我们等候着你们，我们欢迎着你们，在山里相遇，在箐里相见。[①]

有名的佤族《猎歌》，或曰《打猎歌》，也是在猎获野兽之后，由猎手们于祭祀仪式上吟唱的。那更是以“指名道姓”的口气，针对野兽直接道来。佤族的先民们确信，野兽死去后其灵魂依然存在，人们应当对其述说打死它是合情合理的，不然恐怕超自然的兽灵会有所见怪。人类在现实的自然世界里，固然有能力为所欲为，但一经坠入未知的领域，在神秘的超自然物跟前却一下子变得这般无能为力。

有关狩猎的超自然信仰，除了兽灵而外，更多见的还是猎神。怒族社会同时也有着兽神的传说，说是曾有一位年轻漂亮的姑娘，因被野兽牵住其灵

① 中国社会科学院云南少数民族文学研究所、云南省社会科学院民族民间文学研究所、中国民间文艺研究会云南分会编：《云南少数民族文学资料》，2辑，127页，昆明，铅印本，1981。

魂，便离开家人和朋友，到深山老林里去做了兽神。正是她告诉猎人们，在哪儿可猎获兽类，而每当猎人满载归来，都要祭祀此兽神。他们的那一个洋洋洒洒的《祭猎神调》，恰恰就是将“尊敬的猎神”与“高贵的兽灵”相提并论，一道供奉祈祷。傈僳族所信仰的司兽灵物也是女性。在云龙县，相传猎神为三个年轻的姑娘。她们几近裸体，只在下身围有一圈树叶遮羞。在那里，猎人们长久未能打到猎物，便要祈祷猎神相助；猎人和猎狗眼睛红肿疼痛，则认为是由于猎神在发怒，也需要祭祀猎神；上山打猎之前，猎人须于头天晚上祭猎神，以求猎获野物；打到了猎物的当晚，猎人同样要祭献猎神，以图来日仍有所获。在这几种情况下，人们祭祀猎神都是为着求取某种保障，以补足人力所无法预知或控制的方面。实际上，这里面的“神”的说法已不是傈僳族人原有的概念，而只会是外来考察者的转译，傈僳族社会的原始信仰传统就只有“精灵”一类的观念。照此看来，广泛流传于怒江傈僳族自治州境内的傈僳族当中的长篇作品《花兹玛》，分析起来也许更接近于事情的原貌。“花兹玛”直译即为“掌管猎物的女人”，人们又将其称做“花西尼”，其意便是“狩猎鬼灵”，这才揭示了傈僳族固有的信仰观念。作品末尾提到的花西尼祭歌，就是献给这个花兹玛的，祈求此灵物“赏肉食与后辈子孙”，以保障人们得以生存。

狩猎活动中的祭祀也反映在傈僳族古老的口承文化里。他们的《猎歌·抽签调》直言相求：“签啊，签！请你告诉我，野兽躲在什么地方？请你指引我，动物藏在什么地方？让我今天打猎呀，一去就射着野兽！让我今天撵山呀，一去就捕到动物！”以抽签卜定出猎方向，依神秘的超自然意志行事，这同样是为了解除因未知而无措的困窘。独龙族传统社会的猎人们则显得尤有心计，干脆以超自然之法来应付超自然的司野兽之神。他们来到猎场后，献上精心制作的绝妙祭品，便齐唱祷告歌调：“我们将带着的酒和面做的诸兽呈献上了……和你换取野兽，熊换熊，虎换虎，野牛换野牛，一点也不亏你呀！求求你快放出你的野兽吧！”祷告过后，他们还要以竞射之法来卜测是否灵验。具体做法是，剥去树皮，用木炭在树杆上画出各类兽形，人于50米开外引弩放箭，射中什么即认定将会猎获什么。基于相似律的如此交感巫术着实仅只是人的童稚创造，难说司兽神会不会买账，人们以此来安慰一下自身倒也不无心理学上的意义。童年无助的人类先民们内心所需要的，大抵也不过就是这样一种精神保障。实质上，他们也不得不在现实的生存之路上自己去撞大运，征服自然的最终还是现实的人。

三、人间福祉

人有人间，鬼有鬼域，神有神界，倘若各得其所，老死不相往来，大概也总可以相安无事的。但是，在原始信仰观念之中，现实世界与信仰世界之间并无不可逾越的鸿沟，人所创造的鬼、神偏偏介入了人的世界。无力自助的人类童年惧怕鬼神降灾，又希冀鬼神赐福，于是乎，平俗人间的福祉就只好交由不可捉摸的鬼、神去掌握，而人们势必又需要为此而虔诚地祭祀祈祷。

在一些民族中，新生儿一经降生落地，人们为其求得鬼、神保佑的活动便随之开始了。在独龙族社会的原始信仰观念中，人的生与死是由天上最大的那个鬼格蒙来决定的。独龙族以往深信，格蒙造就出了人们的生命之魂“卜拉”，并将其置入胎儿的体内，由此一来婴儿才能够出世。因此，男婴出生后七天，女婴出生后九天，在为婴孩行命名仪式时，命名者手执用麻线串起来的七颗有色玉石项链，挂在婴儿的脖子上，并如此这般地郑重祝祷道：“你的生命是天上的格蒙给的，愿时时保佑你长大，无灾无病，平安吉祥。”傈僳族的原始信仰传统与之相比有异曲同工之妙，他们认为，婴孩出世三天就应取名，若此时人们不给孩子取名，鬼便会来先行为之取名，故而亲长必须在孩子出生的第三日内，赶在鬼前面将其名字取好。不过，他们替孩子取名一般也得先去问通鬼的巫师，取名之际还需占卜，取名的用意同样是基于一种巫术心理。这一点在针对接受命名的婴孩的祝词里已暴露无遗：“取了这样的名字，你就不会生病了。你会好好地活下去，长生不老，一辈子都有好运气……”命名成了人生福祉首次获得超自然保障的象征。

同样，以往景颇族的人家有婴儿降世，总免不了要请巫师来祭家堂鬼，巫师“念鬼”的祭词则向家堂鬼祈祷：“某某家添了新人，他（她）是你的后代子孙，你得好好保佑他（她），让你家的新成员健康成长，百病不生。”新生儿若是男孩，巫师接着念到：“等他长大成人，会是一个做事能干又有本领的人，他会经常杀牲来献你的。”若是女孩，则念到：“等她长大出嫁了，也会回来杀牲祭献你的。”也许那些不知所在的鬼们真有本事通达人间，要不就不会懂得，对于不同性别的婴孩应该有着不同的期待。

另有一部分民族则比较注重结婚时的祭祀祈祷。婚姻是“人生大事”，人们在此时此刻寻求神鬼的庇护也是理所当然的。在传统的佤族社会里，举行婚礼叫做吃“结婚酒”，其间就必须由一位长老吟念祭神祷语：“天神啊，人类精灵的主宰者！我们的男孩和女孩，他们现在结成一对，求你保佑他们健康长寿，不要让男的东边走，也不要让女的西边走。要让他们紧拉手，永相爱；种地多打粮，赶街多得钱，各寨有他们的女儿，各路有他们的男孩……”基诺族的男女结婚之时，如果父母已亡，则需要在婚后第二天祭祀考妣的灵魂，并由巫师念诵祝福词：“你们的儿子结婚，今天杀猪请你们来吃。请你们保佑新婚的夫妻，金子像粮食一样多，银子像江水一样长流，用不完，汲不干，粮食满仓像砂石。”在景颇族的传统婚礼上，人们依然要杀猪宰鸡祭献家堂鬼，同样得要请巫师念祭词：“请家堂鬼好好帮看新姑娘，她是我们家的人了，保佑她没有伤风咳嗽，身体健康。”到晚上，他们又用一口锅盛着清水，让一对新人抬进室内，随而把两个鸡蛋放入水里，巫师即念道：“如夫妇相爱永不分离，则鸡蛋别动。”乞灵于超自然力量的巫术祭祀在此显得尤其重要。人类世界的婚配关系是一种人为创制的社会规范，必定是非自然的，故此特别需要有某种超自然因素的参与，以保证其得以完满。

拉祜族的支系苦聪人甚至还为此创造了一个所谓的喜神。在他们看来，一对男女结成姻缘，是当事人还在母体内就由喜神决定而匹配好了的，否则这样的好事无法做成。有意思的是，举行婚礼之际，他们又必须举行一个退喜神仪式。苦聪人确信，要是不退喜神，一对婚配男女便一辈子也无以安稳，双方保不住均会另有所爱。看来，他们的这个喜神比红娘要管得宽，不但致力于成就美事，而且还费心于保障其不生变故。这倒是一个令人称道的善神，只是似乎太过于劳累了。不食人间烟火的神、鬼、精灵们也可能真的心力不尽，每求必应、每祭必灵，难怪人世间的祭祀之风不绝。

在人们的日常生活里，人的福、祸变异最经常的还在于人体的安危，人们自身的健康是人间福祉所系的最基本的方面。以上也可以看到，无论是出生还是婚配，各民族传统生活中人们祈祷神鬼庇佑，大都是为着保健康、避疾病。在缺乏医疗保健条件的传统社会内，疾病也是人们很难加以抗衡的一种无形的可怕力量。所以，大凡有人染疾生病，自然少不了要动用祭祀祈祷的神奇招法，以求得冥冥之中的超自然力量的帮助，来战胜神秘的病魔。的确，“病魔”的概念甚至已经遗留在现代社会的民间语言中，那么传统社会里的情况更不难想见。以往，每当景颇族人患病，首先得请巫师打卦确定，是什么鬼所致，用什么牺牲来献祭，然后便举行相应的祭祀仪式。与此同时，巫师念起祭词通鬼：“某某被你看上，魂被你捉住，现在他（她）生病、躺下了。打卦得知，要请你来帮助扶起，请你饶恕他（她）吧。……这个人的病靠你去找药给他吃，把病治好。请你放了他（她）吧，请你去找回药把某某医好吧。”如此说来，景颇人是知道生病应当吃药的，可他们为什么又总是在这种时候杀牲祭鬼呢？据说是因为地界已无药可寻，祭鬼的用意便在于请鬼到天上去取药。关于这当中的究竟，《人生病为什么要杀牲祭鬼》具体解释道：

从前，景颇人栽种了各种各样的药，人一生病，就找药吃，一吃就好，并不用祭鬼……

后来，鸡病了，便去啄吃人栽的药，病果然好了。猪又得了病，也去啃吃药的根……药只剩下一点根了，人赶快把它挖回来，藏在火塘上面。不料，又被老鼠发现了，老鼠一生病，又偷吃了一些。等人发现时，只剩下最后的一点了。于是人赶快把这点药根拿下来，藏到河里去。后来，又被鱼发现，把它偷吃光了。

从此以后，人生了病没药可吃，便去找鸡、猪、老鼠和鱼，向他们要药。鸡、猪、老鼠和鱼说：“药已经吃了，赔不出来了。”于是，人只好把它们杀了，拿来祭鬼，乞求鬼保佑，使病人能恢复健康。

因此，后来景颇人一生病，就要杀牲祭鬼。[1]

要应付未可确知而无法抵御的疾病，只有求救于高深莫测的超自然力量来保驾，这在另外一些民族的历史上也多有所见。旧时，傈僳族人一旦病伤，祭鬼必不可免，而且不同的病伤须祭不同的鬼，祭祀的时间和地点也因鬼而异。在杀猪、宰羊或剽牛献祭之后，主持祭祀者开始念咒语：“我家的人病

---

① 鸥鹍渤编：《景颇族民间故事》，50页，昆明，云南人民出版社，1983年第1版。

了，现在我们备下好酒来祭你，请你把病放松，让病人快恢复健康。”念咒的人所要做的事在于将鬼送回去，诸鬼来路远近不同，送驾的路程当然也长短不一。过去，独龙族人们生病祭鬼，同样奉行以酒、肉赎买的策略，以祭品换得鬼灵开恩。人们把猪或牛的脚捆住，挂在树上，并将病人拉到屋外，而后由巫师来致祭词：“鬼，你不要来追我们，你保佑病人早日健康，我们用好酒来祭你。鬼，你快回到自己的地方去吃酒，不要再来追我们。”可是，末了，喝酒、吃肉的却还是凡人，巫师想必更是当仁不让，辛苦一番不讲，通鬼之人自然应当代鬼享用。以往，怒族人若遇到病危凶险，其祭祀更加显得心诚意切。届时巫师祷告到：“保佑人、畜的天祖父呀，保佑人、畜的地祖母呀，你们的儿孙病了，可是他们不愿意生病，今天用猪、鸡、盐巴和清水来祭你。这头猪已养了七年，你就当70年吧；给你1000颗米花，就让他（她）活1000岁吧。”假若真能换来此结局，人间的祭献再诚恳也值得，只怕天、地、鬼、神也法力有限，相救无门。

人们在其中栖身的庇护所，是人间最初的域界和最具体的象征。人类在征服自然进程中最早占领的据点，也就是自身所获得的那一处栖身领地。即便是利用天然洞穴，人类初民也为自己创造了一个隔离外界、抗御各种自然力的庇护所，而人工建盖的房屋、村落就更是如此。然而，在旧时，人们对超自然的神、鬼、精灵却防不胜防，于是乎还得依靠虔诚的祭祀，来祈祷其护佑人间平安。基诺族上新房即要杀牛祭祀已故父母的灵魂，杀牛之前，先由巫师念祭祀经文“扭吗托烧”，“扭吗”意指“一条牛”，“烧”则为“全部送去”之意。与此同时，他们也要杀猪、宰鸡祭祀自己所供奉的诸种鬼、神。景颇族建房更少不得请巫师“念鬼”祭祀，巫师在祭词里告诉建房人家：“祖先曾在这里祭过太阳，把好运气留在这里了，家鬼也喜欢这个地方。在这里栽桩盖房，你家的子孙会昌盛，牛马兴旺。”哈尼族建新寨则要举行所谓的“撵寨址”仪式，意即将原来盘踞在此的鬼魂撵走，把这儿变成人间净土。到时候，巫师念诵起长篇祭词《占柯莱》，意思就是“建寨驱邪”，其间异常明确地道出了人们将庇护居所视为人世间的久远观念。人工建造的住所当然是属于人类的领地，在那里尤其需要求得一种安全感，否则人间福祉便实在无从谈起。

在长时期保留有原始信仰传统的各个民族当中，各种巫术祭祀活动一直是他们民族的传统行为模式的一个基本方面，他们那个社会的生产、生活的正常秩序每每是经由巫术祭祀、靠着虚幻的超自然力量的干预来加以维系。不仅如此，各类祭祀词向来也是他们民族的传统口承文化的一个基本组成部分，其中的许多早已固定化为经久流传的口承作品，通过巫师之口对公众发生作用，从而保证了其原始信仰观念得以世代承袭下去。特别需要强调的是，正是在这之中，各民族的先民们对于世界、对于社会、对于人生的很多根本问题的深刻思索，他们在这一把握对象世界的历程上对未知领域的某些独到而朴拙的猜想，都得到了较为接近原貌的体现，因而这些祭祀词往往也就成了一个民族古老的精神文化遗产的重要传载媒介。

巫术及祭祀已不是原始的信仰观念本身，无宁说是人们在对于神秘的超自然力量的朴素信仰支配下的行为方式，是人类先民试图驾驭种种未知的自然力量和社会力量的一种拙陋手段。由这个意义上来讲，巫术、祭祀也曾是前人们生产、生活、实践活动的一个奇特部分，当然是自信仰世界渗入现实世界的那一部分。不过，施巫术、行祭祀的结果，倘若在人们的信仰观念里得到现实世界偶然性的虚假应验，无论多么牵强附会，也会分外让人信服，这也即是善男信女们所津津乐道的“心诚则灵”的信仰心理基础。

在人们的实践经验和认识水平都还十分浅陋的情况下，巫术、祭祀曾经弥补了人的理性的不足，为人类掌握自己的对象世界提供了一种帮助，或者更确切地说，是提供了一种心理上的自慰。但是，恐怕也不好断然认定，古老的巫术、祭祀完全是基于一种非理性的信仰心理。不容否认，在此当中，先民们也把握住了某些事物及现象之间的相似关系和因果联系，只不过添加了许多童稚的猜度，虚假的认识导致了实则无济于事的行动。更重要的是，巫术、祭祀也同生活实践、科学认识一样，都体现了人类在把握对象世界、适应并改造生存环境过程中的既定的价值追求。

第三节　祖先的感召（祖灵崇拜）

天高地远，极目之处总有边际，似乎终不及人间的生命那般悠远难尽。

男女之合，长幼之序，灵肉之交，生死之变，世世代代绵延不绝，天地间还有什么能比这些更令人萌生好奇心和神秘感的呢？

人类心目中最大的千古之谜便在于人的生命及其生命之源。人类世世代代的生生死死，构成了一条无形的历史长河，其源头早已消逝在遥远的古昔。不过，人类的种群基因却经由人自身的繁衍而遗传了下来，其外在表征也就是人类社会古已有之的血缘观念和世系传统。生命之源虽已不在人们视域所及的范围之内，但是生命之流却一直在人们的血液里延续。不仅如此，人们崇敬给后代以生命的亲缘先祖，终于也相信，正是祖先在天之灵保佑着后世子孙得以生生不息，因而人间的所为需对祖宗负责。

在各民族的先人那里，人的生命现象业已构成一大奇谜，生命的渊源则更是谜中之谜。图腾崇拜、祖先崇拜等等，实质上都是由人类先民对生命本身的崇拜而引发。古人们探究生命的奥秘，到最后却迷失在关于渺远过去的未知当中，好奇心换来了一种神秘感，对于先祖不得认知便只可信仰。各个民族久远以来的崇祖观念不但凝结为那种种有形的图腾物象、宗庙祠堂和祖灵牌位，而且也遗存在他们的无形的古老口承文化之中。

一、图腾之祖

人的生命从何而来？上帝照着自己的形象造亚当和夏娃，女娲抟黄土做人，诸如此类的理解显然属于人类生命本原论的思考。而某一特定人群的形成，则属于种群生命源流的具体探究。不少民族的先民们凭借身边的物象来解释自身群体的由来，认定某种动物或者是植物同自己关系密切，并对之顶礼膜拜，这就是通常所说的“图腾崇拜”。

我国汉语言中的所谓“图腾”纯粹是外来语的译音，英语的“totem”一词也是借词，来自于北美印第安人的一支——奥吉布瓦人（Ojibwa）所操阿尔冈昆语的土话，其意义本为“他的血族”或“他的亲族”。依此看来，并不是任何一种动、植物崇拜皆可归为图腾崇拜。本来意义上的图腾崇拜意味着，某一特定的人群自认某物为自己的始祖，或至少与之有着某种特殊的亲缘关系，因而此物同这一群体的人们之间存在某种神秘联系，人们确信它具有超自然的神通，把它当做神圣的崇拜对象，并以此作为标志，来划定自身亲族社群的范围。因此，严格地说起来，图腾崇拜并非普遍见于每一个民族。中国汉民族的龙图腾之说便是十足的穿凿附会，没听说有谁敢于同上天真龙攀亲。

在云南各民族中间，大部分已难以寻到真正的图腾崇拜的原始信仰传统，有的民族也仅只稍稍露出一点儿近似于图腾崇拜的古远迹象。普米族的传说里的氏族祖先有“喔娘孜戛公”（黑虎祖先）、“棍娘却拍”（黑熊祖先）等，普米族的民间尤其崇拜虎，认为虎是他们自身的“根根”（即始祖）。在普米族社会里，虎既被当做始祖的称谓，又被视为地位特殊神，猎虎历来遭到禁止，而以往对外族的战争也选定虎日，以求借来始祖的威风神力。哈尼族的古老传说则讲到：很久以前，世界上只有妇女，而没有男子。有一个妇女喝下神奇的怀胎水，生出24种动物，这些动物亦即哈尼族各姓氏的图腾始祖，凡同一图腾始祖的后裔严禁婚配。直至晚近，在残存着图腾崇拜的部分哈尼族人之中，依旧禁止捕杀作为其图腾象征的动物，若路遇死去的图腾动物，也得以不同方式致哀。由这些历史遗存现象来看，这两个民族的图腾崇拜具有共通之处，一是他们都将图腾动物视为亲缘始祖，二是他们都对图腾动物抱有尊崇之情。除此而外，图腾崇拜的其余特征在他们那里都已经不易寻见。

相比之下，克木人的图腾崇拜略有不同，强调图腾物与人们结为一体。克木人姓氏差不多均为动、植物之名，这些动植物也就是他们古老氏族的图腾标志。然而，一般说来，此类图腾物都不被认为是他们的始祖，只是分别曾同各姓之人发生过特殊联系，其根由各有一段传说，到头来便被当做姓氏世代相传。结果，克木人诸姓氏各自形成了一套独有的禁忌传统，不能触摸作为自己氏族图腾象征的那种动物或植物，更不能吃，因为据称摸了手会褪皮，吃了牙齿会脱落，甚至人还会死去。在此可以看出，克木人侧重的是图腾物的姓氏世系群标志作用。图腾崇拜的几大特点：（1）认为其图腾物与特定的人群有神秘的亲缘关系；（2）图腾按父系或母系世代相传；（3）群体或个人根据图腾物的名称命名；（4）图腾象征及其禁忌通行于整个群体，在克木人当中皆显而易见，而在云南的其他民族里却并非同时存在。

在本书考察的范围内，长期既把图腾物视做自身的亲缘始祖，又以图腾物作为古老氏族群体标志的民族，大概还得数傈僳族和怒族。下面就着重介绍这两个民族中的有关情况。

傈僳族社会的图腾崇拜曾经极为普遍，图腾象征成了他们的各氏族群体的基本标志。比如，用傈僳族语来讲，他们有“腊扒”（虎氏族）、“俄扒”（熊氏族）、“弥扒”（猴氏族）、“阿赤扒”（羊氏族）、“亥扒”（鼠氏族）、“业扒”（鸟氏族）、“旺扒”（鱼氏族）、“雪府扒”（蛇氏族）、“别扒”（蜂氏族）、“括扒”（荞氏族）、“马打扒”（竹氏族）、“拉古扒”（木氏族）、“直扒”（麻氏族）、“党采扒”（菌氏族）等等，其图腾物大都据说与人们有着某种神秘的亲缘联系。以后，部分图腾称谓逐渐向姓氏转化。例如在云龙县内，张姓被称为“施壤傈”，意即“獐子家”；杨姓被称为“压壤傈”，意即“杨柳家”；丰姓被称为“扁壤傈”，意即“蜂子家”。这当然是中国社会文化整合的结果，在其中，明显基于汉语谐音的文化移入因素不辨自明。

与图腾崇拜的信仰传统相适应，傈僳族传统社会大量流传着关于各氏族图腾的口承作品，几乎无一例外都讲到氏族图腾为人们的亲缘始祖。比如，关于虎氏族的传说告诉大家，古时有一个姑娘被迫同虎成婚，所生后代就是“腊扒”人的祖先；关于荞氏族的传说则昭示人们，古时有一个女子因食荞而受孕，所生后代就是“括扒”人的祖先。此外，像《木筒里出来的人》、《虎氏族的来历》、《熊氏族的故事》、《恒玛塔》、《七姐妹割草》这一应作品，则分别提到木氏族、虎氏族、熊氏族、猴氏族、蛇氏族的图腾始祖，解释了这些氏族人群的来由。尤其是《民族的起源》，索性来了个干净利落的大扫荡，为人们的各个氏族种群的生命之流找到了一个共同的源头：洪水浩劫过后，世间只剩下兄妹二人，他俩只得承担起繁衍人类的重任，生下了一大堆儿女。他们长大后，也只好各自出去找某种动、植物来做配偶，于是才有了诸多氏族人群。满天下独有此路一条，不由人不认下那许多图腾始祖。

怒族的《腊普和亚妞》与之如出一辙，但说得更加具体，其图腾始祖的血缘传统成了他们图腾标记范围的基本界限。在此不妨详细看来：

古时候洪水泛滥，人类全都被淹死了。天神看到大地荒无人烟，就派了还没有成年的腊普和亚妞兄妹俩来到人间，繁衍人类……

几年过去了，腊普和亚妞生育了七个子女。这些孩子长大后，有的是兄妹结为夫妻，有的是跟会说话的蛇、蜂、鱼、虎交配，繁育下一代。后来人类逐渐地发展起来，就以一个始祖所传的后裔为一个氏族，与蛇所生的为蛇氏族，与蜂所生的为蜂民族，与鱼所生的为鱼氏族，与虎所生的为虎氏族。每一个氏族都有一个共同的图腾，蛇氏族崇拜蛇，蜂氏族崇拜蜂，虎氏族崇拜虎。①

不过，怒族的图腾崇拜传统的神圣性，还在于这种古远传统与他们自认的始祖茂英充密切相关。《女始祖茂英充》已明白道出，这位“天降之人”曾与虎、蜂、蛇、麂子、马鹿等动物交配，繁衍下虎氏族、蜂氏族、蛇氏族、麂子氏族、马鹿氏族等。怒族中所谓的“斗霍”人原有的群体称谓即为“别阿起”，其意思便是“蜂氏族”，他们自诩为茂英充的嫡传后代；而所谓的“达霍”人原有的群体称谓则为“拉起”，其意思又是“虎氏族”。除此之外，当地某处现在存有“达华苏”、“斗华苏”、“亚家华”、“拉吾华”、“明黑华”、“纳着华”六个古老家族，相传其祖先也是分别由蜂、猴、熊、鼠、蛇、鸟这六种动物变来的。那里流传的关于蛇变人的传说，与傈僳族的《七姐妹割草》大同小异，只是为救母亲毅然出嫁给蛇的小女儿行三而非行七。

傈僳族与怒族的久远口承文化里，解释其古远的图腾始祖和图腾氏族源流，有不少地方都有惊人的相似之处。仅此一点也足以表明，这两个民族古昔历史上的同源联系和文化互动不容忽视。

二、社神家鬼

图腾始祖毕竟也已经远离人世。因为古远，所以人们的图腾崇拜显得格外神秘；同样也因为古远，所以人们与其图腾的关系多半只剩下一种信仰观念。即便图腾始祖真有那么一点儿异样的血脉传了下来，也早已被人间世世代代的血液冲淡了。可是，人间凡俗的祖先传下来的血缘却是纯正而实在的。《毛诗正义·疏》有言曰：“祖者，始也，已所从始也。”祖为生命之本，崇拜祖先才是人类对于自身生命的实实在在的崇拜。既然祖先之血能够在后人的

① 谷德明编：《中国少数民族神话》，510–511页，北京，中国民间文艺出版社，1987年第1版。

血管里流淌，那么祖先之灵与后人同在，这一点在人类先民看来也应该说是不言而喻的。

人间祖先虽不是什么超自然的灵物，但不解生命之谜的人们自会认为他们也会有某种超凡的灵通，赋予后代生命和保佑后代生存，这当为同一件事的两个方面。于是乎，在世之际不脱凡俗的祖先们，久逝后便成为冥冥之中的守护神，不过他们一般只管得了自家的后代。随着人类各个民族的众多亲缘社会群体的地域化转型，亲族集团的守护神也就改行做起了村落社会的守护神，终于经营得一方小小的独立天下。基诺族的阿嫫尧白就是这样的一个祖先神。《阿嫫尧白》中已经讲得很明白，这位名为尧白的“阿妈”女始祖造万物、造人类，安排世界秩序，创制人间纲常，甚至还规定下土司、头人为一地一方的人中之首领。基诺族社会传统上的重要祭祀活动之一就是要祭祀这个祖先神，以维系基诺族村落社会的固有秩序。祖先崇拜与社会控制就这样紧密结合在一起。

就这一方面而论，景颇族传统社会的祭官庙堪称典型。所谓的“官庙”，景颇族语称为“能尚”，实为景颇族历史上的部落宗庙，后来却被各村落社会的世袭山官所控制，成为他们统治权力的依托和象征。官庙里所供奉的鬼通称为“斯瓦拿”，意思是“公共的鬼”，无疑具有社神的性质。祭官庙关乎全村寨人的生产和生活，人们借此祈祷祖灵社神保佑世间人畜两旺，五谷丰登，所以传统的景颇族社会对这一活动颇为重视，通常每年举行两次。第一次祭祀时值破土播种，砍地之日巫师“念地鬼”的祭词恰如其分地诉说了人们的这一心愿。第二次祭祀时值谷物成熟，仪式更为隆重，在歌颂丰收的同时，人们又开始算计来年，希望接受了祭献的诸鬼往后多多关照人间。

祖灵转化为社神，在云南诸民族中最常见的形式即为寨神。地域性的村落社会在血缘性的亲族组织基础上建立起来，祖先神自然只好随人间变迁而成了地方神。祭寨神，哈尼族语音为“阿玛突”，“阿玛”即“寨神”或“护寨神”的意思，“突”则意为“祭祀”。“阿玛突”又叫做“普玛突”，据传说，“普玛”是哈尼族一先祖的名字，因此又表示祖先神的身份。哈尼族祭寨神活动的实质，就在于祈求祖先神普玛的保佑。寨神一般以村寨附近山上的一片所谓“神树林”为住地，其间又有一棵树为其化身。每年农历二月祭寨神，人们进入此神树林，每户人家各摆上一桌丰盛的酒席，祭词则由主祭人统一唱诵：

尊贵的寨神啊！
请你静坐神山，
保佑全寨子的安宁，
不能到处去游，
……
护佑人丁不要失掉一根头发，
牛羊不要失掉一根毫毛，
庄稼不要漏掉一粒籽。
全寨哈尼向你叩拜，
年年如此，
世世代代叩祈你，
尊贵的寨神，
求你雄居寨头，
永保寨人的安康。①

在别的一些民族中也有类似的情况。布朗族最为推崇的先祖为古远时期的氏族长，据传叫做“代袜么·代袜那”。实际上，这是一种连称，其中的“代袜么”指一位女性，“代袜那”指一位男性，合在一起又泛指往昔所有男女先祖。渐渐地，这种氏族祖先神便转化为村落社会一致崇拜的寨神，寨神掌握着整个村落社会全体成员的一切凶吉祸福。甚至在刀耕火种时，人们砍地前吟唱祭词，也要祈祷代袜么和代袜那，“砍不倒的树请帮我们掀倒”，“烧不透的地请帮我们烧透”。寨神管事不少且无巨细，再有神通也够操劳的。过去，佤族人将人死后的灵魂分做两种，一为“斯艾”，即常人之魂；一为“梅”，即有过贡献的祖先之灵，能降福人间。这一类祖先神灵又分为“梅顶”即大神，为整个部落的祖先之神；“梅雅克”即小神，为一个村寨的祖先之

① 中国民间文艺研究会云南分会、云南省民间文学集成编辑办公室编：《云南民俗集刊》，4集，9–10页，昆明，铅印本，时间不详。

神。很明显，如此祖先神灵同时也是社神。传统的拉祜族社会同样以寨神为村寨的保护神，人们指望其保佑四时安宁，五谷丰登，六畜兴旺。别有意味的是，他们的寨神是家神的延伸和扩大，家神仅为寨神的一部分，人们祭祀寨神之后，便可不必再祭家神。想来这寨神当为比家神更老资格的祖先神，要不家神受冷落恐怕会暗地作祟的。

亲缘村落人群的古远先祖演变成了寨神，家族群体的晚近祖先则演变成了家神，天地自有大小，也可以各得其所。阿昌族原先深信，祖先的灵魂既能造福子孙，又能祸害子孙，因而人们必须虔心祭奉，若有不周祖灵就会怪罪。他们每户人家都曾设有所谓的“家堂”，那儿便是家神的所在。他们还认为，存在着一种什么“大家鬼”，即合伙回来咬人的所有已故祖先的亡魂，危害甚大，活人们得要好好献祭。祭祀时，供品就放在家堂供台上，人们念念有词地告知“大家鬼”：“你们要的牛和猪，你们的子孙已经备好了，请收下吧！”景颇族的“家堂鬼”也是阿公阿祖的亡魂，因死后送魂不去，又返回来咬其子孙，于是只得供起。然而，只有年老寿终者的亡灵才能享受此般待遇，也就是说，有资格成为祖灵的死者才能得以供奉为这一类“家堂鬼”，否则人们则不乐意伺候。并不是一切死者亡魂都可以转为祖灵，这一点后面还将专门谈到。

祭家神和祭祖先往往是同一回事情。普米族传统社会就是这样做的。家神的象征为家中火塘上的铁三角架，亦即所谓的“锅庄”；其后上方则供着祖先神龛，普米族语谓之曰“宗巴拉”。每逢年节和婚丧嫁娶，他们都免不了要祭祀家神和祖先，尤以过春节之际的祭祀活动最为热闹。届时，由家长主祭，祝祷词充分表达了人世间对于家神祖灵的一片崇敬和感激之情——

一月接着一月过去了，
一年跟着一年过去了，
时间跑得比箭更快。
因为有你们保佑，
我们的生命却与日月一样长。
……
宗巴拉神啊！

让全族的人都愉快，
让全家的人都平安，
让新竹子接上旧竹子，
让青年人继承老年人。[①]

傈僳族与此大致相仿，只是一年当中仅在过年时祭祖先，同时也祭三角架，其祷告词是同一套："我们一年一次自己不吃先祭给你们吃，求你们保佑我们，别让鬼来捉走我们的魂，使我们过上好日子，人口平安，牲畜多起来，粮食多起来，运气好起来……"这想必也可以证明，他们把祖灵与家神视同为一。对比之下，还是西盟佤族的祭祖先咒语显得更为古朴坦直。以木依库姓氏家族为例，直译即："女鬼和男鬼，月亮和太阳。旧日的女鬼和男鬼，老人来喝头道酒，老大，老二……"大体说来，似乎可做这样的理解：女祖先和男祖先的恩泽好比月亮和太阳。久逝的女祖先和男祖先中辈分最高者来喝头道茶，接下来是他们的大儿子、二儿子和大女儿。供奉祖灵是后人的义务，保佑后代是祖先的责任，人世间尊老爱幼的行为模式同样也适用于人、鬼两个世界之间。

其实，在这些民族的传统社会生活当中，悠远的祖先崇拜还有一个再具体不过的表现形式，那就是沟通人生现实世界与亡灵信仰世界、葬尸与送魂表里一体的传统丧葬仪式活动。

三、送魂归宗

人类个体生命的生存是生理过程与心理过程的统一，人自身能够存在于自我意识中，这样一来，人们的物质躯体与精神意识，或肉体与灵魂的二元问题，一开始便摆在了人类初民面前。人们自己的梦幻体验和对死者的记忆经验又仿佛表明，人的肉体与灵魂是可以分开的，而且灵魂并不会因肉体的死亡而泯灭。于是，人活着灵与肉结为一体，人死了则灵魂离开肉体，如此这般的理解似乎也顺理成章。活人们有自己的人生现实世界，死人们离体而

---

① 《思想战线》编辑部编：《西南少数民族风俗志》，324、325页，昆明·中国民间文艺出版社（云南），1981年第1版。

去的灵魂也应该有一个去处，那地方即在人们无可知晓的冥冥之中。

先民们的经验不及之处只得留给信仰，已故前人的灵魂就生存在信仰所构造的那个观念世界。不过，死者的形象出现于活人的梦幻记忆里，也许表明了现实的人生世界与信仰的灵魂世界偶尔也会相通，这便足以向童蒙未开的人们证实灵魂和灵魂世界的存在。独龙族人曾认为，人有两个灵魂，“卜拉”为生灵，“阿细”为亡魂，“阿细”生活在地的另一面，即大地阴影“阿细默”里，那儿的情景同人世间相差无几。在以往的佤族人看来，人们死后的亡魂即“莫昂”，住在阴间，和生前一样生活，人死便是由于早在那里的祖灵将其灵魂叫了去。实质上，这些民族的传统丧葬仪式正是为着送死者离开人间，让其亡魂到另一个世界去同历代祖灵相聚。

人类初民们曾把人间的一切死亡都看做是“非正常的”，总是要煞费苦心地找出隐藏在背后的超自然神秘力量的作用。排除此类情形不谈，在各个民族当中，人们对各种死亡情况的正常与否也有自己的一套看法。死亡是一个人的人生历程的终点，丧葬仪礼亦即其人生一世最后一次角色转换的过渡仪式。一般说来，一个人循序渐进地走完了自己漫长的人生历程，年老体衰而寿终正寝，这便是常言所讲的“正常死亡”。通过传统丧葬这样一种人生仪礼形式，死者也就彻底完成了一生中全部社会角色的扮演，得以转化成为信仰世界内的祖灵角色。除此而外，人们无论出于何种原因而死，大抵都应当说成是古老民俗意义上的所谓“非正常死亡”。在不少民族的原始信仰传统中，这类“非正常死亡”甚至还被视为冥界鬼魂前来缠身的恶果。

正是由于这个缘故，各民族的人们大都格外注重年老辈高之人的丧葬，为长辈治丧尽孝，可说是祖先崇拜的一个最根本的环节。给死去的老人治丧，重在送走死者亡魂，使之转入另一个世界成为祖灵。景颇族的传统丧葬便是如此，名曰“埋魂”，即把死者灵魂送回“老家”，那里是阿公阿祖原先居住过的地方，景颇支系语言称之为“木最省醣崩”，载瓦支系语言称之为“木瓦莫”。人生一世得此善终，想来也是一种幸运。因此，对于老人去世转为祖灵，景颇族的《祭葬歌》简直就像是表示庆贺的欢送词——

哎，老人哟，
火拉长藤会断，

一窝蜂群会散。
熟透的瓜果要落地，
叶会落，山会塌。
闭上眼睛吧，
你的寿延已满。
你后脚离开这苦难的人世，
前脚跨进了太阳宫的门槛。
好处好在的天堂等待着你，
米酒随心喝，绸缎任意穿。
你是有福气的人，
我们为你欢唱。①

在中国各民族中，祖先崇拜和乡土观念融会贯通，早已深入到人们的精神意识中去。人死叶落归根，这正是各民族民间对待死亡的一种传统心态。叶落归于树木植根的土壤，肉体回复自身由以所出的生命之源；人死归于祖先所在的地方，灵魂回复阴府冥界以图超生。在保持原始信仰观念的俗民社会里，人们对于死后的最终归宿总是持有此类看法。事实上，在传统丧葬活动之中，葬尸只不过是送走亡人之魂的一种外在表现。不论是尸葬于土，还是尸化于火，最终都是为了魂归于祖，归于祖先们灵魂所在的另一个世界。传统丧葬仪式在送走亡人的同时，最根本的是要将其亡魂送走，葬尸与送魂表里统一。佤族丧葬的送魂祈祷词便明明白白地祝死者灵魂“一直去到祖先在处，高高兴兴地跟他们在一起”；同时又敬告列祖列宗在天之灵，请他们好好收留死者。拉祜族的《送魂哀调》也细细指点死者，如何才能到达祖先居住地“西丹密”，那地名意即“阴间”。哈尼族的丧葬祭祀歌《米刹威》更是明确告诉死者之魂必须走哪一条路，“路的尽头就是打俄地方，哈尼的祖先正在那里盼望”。这个名为“打俄”的所在，据传言也即是哈尼族历代祖先阴灵的居住地。他们的另一曲《送魂歌》更有趣，干脆把那里称做“阿公阿祖的大寨”。人的智慧臆造出来的灵魂世界，不管有多么遥远，多么神秘，总也脱

① 《山茶》，70页，第4期。

不了人间模式。人类造神、造鬼、造精灵的本事不过如此，神、鬼、精灵们的能耐可想而知，人们实在犯不着面对自己并不高妙的作品崇拜得五体投地。

需要强调指出，如此送魂归宗之路，本不是由人生现实世界通往灵魂信仰世界的一条臆想出来的路，而多半是一条实实在在的现实之路，那就是由各个民族当今的聚居地返回各自祖先原籍的道路。既然久远的祖先已成为阴间世界的灵魂角色，遥远的祖籍便也成了灵魂生存的阴间世界的具体象征，人们死后自然要寻祖归宗，不然亡魂就没有一个去处。傈僳族传统丧葬的送魂指路词即这样告诫死者道：

你不要走上面和下面的这两条路，
一定要走中间这条路，
这才是你祖先走过的路。
赶快顺着这条路到你祖先那里去吧，
赶快顺着这条路和他们去团聚吧！①

阿昌族诵经者更是不厌其烦，在送亡魂经中进一步指明，哪一条路是傈僳族的路，哪一条路是景颇族的路……如此等等，吩咐死者亡魂："这些路都不能走，要直往阿昌族祖先那里的路前进。"的确，倘若走岔了道，不知会成为哪家的祖灵，或许只得去做四处游荡作祟的野鬼。基诺族的《送魂歌》索性为亡魂开一份地名清单，以方便其"沿着祖先的路"而去。他们的巫师才是真正了不起，为把死者灵魂"送回到祖先住的地方去"，每每要搬出一大套得自真传的"腰柯绕"经，来开导一番。"腰柯"即"走路"之意，"绕"则意指"全过程"，此经实则历数了基诺族前人迁徙途中所走过的各处地方，披露出不可复现的重要史实。说巫师们是无文字民族的久远口承文化的首要传人，这一点儿也不过分。

在云南，特别是在源于古氐羌族群的诸多民族中，传统丧葬送魂线路大都与其古代迁徙线路很好地吻合，送魂即循着那条条路径逆行而上，在想象中将死者灵魂送往祖籍安息。怒族的《送魂词》便是从死者的居住地开始，一路提到洋英达、子里甲、甲门修紫、亚谷、阿哈图、老母登、知子罗、关

---

① 杨知勇、秦家华、李子贤编：《云南少数民族生葬志》，1版，170页，昆明，云南民族出版社，1988。

莱安、匹河、匹河山丫口、碧落雪山、澜沧江边、山格拉等地名，直到“阿祖阿爷在的地方”。当然，这一类地名古今虚实混杂，其间也难免夹带着讹传成分，但到末了的祖先发祥地却大致不会错。普米族的丧葬送魂开路经直言祖先居住的老家在北方，叮嘱亡魂：“到了波浪卷着波浪的大江边，你就骑着皮囊渡过去，再往前进就是普米族祖先居住的地方。”这已经间接涉及“元跨革囊”那一段确切的历史，勾引出当年普米族武士随元军征战南下的往事。但是，凡此种种的送魂之路，业已把历史的时间延续转化为阴阳两界的空间联系。于是，历史上真实的民族迁徙线路，却被当成信仰中通向另一个世界的途径，久已故去的列祖列宗之灵当然会在如此“老家”等候后人新近归来的亡魂。“老家”成为阴间灵魂世界的代称，这实在是中国各个民族的根深蒂固的祖先崇拜观念的一大创造。

由哲学认识论上来说，人类作为具有思维活动、拥有语言工具的认识主体，有能力逐步把握住自己的整个对象世界，也包括认识自身的生命现象。生命问题，在人类把自身作为对象来观照的开始，便是人们最早注意到的重大问题之一；生命哲学课题历来是人类的各个民族、各个社会极其关注的一个焦点，宗教信仰、道德伦理等诸多领域的精神活动大都与此有关。

人类各民族的先人们认识自我的生命现象，认识自身的生存活动，在生命之外去寻找某种超自然的神秘力量，并以此来确立自己种群生命保持和生存竞争的基本行为模式。这固然是将人们对于自身生命价值的探求归入了迷蒙的信仰，可也绝非仅仅表现了人类的愚钝。其他生物物种全然没有自己的对象世界，也谈不上把自身作为对象来认识，它们的生命活动完全处在无意识的纯自然状态之中，从价值论上来看，其生存价值不过是人类赋予它们的。

人世间由来已久的祖先崇拜透露出人们对于自我的生命历史的一种不自觉的探索，不管其间显得有多么拙陋，最重要的是，人类正是从这里开始认识自身的历史和存在的价值。说到底，创造人类生命历史及其生存价值的恰恰是人自身，发现这个历史和这种价值的也恰恰是人自身，无论是神，是鬼，还是精灵，都帮不上忙。

历　史　文　化

(古老的社会传统)

唱呵！一娘生的兄妹
先辈的古规是这样传
先祖的路是这样走
腊月哈尼也有一个节
叫齐三亲六戚四方友
不是一个奶头认亲兄
不是一族做亲戚
山重水隔人心连

——哈尼族“歌唱十二月的歌”

中国民间文艺研究会云南分会、云南省民间文学集成编辑办公室编：《云南民俗集刊》，4 集，3~4 页，昆明，铅印本，时间不详。

第五章　民俗意识
——来自先人的神圣古制

在任何一个民族的文化传统当中，除了语言之外，风俗习惯便是其独特文化外显部分的最突出表征。

在社会现实生活的人际交往中，一般说来，通过语言大致可以判断一个人的民族归属，无论其人对母语以外的某种外来语掌握得如何熟练，语言本文后面的文化上下文环境的底色却是无法掩饰的。同样，通过人们的某些外显文化表征，比如传统服饰，也不难分辨他们所固有的民族属性；甚至通过人们日常家居生活和普通社交活动中的惯常行为方式，一样能够看出其根深蒂固的民族的或社会的文化心理背景。一个简单的例子是，每当遇到诸如惊恐无助之类的情形时，在传统上，西方基督教社会的人们呼唤“上帝”，东方世界中华文化圈内的人们则呼唤“老天”，而整个地球上的穆斯林们却呼唤“真主”，各色人等绝不会搞错而误求助于他家神明。这已经不仅仅是语词上的差别，而是一种民族的或社会的文化传统背景和文化心理习惯定式的不同表现。

人类各个民族群体的风俗习惯是他们各自独有的，而人类不同民族群体都具有各自有别的风俗习惯，这一特性却是整个人类社会所共通的。人类世界也可以凭着这一点而区别于其他所有的生物物种。在全球范围内，各类普通生物的各个种群之间，尽管有可能因为地理、气候等原因，而形成一定的种群亚型差异，但其间仅只会出现生物性遗传上的区别。全球各地同类生物种群之间的差异远远小于人类各民族群体之间的差异，其中缘故就在于，人类社会还另有一套社会传承的文化信息系统，而各个生物物种却不会组成人类世界意义上的“社会”，也不会形成人类世界意义上的“文化”，自然就不会有什么“风俗习惯”上的不同。

在人类世界的早期，由于人们的实践能力和认识能力低下，自然的屏障把人们的各个民族分割成一个个天然自成而又相互隔绝的社会群体。在各处地理环境、气候条件、物产资源等等不尽相同的小世界里，人类的各个民族以不同的方法劳作生息，形成了不同的生产生活方式，进而形成不同的社会文化传统，沿续下不同的民间风俗习惯。于是乎，基督教世界的儿童盼圣诞节的礼物，中华社会的孩子望春节过大年。

需要指出，人类各个民族、各种社会的风俗习惯中，有许多东西根本就是非理性、非史实的意念产物的遗存，还有许多东西索性来得毫无道理。圣诞节源自中东犹太人近乎神话的古史传说，本来一点儿也不干西方社会的什么事情；而春节民俗则部分可说是中华远古民族的蒙昧的结晶，“除夕”之说和放鞭炮的陋习就彻底透露了其间驱邪避灾的巫术意味。全世界到处都可见到的各民族民间传统葬礼，更可见其葬尸与送魂表里一体的古老形式，从而显现出了最初肇始之际古人类混沌未开的良苦心智。可是，古已有之，向来如此，仅此一点便是诸多莫名其妙的民俗得以存在并将继续延续下去的充足理由。

和语言一样，从历史性的角度来看，民俗也是经由约定俗成，长此以往，继而习成了一种几乎不可变更的成规定式。不过，由发生学的观点来看，事情当然不可一概而论，其中有不少的事象，完全可以说是开初某些拥有决定性权势的人们处心积虑地人为制造的把戏。多少世代以来，“黄帝子孙”的说法已成为整个中华民族，包括中国某些少数民族人们文化心理根底里的一种共识，每年的某个时候祭黄帝陵似乎已经成了一种民俗。然而，神话古史里的那个黄帝，原来却与满天下绝大部分黔首黎民压根儿无缘，仅是华夏上古三代帝君们所自认下的祖宗。后来历朝历代的君主，除汉朝自认“赤（炎）帝子”而外，其余均自诩“黄帝世胄”，就连入主中原的各个少数民族政权也纷纷跟着趋炎附势。他们的险恶用心早已昭然于史，借助于天赋亲权的余荫，以确保神授君权的稳固，君临“家天下”的驯良“子民”，想来能够得以家国天下太平。在若干少数民族中间，有一些原本意在祭天祭祖祭神祭鬼的年节民俗，其当初的社会功用也正在于此。在各个民族的神话和古史传说里，这一类现象十分常见。

从社会学的立场说来，各个民族、各个社会的民间风俗习惯属于社会常规的范畴。社会常规分为强制性的和非强制性的，强制性的社会常规就是法律，也包括无文字民族的未成文习惯法，非强制性的社会常规见于道德伦理和风俗习惯。强制性的社会常规靠的是规章制度性的他律，而非强制性的社会常规主要是靠自律，但舆论的压力也在一定程度上起到了他律的作用。随着一种社会常规的长时期推行，其原有的强制性质的社会要求也会慢慢地内化为人们文化心理里的一种定式共识，进而固定成为同一文化背景下的人们的一致行动，结果便是向着非强制性转化。人类各民族婚姻道德里的乱伦禁忌就是如此，各民族日常生活中的一些岁时民俗也是如此。最初，乱伦禁忌曾是各民族婚姻规范习惯法中最为严厉的禁则，而各民族的某些岁时年节的起兴也曾是强制性历法的结果。所以，纵观人类世界的社会规范演化史，其中不仅是不成文的习惯法“上升”为成文法，而更多的也许是强制性的法规“下降”为非强制性的一般社会常规。

人类世界的众多社会常规的起源早已消失在不可复现的过去，实在要追溯一番，往往只能得到若干让现在的人们难以理解、更难以相信的古史神话和久远传说。既然如此，更多的人们向来不去管它，这并不妨碍人们在日常生活中时时刻刻据以行事。

第一节　节祭与庆典（岁时民俗）

人在天地之间，是伟大？是渺小？是做主子？还是做奴仆？人类看似伟大，却似乎时时在做大自然间各种不可抗拒的力量的奴仆；人类看似渺小，却似乎又处处在做大自然间万事万物的主子。于是乎，人世间生出了若干无可奈何与兴高采烈矛盾交错的热闹。一方面，人们承认了自己的渺小，摆设下祭坛，把自己的智慧和生计供在上面，奴仆般地祭天祭地祭神祭鬼也祭自己的祖宗，以图求得冥冥之中有一种力量保佑人间流年吉利；另一方面，人们又炫耀着自己的伟大，开办起庆会，把天地间的一切精华都拿来供自己受用，主子般地庆贺自己对自然开战的胜利，礼赞人间大无畏的文化英雄。祭祀、贡献与欢庆、典礼，就这样以其深刻的对立和尖锐的冲突共存，并带着历史的荒诞性集中表现在人类世界各个民族的岁时祭祀民俗活动之中。

随着世纪更替的缓慢推移，人间记忆的年轮渐渐模糊了，人类主子意识也偷偷地高昂起来，聪明地掩饰着自己童年时代做大自然奴仆时的耻辱。如此戏法一变过，各民族民间的岁时年节活动也悄悄地演成了似乎是约定俗成的纯民俗的招数，今日中国各民族几乎一致“欢庆”的春节即是这样，其中浓重的巫术祭祀成分近乎被有意无意地淡化殆尽。然而，有历史记录在案，无论穿上洋装的人们高兴还是不高兴承认自己光腚的童年。在各个兄弟民族迄今尚存的多种岁时民俗活动中，在他们长久流传下来的有关于此的民间口承文化里，人类幼年时代的这一些稚趣或童蒙便历历在目。

一、奉天承运

日月交替，时序更迭，地球围绕太阳的公转及地球的自转给地球生命一种天然赋予，地球上的所有物种均拥有一个共同的生息繁衍的活动周期，那就是人类谓之以“地球年”的时段。不用说，历法的基础便是这个地球年，而岁时祭祀民俗活动的时间依据则为历法。在人类历史上，各个民族、各个社会具体的各种不同的历法里，有的再加上月球对地球的公转，这便有了人间历法的所谓“阳历”、“阴历”和“阴阳历”的多种区别，也就有了五花八门的岁时祭祀民俗活动的时序排定。

如果说地球年是自然的，那么历法却是十足人为的。人为的历法如何同自然的时序实现完满的对接？人类各民族的先人们想不通其中的道理。即使在今天，人类所认识到的是究竟自在之物还是人的对象化之物，这样一个人类与自然的主客体关系的问题，不是也有人在困惑不解吗？人类的童年自有童稚的办法，他们干脆将人间的立法建纲之权交给了上天，认为历法是天或神或合曰天神的恩赐赋予。在此，不妨先来看看拉祜族先民们在自己民族“造天造地”的创世史诗《牡帕密帕》里记述下的见解——

拉祜的节日，
厄莎定在正月初一。
……

一年三百六十天，
今天是过年，
一年一次大节，
一年一次大团圆。
桃子花开了，
李子花开了，
春意最浓最浓，
最好日子是今天。
……
让我们忘却一年的辛苦，
让我们送走过去的灾难。
打响哈灭那——
使我们精神振奋，
赶走邪魔保平安。①

厄莎是拉祜族文化传统中的至上天神，他不但是宇宙天地的造物主，而且也是人间纲常的创制者。在拉祜族的先人们看来，由厄莎来为人间制定历法，那是天经地义的事情。不难想见，过年本身的除旧更新之意即带有祛恶避邪的巫术祭祀底色。更有甚者，包括拉祜族民间过年期间的纯民俗活动荡秋千，据说也是来自厄莎的指使。《荡秋千的来历》告诉大家：原先，人们每逢过年，就将猪吊在一个架子上杀，猪们有意见，告到厄莎处，要求也把人吊起来，厄莎同意了。于是，说不清是接受了人间香火供奉的厄莎偏心眼儿，教人与猪玩花样，还是虔心伺奉天神的人们既应付了老厄莎，又糊弄了小猪们，总之从此以后有了拉祜族人过年荡秋千。当然，说到底，这实在不过是人们对于久远民俗的不明渊源的一种释疑性理解，只是由于假托神圣的厄莎，从而使这一民俗事象具有了一种不可更改的灵光。

哈尼族的“开天辟地”创世史诗《奥色密色》也说“天王给哈尼一本历书”，可“哈尼人忙着过海，便把历书吃进肚里”，无奈之下，天王为哈尼人

① 刘辉豪整理：《牡帕密帕》，57-60页，昆明，云南人民出版社，1979年第1版。

种下一棵树，教他们看树节、树叉、树叶来分年、月、日。这样一来，哈尼族才有了岁首农历十月年“迷色扎”（相当于春节），有了农历六月年“苦扎扎”，有了农历二月祭寨神节，这是哈尼族传统上的三大民族节日。六月年是哈尼民族的祭祀大典，届时要迎接天神摩米（一说为其所派遣的威嘴神）前来人间，那高高立起的磨秋桩便是迎接神灵的象征，磨秋场上的鼓声更是哈尼族人与摩米天神沟通的信号。就此看来，磨秋桩本该是祭祀之物，并且同哈尼民族口承文化中关于久远时期杀人供祭古俗的记忆有着某种微妙的联系。根据哈尼族神话《都玛沙莪·苦扎扎》及其他有关的传说，想必不难悟到这一点。据称，开初也是因神的旨意而杀人祭祀，后来又是因神的旨意而改为假作吊人献祭状的荡磨秋。这或许正是这一祭祀活动历史演变的一种扭曲的记录，其间由神旨而立只能由神旨而改的解释实在是意味深长。

在哈尼民族传统的年节祭祀活动中，最隆重的还是二月祭寨神节。天神管天下，而寨神管一方，寨神是直接关系到人们身家安危的村社之神。人造居所是人类走出自然的一个明显标志。哈尼族的前人向来注重选址建寨，建寨时立寨门，于建房区撒灰糠线，正像《人鬼分家》和《祭护寨神的由来》里说的，就是为了分开人与鬼、分开人与禽兽。这已经展示了人类对于自然的一大胜利，但他们还没有这样的自觉，对自己抗御自然力的能力缺乏自信，又以一片良苦之心去祭祀什么寨神。而且很不幸的是，按照《男扮女装祭护寨神的来历》中的说法推想，最初也是用人来做祭品。如今让人感到别有情趣的六月年荡磨秋、二月间男扮女装游寨子的民俗活动，背后竟然深藏着久已逝去的古史血色！如此严酷的史实，最为明晰可辨者当数佤族的猎人头祭祀木鼓的习俗，佤族神话《司岗里》中便有毫不掩饰的记述，而在现实里，此类野蛮的古俗直到共和国开国前夕仍有残存，而今则早已绝迹。

过年祭祀木鼓是基诺族的传统“规矩”，而且据说“老的规矩不丢，新的规矩不找”。木鼓，基诺语称之为“斯囡”或“斯巴”，是基诺族最神圣的祭器，被认为有通神的灵性，因而人们对之敬若神明。木鼓也是一种权力的象征，只能挂在“寨父”、“寨母”家里的供祭寨神处，平时任何人不得触摸，全寨开始过年祭神时才敲三下，而后在庆祝过年的歌舞中敲击伴奏，以示与神沟通并娱神。有关木鼓来源的传说解释道，远古洪水浩劫之际，基诺族的祖先躲入木鼓得以逃生，因此木鼓是神物。

奉天承运而祭祀神灵的岁时年节活动还见于景颇族的“木脑纵歌”。“木脑纵歌”是景颇全民族最为盛大的祭祀庆典，这项活动，景颇支系语言称为“木脑”，载瓦支系语言称为“纵歌”，合称“木脑纵歌”，在正月十五前后举行，其本意在于祭祀作为以往景颇族世袭山官权力象征的木代天鬼。现有一种看法，认为“木脑纵歌”原为群众性的庆典活动，进入阶级社会后被景颇族统治者改为政治性的祭祀活动。这种见地其实只有极其片面的合理性，而其片面性正在于截取历史的随意性。凡提及“木脑纵歌”的任何一件景颇民族传统口承文化作品，诸如《目脑的传说》、《“目瑙纵戈”的传说》、《目脑柱》等，一概明明白白地讲到，太阳神与景颇族的“木脑纵歌”有关。这里的所谓“太阳神”实为太阳鬼，因为景颇民族原无“神”的概念。据说，正是太阳鬼向景颇民族传授了“木脑纵歌”活动，而“木脑纵歌”场地上高耸的那四根神圣的“木脑柱”也是出自它的授意，那就是祭坛的象征，是迎接天鬼的祭器灵物。有的作品甚至提到了景颇族人自认的始祖宁贯娃，.索性明言“木脑纵歌”是宁贯娃得自天鬼的真传。这意味着什么？要知道，宁贯娃同时也是景颇民族自认的第一代山官！

无论如何，“木脑纵歌”一开始便是一种景颇全民族性的祭祀活动，也正是由于这一活动所具有的全民族性，不可避免地也就成了景颇全民族传统的社会认同和文化共识的庆典活动，只是随着历史的进步，其祭祀的性质越来越淡化，而其庆典的性质越来越突出罢了。在不同的历史时期，“木脑纵歌”的祭祀对象可能会有所变化，但其从祭祀习俗向庆典民俗演化的这一历史过程决不会倒着走过！认真地说起来，在这一点上，各个民族的岁时节祭民俗活动皆概莫能外，比如拉祜族支系苦聪人正月祭龙、阿昌族正月跳窝罗祭天公地母等等，于今也正向着欢庆性质的节会民俗转化。

至此又引出了另外的一个问题，以岁时为依托的年节祭祀民俗，到底是如同一向所说约定俗成的，还是当初有一种不可缺少的人为设定？不言而喻，历法不可能约定俗成，以历法为依据的岁时祭祀难道能够凭空而来？约定俗成之说不过是现在的人们探求未知时知难而退的一种遁词，同过去的人们探求未知时托附给冥冥之物半斤八两，好不到哪儿去。德昂族作品《泼水节与节令的由来》说，历法和节令是天王定下来的；普米族的作品《春节歌》说，岁时年节是“九个老爷爷”和“七个老奶奶”定下来的，而“古礼无书代代传，一直流传到今天”。不论这里的历法制定者是神还是人，总之历法是一种人为的定规制度，即便把历法的制定委托给了神，后面还是人在操纵，哪怕是不自觉地操纵。基于历法的岁时年节之源总有一定之规，只是其流的涌涨有约定俗成的余地。当今举世实行的所谓“公历”，在各个国家实行时，最初便是靠颁布强制性的政令；而由政令设立的诸多节日庆典，到头来也导致了相关民俗活动的形成。时至不久前，哈尼族一支的僾尼人新年“嘎汤帕”固定的节期，正式被定为正月初二至初四；而据他们的历史传说，其祖先为统一部族社会，便制定下了这个“嘎汤帕”节；只是由于历法不确而节期不定，后人才有了追补确定节期的可能。可以想象得到，从此，僾尼人新年民俗将在这一人为制定的节期得以继续“约定俗成”下去。

二、农事祭坛

地球年为整个地球上的生物限定了一个无法逃遁的生命周期节律，尤其是植物，一年一度叶绿叶黄，花开花落。正是其中的各种农作物，给人类提供了最大量的热量来源，农耕也就成了人类获取大自然能量的最基本方式。就全世界的总范围而论，畜牧业、渔业的规模和能量产出远远不及农业。农耕是人类世界绝大多数民族传统的生计方式。农耕民族的岁时祭祀自然与农事有着密不可分的内在联系，以上的年节祭祀民俗活动同样也少不了祈求天地鬼神保佑在新的一年世上风调雨顺、人间五谷丰登的内容。拉祜族过年的时候要吟唱《过年调》，其中便有关于农事生产的大量内容，详尽叙述一年四季的农业生产过程。像这样的过年歌调，像这样的年节民俗，在云南少数民族中间处处可见。而一年之中，与农事直接相关的岁时节祭，专门为农事而设立的祭坛，同样也屡见不鲜。

农事节祭与一年当中的农事活动密切相关，其各类节期祭日的设定更是与一年一度的各种重大农事活动直接相连。一年之中最为重大的农事活动无非是耕种和收获，相应的农事节祭也主要可分为两类，一类是以“撒种节”或“耕种节”为代表的春季农事节祭，另一类是以“尝新节”或“新米节”

为代表的秋季农事节祭。

先来看春季里的农事节祭。

哈尼族有“里玛主”节，其意思就是“春天的盛会”。哈尼族人崇奉布谷鸟，把布谷鸟尊称为“合波阿玛”，即“布谷鸟妈妈”。据他们的古老传说，布谷鸟受天神摩米派遣，从遥远的天边飞来，向人间传达春天来临的消息。所以，在春季里，无论男女老少，人们第一次听到布谷鸟的鸣啼声，都会随即报之“我听见了”之类的回应。据称，如此这般才能保证哈尼族人农事康泰，五谷丰登。诚然，这还算不上是节祭。哈尼族传统上以十二生肖定年、月、日轮回，按照祖先们传下来的规矩，当多数人听到布谷鸟鸣啼声以后，便约定一个羊日，置办美味吃食，更换节日盛装，大家一起欢度节祭，祭品敬献给布谷鸟，自然也是敬献给天神。在这春天的盛会里，天地之春也带来了人间之春，春心萌动的男女们借此机会相择谈情说爱，把整个农事节祭闹得欢天喜地。实际上，基于相似律交感巫术的生殖崇拜本身就是这么一回事，中外某些民族还曾有过一种古俗，人们要于此时在田畴边性交，以激发各种农作物的勃勃生机。

景颇族有“那泼节”，这即是景颇民族的原始耕种节。有关“那泼节”的传说晓以人们：古时景颇人只知道撵麂子、打豹子为生，有一个年轻人，名叫麻锐（景颇语“老八”），在山鬼那相的女儿莫班帮助下，由非人间的山鬼处将金谷种偷回了景颇山，自此景颇人才有了农耕。山鬼决意破坏人间的谷物生长，先变为草争夺地里的养分，莫班教麻锐放火烧地；山鬼又变为鱼要把水喝干，莫班又让麻锐把鱼拿来煎吃了；山鬼再变为野兽来吃谷子，莫班再叫麻锐在寨前路上修一座鬼门，并把箭和长刀挂在鬼门上镇邪。山鬼无法，只得将自己的女儿变成了木桩，上面刻有各种鬼符和谷种纹样，而金谷也被变成了现今凡俗的谷子，只不过保留下金黄色谷壳。从此以后，景颇族人每到耕种时节，都要过“那泼节”，烧地，泼鱼，祭鬼门，并在烧好的地里插一刻有鬼符和谷种纹样的“莫班”木桩，人们唱歌跳舞，吃鱼喝酒，祭祀山鬼的女儿莫班姑娘。其实，景颇民族的谷种由来是不是莫班的功劳并不重要，关键的一点在于，处在社会生产力即人战胜自然的能力还很弱小的状况下，农耕民族就只能够靠天吃饭，祭天祭地祭神祭鬼以保农事吉利便是顺理成章之事。

阿昌族农事节祭的祭词充分表明了这一点——

天地三界，
四方万里，
满空蒸宰。
祭天者，
风调雨顺：
祭地者，
国泰民安；
祭神者，
诸神欢喜。
早谷打三千，
迟谷打八百；
早谷连根结，
迟谷顺根倒。[①]

以此来看，阿昌族农事节祭分明祭的是天地神明，可他们的《撒种节的来历》或《谷稷》却告诉众人，三月撒种节的形成与一个被称为“老姑太”而人间气息十足的瞎子鬼相关，她就相当于阿昌族的农神，正是她教会了阿昌族人农耕。人类的祖先创制下种种人文业绩，在后人看来，这些人间文化英雄们也就如同神一般。中华民族古史传说中的那个“人文初始”的始祖黄帝，不也成了非人间的尊神？

关于这个老姑太的传说同时也涉及阿昌族的尝新节，至此就来看秋季里的农事节祭。

阿昌族的尝新节，阿昌语称为“佳舍甲”，意即“吃新米饭的节日”。届时，各家各户均要行祭献之礼，并专门向老姑太在天之灵念祭词曰：“阿昌族的老姑太，今天是尝新节，吃新包谷饭了。托您保佑，大蓬大蓬的芋头籽多实大，大棵大棵的包谷包长粒满。今天祭献您，求您赐福免灾，得穿得吃。”

---

① 德宏州文联编：《阿昌族文学作品选》，148–149 页，潞西，德宏民族出版社，1983 年第 1 版。

以往，尝新节的节期不定，总之是在秋收时节，后来阿昌族人接受了农历历法，便把这一节日定在了八月十五。有趣的是，有关的传说也就此做了改动，说成是老姑太临死前亲口交待的，“我死后，每到三月撒种，祭献我一次；每到八月十五，用我的竹棍捆上一棵新包谷，靠在堂屋里，管保你们得吃得穿！”从这里也可以看出，在人们对于某种民俗事象的理解里，其由来越古远越神圣，这一民俗事象似乎就越是具有传世古董般的神性灵光。

拉祜族新米节的来源更见神奇。据传说，古时候，拉祜族人只靠狩猎和采集度日，天神厄莎于心不忍，开导人们道：“拉祜要过好日子，必须学会种谷子。”并告诉他们上哪儿去寻谷种，怎样种谷子。上天如此厚爱，人们当然十分感激，秋收后的第一碗新米饭自然是祭献给天神厄莎的，由此形成的民俗传统迄今不改，可见其古制的神圣性。在拉祜族的《新米节》里，便明明白白地记录下了这段神乎其神的古远公案。

佤族新米节的祭祀对象则是他们的祖先董和谷神。祭祀董是因为他把远古时候逃跑了的旱谷小红米又请了回来，祭祀谷神是为了安抚旱谷小红米再也不要赌气逃离人间。古制就是如此，不论它来得有无道理，谁也奈何不得。依此而来的佤族民间新米节延续至今，当地政府也基于尊重民族风俗习惯的原则，为其规定了节期，如西盟佤族自治县便明文确定，每年的农历八月十四日到十六日为佤族传统新米节。

哈尼族的支系很多，其间秋季农事节祭的名称及其相关的解释也有不同，有的称为“禾食扎”或“禾实哑”，意即“吃新米饭”，有的称为“车收阿巴多”，意即“喝新谷酒”。《塔坡取种》说是为着纪念神一般的人类女祖先塔坡（一曰“塔婆”）千辛万苦替人们寻找五谷，也是为着纪念塔坡的儿子龙王欧罗帮助母亲完成此项事业。《奥色密色》和《尝新先喂狗的由来》则说是为着纪念天神摩米的女儿给人间偷来了谷种，天神为此将自己的女儿变成了一条狗，“克玛”就是她人间的名字。哈尼族语的“克玛”即为“母狗”之意。《喜力甲的故事》更是花样翻新，把“吃新米饭”变成了人间胜利的节庆，说是祖先喜力甲破旧制，开新风，不怕天神不许做，不怕祖宗没做过，学着山外人开田种谷、辟地盖房，给哈尼族人带来了新的生活。实际说来，这一解说倒很有几分接近史实的真实性。

新米节人们尝新先喂狗，在哈尼族这儿理所应当，天神的女儿被变成了“克玛”，实在是可敬可佩。有意思的是，这一习俗见于云南许多民族中间。阿昌族《狗的故事》、景颇族《谷子的故事》、傈僳族《新米节先喂狗的由来》、布朗族《稻谷是怎样来的》等等，异口同声，都说明正是狗从天上或神灵那里，为人间要来了谷种或请来了谷神，因而人们感激不凡的狗。事实上，狗作为最早经人类驯化的动物之一，在人类世界古今所从事的狩猎活动中是不可或缺的得力助手。进入农耕以后，狗依然同人类的生活有着某种不解之缘，正像《奥色密色》里所讲的：“克玛不能劳动，就为人们守门看户，人们感谢克玛，世代流传着‘禾实咂’的节日。”不仅如此，有的民族甚至忌吃狗肉，拉祜族的《忌吃狗肉的来历》和《天狗救命》、普米族的《狗救主人》都说狗救过人的命，这在狩猎之中是极为常见的事情。人类早已同狗结下了一种特殊的交情，这就如同农耕民族对牛的感情一样，德昂族《葫芦的故事》里便讲到人们收新谷后要先喂牛。只是人类丰富的情感世界在口承文化中衍出了若干信不信由你的奇妙传说故事，农事节祭里潜藏着人类社会颇为重要的一部生存历史和心灵历史。

三、人间节会

人类生存于自然之中，又把自然拿了来为我所用；岁时节祭依自然的时序而行事，但人间设定的节祭毕竟有为了人间的意图。人类各个民族的所有的岁时节祭，不管是因奉天承运而定，还是为农事祭坛而设，到头来都免不了成为一种民族性的社群聚会的节庆，在祭神娱神之外，总少不了自娱自乐。节祭其实是人们以扭曲的方式庆祝自己文化胜利的一种举措。所以，各种节祭同时也就成为民族性、社会性的角色认同和文化共识的庆典，人们借以加强彼此的社会联系和情感联络，促进整个社群的全体成员在社会结构、文化体系及其精神传统上的整合。在那些人文意味较为浓厚的节会活动中，岁时节祭这一方面的性质便更加明显。

“卡雀哇”是独龙族的岁首年节，是独龙族传统社会一年里惟一的节日，他们以农历的十二月二十九日为除夕，以十二月三十日为新年之首。据传说，独龙年的规定是这样来的：很久以前，独龙江畔有自幼失去父母的兄弟二人相依为命。一天，哥哥追猎野物失踪，那个弟弟整整寻找了11个月又29天。直到十二月三十日这天，哥哥才回到了家里，兄弟二人终于团聚。鉴于这个传说，独龙年“卡雀哇”除了剽牛祭天的宗教色彩之外，人们之间相聚庆贺的成分格外地重，整个社群的全体成员同食共餐并欢聚舞蹈是必不可少的内容，正如他们古老的“年歌”所唱：

年十二月三十日，
是独龙的“卡雀哇”，
是独龙的年节。
独龙兄弟见面的时候到了，
独龙兄弟欢聚的时刻来了。
我们的猪养肥了，
我们的酒煮好了。
大家一齐来吧，
围着火塘吃肉喝酒，
以后你们杀猪，
我们也来分食，
这是我们的年俗。
……
吃饱了好唱“年歌”，
喝足了好一起舞蹈。①

“卡腊节”是拉祜族一支苦聪人的节日，时间为农历正月初三。《卡腊节的传说》向人们说明，这个节日是为了纪念一个名叫卡腊的人，依照传说来看，此人首创种植方式，并学来了狩猎方法，可以说是苦聪人的猎神兼农神，人们也认定他是“唠格”（神仙）下凡来救苦救难，正是他教会了原先只知道采集的苦聪人如何狩猎，怎样种植。据称，农历正月初三是卡腊离开苦聪人的日子，所以老人们商量决定，在每年的这一天祭奠他，自此也就形成了“卡腊节”。这已经是一个民族斗胆不买鬼神造物主的账，径直纪念自己的文

① 《山茶》，89-90页，1984年第5期。

化英雄，以此方式来传扬自己民族的文化传统，并在节日欢聚中实现全民族的身份认同和文化共识。

水与农耕生产活动有着密不可分的联系，在云南的各兄弟民族里，因水而来的节祭有哈尼族二月初二“姑娘节”、怒族三月十五“鲜花节”、佤族十月佤历新年“新水节”、傈僳族“冬至节”。哈尼族的《姑娘节》和以“花一样美的姑娘”为其题意的《打学学能》、怒族的《鲜花节的传说》、佤族的新水节传说、傈僳族的《两眼清泉》所讲述的就是这一类节祭的来历，其内核情节大同小异，都是有人抗拒某种自然的或社会的恶势力而身亡，因之而来的水源流向田野，造福四方，人们定下节日来纪念死者；不同之处仅在于，哈尼族的水是人死之后化成的，怒族的水是人生前凿出来的，佤族和傈僳族的水是死者带来的。最为一致也最有意味的地方是，那些为民得水而献身者均为女性，男、女二人一同献身的也以女性为第一主人公。此般故事结构的深层历史蕴意何在？难道又应了一种早已用滥了的见解模式，一遇长女人志气的情形，便谓之母系社会遗痕的女权高贵？认真想来，此处或许倒是透露出了人类社会早期男性主狩猎而女性主种植的一线折射微光。不管怎样，水利灌溉是人类对自然开战的一大胜利，这类节日本身便是人们对此胜利的庆祝。附带提一下与水相对的另一面，佤族的新火节在庆贺人类钻木取火的发明，基诺族的打铁节在庆贺人类使用铁器的创造，这些也都是人类文明史册上有声有色的章节。

专门为祭奠各民族传说里为民赴命的各路英雄的活动也不少，其中哈尼族的情况比较典型。《正月年的传说》讲到，一个叫做奇尼的哈尼小伙除灭旋风妖魔，并救出了被妖魔摄去的美丽姑娘，在正月的一天回到寨子，人们相聚欢庆，为他举行了盛大的婚礼，由此才有哈尼族的正月年。这可是一个正装的英雄除恶救美的永恒主题。《男扮女装祭护寨神的来历》讲到，往昔每年二月祭寨神节，山魔奢得阿窝皆要人们祭献一个漂亮姑娘，日则和努嘎两条汉子眼见自己的妹妹即将落入山魔之口，扮女装顶替并杀灭山魔，从此有了哈尼族二月祭寨神节时选两个英俊小子扮做姑娘周游寨子的风俗。这是否又暴露了以前行人祭古俗的某种端倪？《磨秋》讲到，阿朗和阿昂兄妹为了使时时厮守在一块儿的太阳和月亮各司其职，在昼与夜之间分开来出没，荡起磨秋上天为民请命成功，但前去说服太阳的阿朗被烤死，前去说服月亮的阿昂被冻死，于是每年的哈尼族六月年人们便学他们的样儿荡起磨秋。这是关于磨秋来由的又一种说法，无疑更带一些人间烟火的气息。《英雄玛麦》讲到，哈尼族寡妇阿皮捡了个来路不明的儿子取名玛麦，这小孩长大以后居然上天从天神处盗取了谷种，不幸落地时遭神做法而摔死，因而哈尼族人多了一个五六月间祭玛麦的节俗。不知这会不会抹灭了哈尼族“克玛”为人间窃谷种的功劳？

此外，阿昌族口承文化里也有几位为民除害的好汉。《大青树下的祭礼》提到，一年一度八月初八节祭，阿昌人祭祀身入虎腹灭害而化身大青树的蓬阿。《神奇的锥栗》提到，每年清明后七天泼水节，阿昌人纪念在天公地母帮助下灭魔王腊訇化身三嘴怪人的腊亮。似乎最贴近历史却又最让人困惑难解的还是傈僳族的《刀杆节》。刀杆节以其货真价实的上刀山动人魂魄，据说，起因是明代某个兵部尚书王骥屯守云南傈僳族区域受谗遇害，傈僳族人义愤填膺，以此来炼筋骨、明心志。明史上真有王骥其人和朝廷兵部尚书屯守云南其事吗？这大概又是后世的某一个捉刀秀才的附会之作。反过来论，民俗古远，渊源难溯，好歹有一说恐怕总比无一说要来得好一些，如此而已。刨根问底却又轻信讹传实在是恼人的世间常例。

在云南各个兄弟民族的节庆中，还另有一些极为独特的节祭。和阿昌族一样，每年清明过后第七天，也是德昂族的泼水节，在泼水节的第一天，德昂族人要上山采花，因此这天又叫做采花节。有一则传说谈到了采花节的起因：一妇人年纪轻轻便守寡，一人将儿子阿佛养大，没想儿子嫌老母已无用，常常骂她。一年清明后第七天，阿佛在山上干活，见一只乌鸦衔来一条虫子喂另一只老乌鸦，这叫做“老鸹含食报娘恩”。他立刻羞愧难当，自责不如禽兽，向自己家的方向奔去，打算向母亲认罪。他老母在来送饭的路上跌了一跤昏过去，醒来时已误了一些时辰，正连走带爬赶路，忽见儿子奔来，以为又要挨骂，横下心一头撞死在路旁的大树上。阿佛后悔莫及，在这树上刻了母亲的身像，每天送饭来此忏悔。以后见木像遭风吹雨打，他就把木像挖下来供在家里，每年一到母亲忌日便上山采花来蘸水仔细擦洗。哈尼族索性直接来了一个农历二月祭母节，《祭母的由来》同德昂族如出一辙，惟一的不同是老雀喂小雀。这也就是中国传统文化里人所共知的“吐哺”养育之恩。孝道是中国古已有之的立家治国之本，与此类似的主题在各个民族的文化传统中屡屡可见。佤族虽没有形成这一类节祭，但佤历年节时有“敬老宴”习俗“木考括”，据他们的作品《敬老宴》称，其中也同样包含有一个“吐哺”的感人细节。哈尼族竟然还有一个古老的三月初三“枯什扎”儿童节。他们的《枯什扎》说，古时候，春季到来时草不会绿，叶不会发，花不会开，需得天边来的牧童索腊吹笛呼唤。有一年他摔死了，鲜血染红桃花，汗水染白梨花，眼泪浇绿青草，从此哈尼人才有了真正的春天。果真如此，这个非凡的男童倒也很值得祭祀一番。一物一说，一事一祭，人类的先民们好像从来不会嫌麻烦。

人类世界各个民族的岁时节祭是其风俗习惯中极为重要也极其明显的部分。各民族的岁时节祭最直观地存活于他们各自的民间生活里，不过那仅只是一种感性的存在。屡见不鲜的情形是，许多人对于自己民族的多种岁时节祭的起始流变大都一无所知，可这并不妨碍他们每每满怀欣喜地去欢度那些与当下社会生活相距甚远的传统节日。相比之下，各民族的岁时节祭更完整因而也更持久地存活于他们各自无文字时期的口承文化里，那才是一种理性的存在。尽管口承文化对种种岁时节祭的古远理解往往带有一点不可否认的怪诞性，但那毕竟是一种自圆其说的解释，其间包含了种种岁时节祭的或实或虚的起始缘由。当然，认真思索过后，也许有的人会问，有不少的传统节日及其相关的古老民俗到底于今天有什么意义？

是的，人类的历史曾经从巫术祭祀的蒙昧中走来，曾经在宗教的迷狂中走过，严格分析之下，各个民族的各种岁时节祭处处可见童蒙的拙笔。然而，有一点却是确定无疑的，因文化传承而得以延续的人类历史本身就构成一种传统，在这个意义上，传统也就是人类自身。没有传统的社会是不能存在的，至于革除旧制、改创新风本来就是传统的理中之义，彻底的守旧只会导致传统的断裂。

各民族的岁时节祭，不论有多么古远，不论其最初创意在于祭天祭地祭神祭鬼，还是在于祭虚幻的祖宗祭创业的前人，披开古旧的尘埃寻到根底处，实质上都是在祭奠人类文化建树的伟业，就连祭祀行为本身也是一种文化的创造。说到底，节祭是人间的庆典。

第二节　红白喜事之间（婚丧民俗）

在中国这片土地上的文化传统中，天地、乾坤、阴阳，这些概念代表了一种二元对立统一的文化哲学意识。的确，“道生一，一生二，二生三，三生万物”这样的理解，已经不仅仅是道家的思想专利。人类所面临的宇宙中充满了对立统一的矛盾体，“一分为二”、“合二而一”等等，也都是中华哲人对于对象世界的此类现象所做出的概括。正是处在天地乾坤阴阳二元对立统一的大千世界里，人世间才有了男女之分、灵肉之交、生死之变的种种动静，也才生出了人们婚嫁、丧葬的许多闹热。

按照中国传统的阴阳五行的学说，青、赤、黄、白、黑五色对应于所谓五情。其中，红（赤）色谓之阳色，代表着喜的情感；白色谓之阴色，代表着哀的情感。婚嫁之事尚红，喜之极大家同喜，把婚事办成整个俗民社会群体庆贺的盛典，即为红喜；丧葬之事尚白，哀之极大家同哀，把丧事办成整个俗民社会群体聚会的盛典，即为白喜。这就是中国各民族民俗传统中的所谓红白喜事。

婚嫁丧葬民俗由来已久，各个民族自有不同的做法，其间诸多程式礼仪，包括那些古时带有祈祷、祭祀色彩的繁文缛节，其本义源头业已淹没在历史长河的时间流逝过程中，而人们还是世世代代地依以行事，这也就是传统的力量。不过，各个无文字民族或各民族无文字时期的传统口承文化功不可没，或多或少记载下了各种婚嫁丧葬民俗传统的缘起，说来似乎有根有据，不由人们不信，至少各民族内部恪守传统的人们相信。

一、天地嘻戏

中华民族传统的婚姻嫁娶礼仪把说媒、订婚的过程也包括在内。的确，自从上古周代基本上形成了婚姻嫁娶的礼仪模式以来，以古代华夏民族为主体演变发展而来的汉民族的传统婚姻仪礼，便一直奉行着从议婚到完婚整个过程的所谓“六礼”，即：“纳采”——男方家请媒人到女方家提亲；“问名”

——男方家请媒人问明女方姓名及生辰八字，以占卜吉凶；“纳吉”——男方家占卜得到吉兆，决定缔结婚姻，并备礼物告知女方家；“纳征”——男方家向女方家送聘礼；“请期”——男方家择吉日定婚期，并请求女方家同意；“亲迎”——新郎前往女方家迎娶新娘。可以看出，如此“六礼”的程式大半属于求亲的过程，也就是一般所讲的择偶；而在当事的男女二人能够自由择偶的情况下，这一过程亦即现在流行说法的“恋爱”。

排除恋爱（择偶）未果的情形，也排除如今人心不古的所谓“只恋爱不结婚”的情形，恋爱（择偶）通常是婚姻的准备阶段。但是，恋爱毕竟还不是婚姻，本身并不是婚姻礼仪的一个固有的组成部分，因而完全应当与婚姻仪礼分开来谈。传统的“六礼”婚姻嫁娶礼仪模式将这二者混为一谈，其间暗藏着中国汉民族传统文化既有的一处罪恶的杀机，那就是否定男女当事人自由择偶的权利，否认人间婚姻形态以情感为基础的事实。爱情是人类物种雌雄两性关系中所独有的文化现象，正是由于这一点，人类的男女两性关系是一种社会关系，而不再单纯是自然性和生物性的关系。

只要把恋爱（择偶）从传统婚姻形式的求亲礼仪中分离出来，便能十分清楚地看到，恋爱（择偶）并无固定的礼仪可言，当事者尽可恣情发挥。然而，在各民族民间的民俗传统之中，恋爱，或者说是择偶，也存在着一些约定俗成的惯常形式，在保存民间文化传统较完备的各少数民族当中，这一点更能够清楚地看出。

德昂族未婚男女青年有充分的社交自由，对他们的恋爱和婚姻，双方父母一般不干涉。在德昂族民间，有一句话已得到一致的共识，那就是“姑娘爱上人了，不同意是不好的。”据传，德昂族中间的这种良好的民俗传统得来不易，是他们的前人总结鲜血淋漓的历史教训而确立的。据德昂族自己说，他们民间婚礼上必定要吹唱的《芦笙哀歌》这一作品所记录的便是这个教训：久时以前，德昂族一对男女青年相爱，遭到女方父亲反对。为避免恋人相见，女方父亲把自己的女儿打发到山中，其悲惨结局如《芦笙哀歌》里所唱：

心爱的姑娘啊，
我赶到窝棚找你，
却遇豹子把你撕嚼。

我虽然杀死了豹子，
却来不及把你救活。

心爱的姑娘啊，
你死得这样惨，
全是你爹的过错。
他用烧红的铁块把我们隔开，
使两颗相爱的心饱受折磨……①

相传，这件事震动了整个德昂族，自此才形成了遍及全民族的恋爱婚姻自由的民俗传统。这也算是血的代价换来了一种历史进步，德昂族的先人们勇于改立新风，可谓有胆有识。

类似的民俗传统和民间传说还可见于拉祜族的长篇韵文《呀普乃普》和哈尼族中僾尼人的一则传说：两对青年恋人都因长辈的关系而被强行分开，结果，拉祜族的一对双双服毒自杀，僾尼人的一对女的死于虎口、男的撞石身亡。

历史的悲剧能够唤醒人心，这两个民族的前人们也确实有所醒悟，于是乎，后世的恋人们得到了恋爱自由、婚姻自主的权利。民间传说当然说来简单，实际上，在强大的历史传统面前，一两出悲剧实在显得不那么够分量。越是文化传统悠久的民族，其传统的历史惰性便越是沉重，人们要有所改变，所必须付出的代价也越大。

在民间的俗民传统中，一事一物都有讲究，男女私情也不例外，容不得有情人自由地去做浪漫的随想。在一些少数民族民间，就连定情信物的来路也不乏有鼻子有眼的说道。阿昌族《绡迈的故事》、德昂族《葫芦的故事》、拉祜族的苦聪人《彩带的来历》就是这一类的作品，分别讲到了这几个民族传统上的定情信物，即阿昌族姑娘特制的布质披肩“绡迈”、德昂族姑娘身上的腰箍、苦聪人姑娘精心编织的彩带，是怎么样来的。有意思的还在于德昂族，其传统的定情信物并不像阿昌族和苦聪人那样源于往昔的一个缠绵的爱

① 杨知勇、秦家华、李子贤编：《云南少数民族婚俗志》，222页，昆明，云南民族出版社，1983年第1版。

情故事，而是来自天神的亲授，就如同对付孙悟空那猴儿的紧箍咒，套上腰箍的姑娘便不怕她飞了。不过，苦聪人也有令人称奇之处，在姑娘动心向小伙子赠送彩带之先，小伙子向姑娘表达爱意，竟然是以自己亲手猎到的松鼠作为礼物！依照《求婚礼品》这一苦聪人作品之言来看，苦聪人认为，猎人能够对付大的猛兽还不算有本事，还要能够猎获机灵的小松鼠。不难理解，在一个久居山林的民族里，一身狩猎的真功夫自然是令人仰慕的，男人们可以凭此赢得姑娘的芳心。

别有情趣的还有，在某些民族那里，青年男女们欢情，居然还有特定的节庆民俗以供受用。比如，阿昌族泼水节的第四天，即是专为未婚男女青年谈情说爱而设的“爱的节日”；景颇族则有一个农历二月“能仙”节，“能仙”，景颇族支系载瓦语“栽花桩”的意思；哈尼族又有一个农历四月“仰安娜”节，“仰安娜”，意即“众人游乐憩息”。如此绝妙的人间安排，可真成了情人们欢会嘻戏的理想天国。

阿昌族的这一“爱的节日”出自他们民族有关泼水节的传说《神奇的锥栗》。据称，阿昌族的天公遮帕麻和地母遮米麻创世造物之后，曾消灭了制造假太阳的魔王腊訇，但未将其尸身碾成灰。故此，魔王腊訇得以转世托生为三嘴怪人，一嘴吃天，一嘴吃地，一嘴吃人，把个人世间搅得死气沉沉。英雄腊亮得到天公、地母的指点，用锥栗花蘸水洒出，救活了死寂的人间；又用锥栗花蘸水洒去，灭了三嘴怪人，这就是泼水节的由头；到第四天上，腊亮找回了被腊訇卷去的姑娘腊乖，这就有了泼水节期间青年男女们相会欢情的“爱的节日”。依此看来，阿昌族的如此“情人节”来历不凡，实为天意的安排，难怪人们多年来一直恪守这一古规。其实，这般美妙的好事，即使没有上天的布置也不妨做来。

景颇族“能仙”节也有一个传说，只是来得不如阿昌族那么不同凡响，完全就是人间凡俗的创制。据说，从前有一个孤儿翁果糯，他与山官的女儿乐培麻扎对相爱，山官当然不乐意。为了在其他众多的求婚者中选一人，以完女儿婚事，山官只得答应女儿的要求，举办歌舞盛会取其优胜者。民间故事的结尾模式不言而喻，穷孤儿翁果糯得胜。面对突破景颇族社会等级制旧规的局面，山官只好同意，但将这对情人赶出家园，以确保景颇族“官种”

血脉的纯正。倘若史上真有其人其事，那可称得上是值得纪念的事件，天地间的嘻戏欢情冲破了人世的樊笼禁忌，自此景颇族男女青年有了歌舞盛会的择偶良日。

正像民歌里唱的，“天和地是一对”，一当一对有情人在阴阳天地的欢会嘻戏之中走完了相互选择的过程，天地乾坤合一的时刻便到来了。

二、乾坤合一

人类世界的婚姻并不等于自然的两性关系，而是一种社会关系。各个民族的婚配规范尽管可以有所不同，但其本身就是一种社会性的制度，这一点却是一致的。同时，自古以来，结婚不仅仅是当事男女二人的私人结合，同时也还意味着男女双方两个家族的联姻。基于婚姻，两个本来毫无干系的家族结成了庞大的姻亲集团，仅此一点也就足以说明婚姻的社会性质。因此，在历史上，婚姻常常被用来为政治服务，在两个部族之间，甚至是在两个民族或两个国家之间，“和亲”的通婚之举往往成了缔结政治和军事联盟的一种手段。这种情况在中国历史版图上的各个民族政权之间，在欧洲历史上的各公国统治者之间都不难看到。

正是由于婚姻的这种重要的社会性质，传统婚礼便具有一种异乎寻常的重大象征意义。首先它是一种人生仪礼，它标志着当事的男女二人的角色身份发生转换，正式结为传统习惯法意义上的合法配偶；其次它也是一种公众仪式，它标志着当事男女二人角色身份的转换正式向公众宣布，并得到了俗民社会的承认；最后它还是一种社会庆典，它标志着鉴于当事男女二人的结合，双方亲族从此也正式结成了具有一定的相同利害关系的姻亲集团。无论是在传统社会，还是在当今社会的俗民传统里，传统婚礼都是民俗仪礼中极受重视的一种形式。

首先，举行婚礼的日子就有特殊的讲究。而今的许多年轻人也难以免俗，即便是仅为着结婚纪念日便于记忆，也总好把所谓的“婚期”定在某个节日的吉庆日子上，殊不知，国家行政社会认可的结婚日期是以登记之日为准。在少数民族民间，选择结婚时间的吉祥日子更有一些神异的由头。怒族男女的结婚日大多选在属蛇或属龙的日子，在怒族人中间，蛇和与之同类的龙被认为是吉祥如意的象征。此般民俗根源于怒族历史上古老的民族起源神话。他们相信，自己的女始祖茂英充由蛇与蜂交配而生。随后，这一“天降之人”又与蛇、蜂等交配，生下了怒族先民诸氏族。不妨做此假设，如果中国传统民俗里生肖属相再有蜂一属，那么怒族人心目中的吉祥日子肯定会多出一个“属蜂日”来，始祖的另一处根底想必同样会给后世的人们带来某种余荫。

诚然，对于男女当事者来说，婚礼这一人生历程上的过渡仪式具有双重的意味，不仅标志他们新的成婚配偶角色身份的起始，同时也标志他们少男少女旧的角色身份的终结。处在新我与旧我的生死交替之际，这是一个既会令人兴奋不已又会令人惶惑不安的时刻。不管当事人是实行新居制，还是实行从夫居或从妻居，总会有人或多或少地感到少年时代难舍，家人难离。最常见也最典型的情况是在父系制从夫居下新娘的哭婚。哈尼族碧约人支系传统的《哭婚调》有 3000 多行，是专门供新嫁娘哭婚时唱的。按照他们的传统习俗，新娘在出嫁上路前必须哭婚，即使男女二人经由私订终身而结合，也得遵循古规开哭。从出嫁前三天就开始哭，哭得越伤心越动听越能表现亲人惜别之情，表示女儿不忘父母的养育之恩。哭的内容便是这《哭婚调》，边哭边吟，如唱如述。其中，还有相当长的章节是母女二人对哭对唱。为人之母者不忘自己此刻的职责，竟然是用哭诉的方式，来教导女儿从今往后应当怎样履行妇道。

结合哈尼族的社会演化历史来看，如此哭婚也许含有某种深层的历史意蕴。在哈尼族人聚居的很多地方，至今仍旧奉行从妻居古俗，这显然是母系制残留下来的昔日荣光。与之类似的还有西双版纳哈尼族的婚嫁习俗，新娘在进入夫家村落之前，必须换上一条白色裙子。之所以如此，有一个传说解释道：以往有一女子名叫加德牙米德斯，生于家里，也死于自己的父母家里，一生先后有 77 个丈夫。这即便不是母系制时代的女娶男嫁，至少也是从妻居盛行时期的“不落夫家”。到了彻头彻尾的父系男权至上之时，面临婚配的女性就只剩下了痛失往昔光彩的哭婚的份儿了。

哭归哭，到时辰就要上路。信守传统的傈僳族新嫁娘还必须自己一路走着去婆家，不得以任何方式代步。他们的《盘古王的金拐杖》称，盘古神王给傈僳人金拐杖，指引他们去寻找“黄金国土”。人们一家一户，经年累月地长途跋涉，一路上，花要开，草要长，人也要婚配。行进途中的婚事只有在行进途中举办，新娘以一块布盖脸遮羞，伴娘替她抱着一床被子算是嫁妆，一路走入婆家了事。盘古时代迁徙途中形成的规矩流传到现在，至今在傈僳族传统婚礼上，新嫁娘还是这样，不论婆家在何处，不论路途有多远，得自己一步一步走着去，伴娘抱着一床被子陪着走。在各个民族的历史上，久昔艰苦岁月留下的遗产并不见得非舍弃不可。

景颇族的神话始祖宁贯娃给自己子孙后代的婚礼留下的是一座奇妙的草桥。史诗《宁贯娃》吟唱道：

宁贯娃找到了知音人。
刀和鞘相配了，
两人共一颗心。
最美的龙女叫东贯南勒甫，
和聪明的宁贯娃结为夫妇。
树梢点头，河水欢笑，
村村寨寨为他俩祝福。
割韭菜做结婚草，
新娘身上还有鱼腥味；
换邦邦草做结婚草，
新娘身上飘香味。
在邦邦草丛中过了三回，
新娘变得更美。
林中孔雀结成双，
宁贯娃夫妻结成对。
这是最美好的姻缘啊，
像枝头两朵并蒂的花蕾。
……
儿子像芭蕉一样发篷，
孙子像茂密的龙林。
我们景颇人，

走着宁贯娃指引的路。
我们景颇后代啊，
要永远记住：
“英雄的宁贯娃，
是我们的老祖祖。”[①]

据传，宁贯娃娶水中龙女为妻多时，龙女身上的水族腥气一直散不了，她也不会生育。宁贯娃就去请教太阳鬼，遵照太阳鬼的嘱咐，宁贯娃用景颇民间所称的邦邦草搭了一座草桥，让龙女从中间走过，扫去了龙女身上的水族气息，这才有繁衍至今的景颇族后人。在景颇族民间流传的各种不同的相关作品里，此龙女的名字有所不同，《始祖宁贯娃的故事》里为依若玛扎邦，《过草桥》里为布仁麻扎圣，这大抵是景颇民族各支系语言和方言及其汉语译音的差异所致。景颇民族各支系语言同属汉藏语系藏缅语族，但景颇支语言属景颇语支，载瓦支语言属缅语支，二者之间的差异颇大。这一龙女的名字还有一种汉语译音较为常见，即为“布仁扎相”，“布仁”就是“龙”之意，“扎相”为“黄金宝石”一类的意思，合起来可以理解成“龙宫里的千金小姐”。宁贯娃之名意译即为“总领头人”，他所创制的“通德拉”，即“景颇人的老理”，一向被景颇民族中忠实守旧的人们奉为圭臬。时至今日，在景颇民族民间的传统婚礼仪式上，新嫁娘均要从压在几蓬草中间的一块长木板或一根粗木棒上走过去，以示景颇族人世世代代追随宁贯娃的一片虔诚之心；而尚未由草桥上走过的新娘，景颇族民间对之有一种专门的称呼“牡南依”，其意思便是“有腥气的女人”。然而，现今时代，行现代婚礼而未经过草桥“洗礼”的景颇族女性肯定越来越多，有谁能说她们身上有腥气而不会生育呢？

云南诸少数民族的传统婚礼仪式还有一个几乎普遍一致之处，那就是在婚礼进行过程中，要由专门的巫师或歌手唱叙某种仪式古歌，比如，景颇族有“结婚歌”《孔然斋娃》，怒族有《婚礼歌》，傈僳族有《结婚调》，拉祜族有《婚歌》等等。这类仪式古歌大都带有他们各自民族的创世史诗和生活百

---

① 中国哲学史学会云南省分会编：《云南少数民族哲学社会思想资料选辑》，6辑，91–92页，昆明，铅印本，1986年。

科全书的性质，独龙族婚礼上唱述的干脆就是他们民族的创世史诗。在婚礼这样一个社会性庆典活动中演唱这样一类作品，其传承自己民族的文化传统的意义是很明显的，仪式活动的社群角色身份认同和民族文化传统共识的社会功能也在这当中得以实现。

说到云南少数民族的婚礼，或许不能不提及令外界之人多感奇惑的所谓“抢婚”。在此处所涉及的云南少数民族中间，源于古氐羌族群、今语言归属于汉藏语系藏缅语族的景颇族、阿昌族、傈僳族、哈尼族等，在历史上都有过明火执杖的抢婚古俗，而且曾经不被认为是非正当的。如傈僳族，若男女双方已私订终身，而女方父母又难以答应，男方便在与情人共谋的前提下以“暴力”抢婚，逼女方父母同意，然后再追补一应程序。如此“抢婚”之举，反而是一种受人夸耀的荣誉，而“抢”来的女性在夫家也会更加受到尊敬和重视。再如阿昌族，除了类似傈僳族上述情况的抢婚而外，更奇的是抢婚者与女方父母共谋所为，即，女方父母不满意女儿的选择，便让自己选定者来抢婚，这时，即使女方的意中人赶到，也只能眼见着干着急，不得坏了古规再上去抢。不过，这都是被认为“有理”的抢婚，若属无理，他们的《阿芒和阿衣——户撒刀的传说》晓示世人，抢婚者家的门椽将会被用阿昌族男子的佩刀——有名的户撒刀砍一缺口，以示永世的耻辱。

景颇族语言明确区分了以上“有理”和“无理”抢婚的两种形式。前者曰“迷确”，直译为“妻子拉”，在得知女方父母不反对的情况下进行，据说如此“拉妻子”，一是能节省婚事费用，二是能祛除女方身上的鬼，三是能使子孙后代兴旺发达；后者曰“迷路”，直译为“妻子抢”，多是几人相争引起，这才是真正的“抢妻子”，可事后同样要付出聘礼，而且更加高昂。景颇族民间的古老传说称，当初宁贯娃娶龙女时，龙王与龙女相互难舍，宁贯娃索性在龙王收礼物时抢着龙女便走，开了抢婚之先河。原来，景颇族人自认的神话始祖正是他们抢婚旧俗的始作俑者，后人跟着效法不足为奇。

古往今来，早已换了几重人间。而今云南少数民族中尚存的所谓“抢婚”，早已经演变成为一种纯粹形式上的民俗游戏，身陷天地乾坤合一喜庆的恋人们借以体验古典的浪漫而已。

推至极端而言，在当今中国的国家行政社会里，构成社会的基本单位是个人而非家庭或家族，结婚越来越成为当事人的一己私事，而且需要由国家基层行政机构来登记认可。在这种情况下，甚至传统的婚礼本身也已经失去了原有的社会性仪式的意义，而仅只作为一种可有可无的民俗余赘。婚礼与其当事双方合法配偶身份的确定已毫无关系，平俗的人们大多不过是以此"风光"一下罢了。诚然，在远离国家各级行政区设中心的偏僻乡村，信守传统的人们却依旧只注重婚礼，而疏于向国家基层行政机构登记，如此合乎传统习惯法的"婚偶"身份在国家行政社会看来却是非法的。

三、阴阳交错

婚事当事人的身份转换发生在人间，而丧事当事人的身份转换却是在阴阳两界交错的关口。阳间是实实在在的，人们一生都身处其间；阴间却虚无飘渺，有谁能活着见到过阴间？说葬礼是一种人生仪礼，这本身便是认可了传统葬礼的古老意蕴。

本来，死亡标志着一个人自然生命的终结，同时也意味着一个人社会身份的终结，葬礼本该是一种总结性的仪式，为死者的一生划上句号。然而，传统葬礼并非如今所谓追悼会的悼念缅怀、"盖棺定论"，而仍然是一种过渡仪式，是一种人生仪礼，是当事人角色身份转换的一种标志，只不过这种角色身份仅仅存在于人们的原始信仰里。甚至在现代葬礼的追悼活动中，人们"为死者送行"的潜在涵义，也是植根于传统葬礼"为死者送魂"的深层文化积淀。

传统葬礼正是人类社会早期的原始信仰的产物，它标志着死者向灵魂角色转化，或者成为祖灵由人们供奉，或者成为鬼魂让人们恐惧。传统葬礼因其所固有的这一性质，开启了阴阳两界相沟通的门户，此刻不仅死者正处在向灵魂角色转换的过程中，就是参加葬礼的活人们也因为要送死者上路而不得不走到中国民间所说的那个"奈何桥"边。所以，在各个民族的各种人生仪礼当中，葬礼无疑最具有神秘性。

根据考古学的发掘来看，人类礼葬自己同类的历史可上溯六万余年之久。如此久远的历史，人间葬礼的渊源早已经湮灭在岁月流逝的古昔。不过，在此看一下各个民族的传统口承文化所保存下来的相关民俗意识，也许不无意思。

此处涉及的云南各民族多数行土葬，少数行火葬。独龙族正规葬式为土葬，非正常死亡者则行火葬或水葬。他们土葬习俗源于其《嘎美嘎莎造人》的创世神话。独龙族民间相信，人类最初的一男一女是由天上的大神嘎美和嘎莎用泥巴捏出来的。人本于土，死后自然也要回归于土。这其实是农耕民族心底深处的一种信仰，土地意味着生殖和生命，围绕土地的化育力崇拜是农耕民族特有的原始信仰形式。实际说来，土地确实是地球上诸多物种的生命之本，植物自不待言，动物的食物链最终也是归到植物所积聚的能量上去。人死归于土，也是中华民族“叶落归根”传统观念的一义。

傈僳族也行土葬。傈僳族奉神话里开天辟地的盘古为实实在在的盘古神王，据他们的作品《盘古王的金拐杖》所说，在盘古王指引他们的祖先寻找“黄金国土”的漫长行进过程之中，傈僳族形成了一整套民俗传统，葬制也不例外，那时肇始的土葬古规一直延续到今天。在这里，没有必要将口承文化的考察与考古学的发掘作出对比，以探索人类丧葬的起源，重要的是应该注意到，口承文化中的民俗意识总是把各种民间习俗的起始理解为远古非凡时代或非凡之人的创制，以此显示民俗传统的悠久性和神圣性，力图让人们永远承袭下去。

与独龙族、傈僳族相比，历史上曾经普遍实行火葬的怒族似乎追溯得更为久远。他们的《腊普和亚妞》这一作品声称，在洪水浩劫、地老天荒的时候，天神派腊普与亚妞这一对男女到凡间来繁衍人类；他俩完成使命后，因年老体衰，腊普先死去，亚妞用火烧了他，到亚妞死时，他们的人间子孙自然学着以火葬之。照此说来，怒族火葬的起兴已不是人间的所为，而完全是得自天启，那亚妞不正是天上来客吗？人间的民俗竟有这般显赫的来头，凡俗之辈谁能动得！可是，外来的力量或许不惧怕他人的天启之威，可以动摇其传统的地位。由于近代傈僳民族大举迁入怒族地区，怒族社会的传统体制被逐渐打破，其葬制也在无可奈何之下被迫改行土葬。人类各个民族、各个社会之间的文化互动必不可免，只是其结果往往总是演化成一种文化上的“弱肉强食”的局面。

具体到各民族丧葬习俗中特有的种种独到之处，其民间口承文化里也不乏相应的解释。在哈尼族当中，得以“永年”的老人寿终正寝，不但葬礼格外隆重，这一点留待后面再谈，而且已出嫁的女儿还要在葬礼过后，用一种精制背篓把长辈的“亡魂”背回夫家供祭。这一习俗的深层历史内涵便在于传统葬礼“送魂”的原始信仰底蕴，只不过在对待“亡魂”的处置方式上，有的民族是接回来供奉，有的民族则是直接送出去。诚然，接回来供奉也只能是在一段时间内罢了，若人们供奉的列祖列宗“亡魂”永不更换、长久堆积，人间岂不成了又一处灵魂世界的所在？依据哈尼族的《背魂》所述，这一习俗的表层涵义在于还父母养育之恩，其间又是中国传统文化里十分常见的一个劝人尽孝的“吐哺”故事：七个女儿出嫁后，当爹的死去，当妈的守着不孝的幼子过活。有一日，这不孝之子见到鸟雀吐哺，于是天良发现，但母亲却已跳潭身亡，他只捞起一具木人。这木人便成了母亲的表征，不仅他供奉在家里，早已嫁出去的七个姐姐也回来，各雕刻一具木人背回夫家供奉。以后，随着此风俗的沿袭，人们开始对死者“亡魂”玩弄花样，木人太重，用一颗草插在篾盒上代替。至此哈尼民族的丧葬习俗丢弃了死者的具象表征，有了代表“亡魂”的真正意义上的象征物。

德昂族送走死者“亡魂”极为干脆彻底，葬后七天便不再认坟，更不扫墓献坟，而是将活人们的贡献奉给佛。他们民间把这叫做“献坟不如献佛”，专门有一个《不献坟的传说》讲了其中的缘由，说是献坟则死者一无所得，献佛却使死者有所得。这显然是外来佛教的文化移入因素作用于德昂族社会传统的结局。

有趣的是阿昌族，他们甚至把出嫁女儿的“亡灵”也接回来，在娘家用草人作为其“阴身”祭祀一番，最后才请巫师“活袍”念经将其“亡灵”发送出去。阿昌族的两件作品《亲妹子和晚妹子》、《亲堂姐妹》道出了其间的原委：亲姐妹才有真情，过世时娘家兄弟有必要像当初送人出嫁一样为她“送魂”归宗。

“送魂”实在是传统葬礼的要义所在，以至于普米族的传统丧葬索性就叫做“给羊子”仪式，届时杀羊祭死者，意在以羊为死者带路，将其灵魂送回祖先故地。《“给羊子”的来历》告诉了人们这一“给羊子”仪式是怎么来的，其中说：

古时候，普米人派了白楚之和若咪之两兄弟去西天取经。他们历尽千辛万苦，终于到了西天，取到了经。

两兄弟取经回来，路过一个大山谷。

……弟弟怕晚上被蚊子、跳蚤咬伤，在日落前就躲进了一棵裂开的竹子中。

……第二天……哥哥已被蚊子、跳蚤咬死了，身上的肉都被吃光……埋好了哥哥的骨头，他继续往回赶路，走了半天，不知不觉又回到了原地方。

弟弟感到很奇怪。他想，一定是哥哥不愿留在这里，要随他一起回老家。于是他把哥哥的骨头挖出来，一头挑着行李、经书，一头挑着哥哥的骨头，继续往前走。

……有一天，他遇到一个放羊的老人。

若咪之把自己的遭遇告诉了老人。老人很同情他，就给了他一只羊，用来驮骨头。这只羊子终于把他哥哥的骨头驮回到他们的家乡。[①]

这里出现了一个问题，开初那羊子驮的是死者的骨头，是在现实中送死者遗骨回家乡，什么时候变为了“驮”死者灵魂、将“亡魂”送回普米民族祖居的老家的？中国这片土地上的民族注重血缘观念和乡土观念，其传统葬礼的“送魂”之举恰恰在于把祖灵所在的阴间与祖先所居住过的故乡等同起来，“送魂”赴阴间也就成了“送魂”回老家。在中华文化传统中，“叶落归根”的血缘观念和乡土观念使“老家”这一概念贯通了阴阳两个世界。

在云南各兄弟民族当中，白喜之际，人们吃肉喝酒、唱歌跳舞总是少不了的。独龙族的《坛嘎朋》说是丧葬鬼伞八掌想吃，假传天神旨令，要人们杀猪宰羊；哈尼族的一个传说明言曾有死者叫列艺的，死去活来折腾了九次，向人间要各种美味食品。天地良心，祭祀死者的那些美味佳肴到底是谁给吃了？中华民族的“食文化”是出了大名的，逢事便吃早已成了根深蒂固的民族德性，假托死人之名居然也可以放开来大吃大喝。吃喝的过程中人们自然

① 徐华龙、吴菊芬编：《中国民间风俗传说》，790–791页，昆明，云南人民出版社，1985年第1版。

便联络了感情，吃喝是中国社会人们之间身份认同之时特别灵验的通行手段。

丧葬时的歌舞自然要好些，没有想沾死人的光之嫌，想来死者也无法与活人们计较。葬礼上唱的歌一般都是某种特定的仪式古歌，如布朗族的《叫魂歌》、景颇族的《丧葬歌》、傈僳族的《丧歌》和拉祜族的《丧歌》等等。在葬礼上唱叙这一类仪式古歌，其社会功能与婚礼上唱叙另一类仪式古歌是一样的，也是社会性的仪式活动本身的性质使然。需要强调的是，尤其是在死者年长辈高、德高望重的情况下，死亡事件本身即具有极大的感召力，其丧葬仪式活动中人们的社会身份认同和文化价值共识的意味就更其明显，起着如今那一类“化悲痛为力量”、“继承死者遗志”的作用。

严格地说，丧葬歌并不是一般意义的歌，丧葬舞也不是一般意义的舞，平时是不能上演的，否则，据说就会像景颇族的《吉露归天》所言，要死人的。景颇族的丧葬舞即所谓“崩咚舞”。按其《吉露归天》作品称，古时有个吉露老人，活得太长太久，腻了，决计要离开人世，于是乎便装死，并让其子孙大跳“崩咚舞”。太阳鬼一时火起，批准了人世间有寿限。呜呼，人们终于有了“崩咚舞”，可其代价是也有了死亡。如果说，景颇民族的“崩咚舞”始于背离天禁，那么，傈僳族的葬歌葬舞则是学自一群猕猴。他们的作品《猕猴葬人》说到：从前（虚拟托古的故事总是这样开头），有人在山上守地，见来了一群猕猴，便躺下装死，想看看猴儿们如何偷庄稼。谁知这群猴儿居然动情为他举行葬礼，其他飞禽走兽也来凑热闹，为他唱葬歌、跳葬舞、祭灵、送魂。这可真有些奇了，傈僳族的先人们寻查人间事象的根源，竟然寻到了非人间的猕猴那里去，神乎其神又查无对证，不怕后人们不信。

说到丧葬歌舞，不能不提及哈尼族的“莫搓搓”葬礼。《莫搓搓的由来》解释道，哈尼语“莫”意即“老者”，“搓”则为“跳”，合意便是为死去的老人“跳歌”。在云南，语言属于汉藏语系藏缅语族的诸多民族语言里，“唱歌跳舞”直译而来均曰“跳歌”。“莫搓搓”在有些地方又叫“打莫搓”，含义是一样的。从这丧葬仪式的名称来看，丧葬歌舞在其中占了十分重要的地位。《莫搓搓的由来》其实本于哈尼族神话《它朋然夏阿玛》，说是名曰它朋然夏阿玛的女性始祖生养万物和人类，去世时便享受了这“莫搓搓”葬礼，从此便形成定制，凡老人寿终正寝必定“莫搓搓”一番，而且死者越是辈高年长，

"跳歌"仪式则越是隆重。实际上，伴随时间的推移，民俗也在流变，"莫搓搓"活动在娱尸娱魂的同时，更多地已经是自娱，并且几乎演成了一种狂欢。歌舞者有的盛装打扮，有的男女配对，在鼓乐声中狂歌狂舞，外人看来简直不能相信是在办丧事。更有意思的还在于，届时便是男女异性之间相互挑逗、谈情说爱的大好机会，如此葬礼期间彻夜作乐不止者大有人在。"莫搓搓"葬礼实在就是哈尼族人展示民族文化的一种化装盛会，其社会性仪礼活动的功用更加显露得淋漓尽致。人世间的大悲大喜实则是相通的。

人类物种是一类独特的社会物种，社会性是人类的既定属性，其根本原因就在于人类世界独有的文化信息系统。文化塑造了人类，使人类有了得以传承下来的历史，也使人类来自天赋驱力的自然属性丧失殆尽。在人类社会里，纯粹意义上的自然人是不存在的，排除孕育中的胚胎这一特例不提，即使是已失去意识的什么"植物人"，也是受法律保护的社会人，难怪所谓的"安乐死"推行起来竟会有那么大的障碍，甚至于在一些国家的法律里，人类的胚胎也被视为受到法律保护的社会人。

在传统的俗民社会，人们的社会角色身份便是经由各种人生仪礼来实现转换并得以确认的。在人生历程上的每一重大转折点，相应的社会性仪式必不可少，出生有出生仪式，成年有成年礼，结婚有婚礼，成为亲长有亲长身份晋升仪式，死亡有葬礼。在现代的法制社会，这一些手续则是在法律或行政的名义下办理，出生有出生登记，成年有法律上的成年规定，结婚有婚姻登记，成为亲长有后代出生登记时的父母登记，死亡有人口注销。人的一生何时逃脱得了社会的和文化的统制！

人类正因为有文化，也才有了历史，有了传统；人类正因为有社会性和群体性，也才有了个性。其他的生物物种固然可以自由自在地生活在自然时空里，但它们却没有历史，没有传统，也没有自觉意识到的自我。文化是人类的轻梏，也是人类的立身之本；文化是人类的不幸，也是人类的大幸。

第三节　寻常日子里（日常生活习俗）

民俗存在于人们生活的几乎一切方面。在各个民族的社会生活中，除了一年一度的各种庆典、节祭等等；除了人们一生的某些大事，诸如丧葬、婚嫁等等；民俗还存在于人们家居生活的各方各面，诸如服饰、饮食、住房、用具等等；表现在人们日常精神文化生活的一切领域，诸如歌谣、乐舞、谚语、观念等等。

民俗是社会传承的文化差异的一个重要方面，是人类社会群体的“我群性”的一种显而易见的外在表现。在其他生物物种中，这种“我群性”的标记大多是以某种气味来表示，实属于生物遗传信息的范围。特别是就中国的情况而言，生物遗传性的种族差异甚至难以区分出现代中华民族国家内部的各个民族群体；而在云南，渊源于古氐羌族群而语言属汉藏语系藏缅语族的若干民族，其族源十分接近，体质特征更是近乎同一，但各自历史上传承下来的文化传统的差异却已经把他们区分开来。

民俗之所以成为“俗”，就因为此类文化事象已和语言一样，在人们的生活中每每习以为常，甚至似乎变为自然天成的。因此，许多人虽然不了解各种习俗的来龙去脉，可这并不影响他们时时处处据以行事，这些东西已经“内化”为他们不自觉的行为准则。而各民族久远的口承文化却有更多的事情可干，不仅在人们的文化养成中起到了内隐的“濡化”作用，而且大都干脆做起外显的“宣讲”，把各种民俗事象的根由向人们讲述得一清二楚。诚然，其中的一些说法实在让人生疑，纯粹只有解释性的意义，而无实证性的价值。口承文化作为一种古老的民间知识向来是如此。

一、衣食之规

衣和食是人间之常，但人间寻常事照例有人间的常规，民俗传统同样体现在人们的衣食之中。

服饰是人体的包装，这完全是现代服饰美学的见解；服饰是一种文化符号，这才是服饰文化科学的认识。古人类利用各种毛皮或草叶作为服饰来包裹自身，从一开始就是一种文化的创造，使人类同其他动物物种区分开来。后来，随着服装的装饰作用的一步步凸现，服饰又具有了文化符号的功能，并且越来越显著。

其实，服饰作为一种文化符号，也得到了现代服饰美学的承认。现代服饰美学讲究服饰体现一个人的学识教养、职业身份、气质风貌等等，总之要体现出一个人的个性。不过，正是在这一点上，现代服饰与传统服饰表现出了最明显的分野。各民族的传统服饰所表达出来的，恰恰不是什么个性，而是本民族群体的社群性。在传统的俗民社会里，个性没有丝毫地位，社群性才是至高无上的。

鉴于传统民族服饰体现一个民族的社群性的重要意义，各个民族关于服饰的传说大都追溯得很远，有的甚至追溯到自己民族久远历史上的神话时代，把自身民族服饰的起源同创世神话联系在一起。《基诺族服饰的由来·妇女服饰的由来》所言实则便是创世造物——

> 据说，还没有开天辟地之前，世界上只有水、天、太阳，根本还没有地球、草木和人烟。
>
> 不知是何年何月的一天，从水里浮出一个头戴白色尖顶帽，身穿素白衣裙的女人。她就是基诺族的第一个女祖先，名字叫阿莫小北……首先想到要造个地方来落脚。但是，她一时想不出办法来，急得直搓手，无形中她将手汗搓成了圆团，抛将出去，变成了今天这个庞大的地球。阿莫小北飘落在地，孤零一人，她又想造些人做伴。于是，她来到一个水塘边，用泥土造出了基诺族。基诺族为了遮阳避雨御寒，便仿照造物主阿莫小北的穿戴，缝制了洁白的三角尖顶帽子和洁白的衣裙。①

横空出世的造物主阿莫小北同时也是基诺族的大地女神和生殖女神。她的白色尖顶帽和素白衣裙成了后来基诺族女性的典型服装，这当为理中之事。此人连地球和人类都造得，再造下个把民族的某种服饰风范又算得了什么？看起来，造物主把人世间的一切都安排好的神学特创论并不仅仅是基督教世界的专利。

阿昌族的造物主不像基诺族的造物主那般孤独寂寞，为天公遮帕麻和地母遮米麻这一对男女，他们也是造天地、造日月、造人类的创世神明。阿昌族的传说认为，阿昌妇女头上的包头就是源自天公遮帕麻的神箭，天公遮帕

---

① 徐华龙、吴菊芬编：《中国民间风俗传说》，261页，昆明，云南人民出版社，1985年第1版。

麻曾用硕大的神箭射下了魔王腊訇钉在天上的假太阳，拯救大地万物于酷热之中。的确，阿昌族妇女的包头之高，据称在全中国各个民族中是绝无仅有的。令人感到大惑不解的是，神箭是天公遮帕麻的神器，理当属于男性力量的象征，不知为什么却没有落到阿昌族的男爷儿们头上？

景颇族妇女传统服装在前胸、后背和两肩处皆饰有玲珑闪亮的银泡，依景颇族民间有关始祖宁贯娃的一应口承作品所言，那是由宁贯娃所娶水中龙女身上的水族鳞片变幻而来的。“天鬼”之子兼人间始祖宁贯娃开创了景颇族社会的传统定制，而与这龙女相关的近乎所有的方面，也均成了景颇民族的妇女们应当遵循的规范，服饰自然不会例外。传统服饰的由来牵动着一个民族古远的历史文化，也维系着一个民族由此而形成的深层文化心理。

有的民族还把自己传统服饰的形成同自身民族的起源联系在一起。哈尼族的僾尼人支系的口承作品《亲兄弟》告诉人们，傣族与僾尼原是亲兄弟，很久以前分家时，女人们瓜分了衣裳布和裙子布。傣家阿嫂只要了一小段衣裳布，其余的衣裳布全让僾尼弟媳带走；僾尼弟媳心中很是过意不去，分裙子布时便只要了一小段，其余的都留给傣家阿嫂。于是乎，做衣服时只好量材适体，傣族女性有了紧身上衣和长筒裙，而僾尼人妇女则有了宽大的上衣和短小的百褶裙。这当然只能是一种民间的解释。在傣族与僾尼人之间，妇女上下装的对比反差固然存在，但其来由想必不会如此简单，或许二者本来并无必然的联系。

谈到服饰演变的作品也不少，如《基诺族服饰的由来·妇女衣裙条纹的由来》、景颇族《花裙子的故事·花裙子的来历》，作品名目本身即已明示。前一个说，基诺族妇女的尖顶帽和衣裙原是素白的，后来在一个爱情故事中经血与火的考验而加上了红与黑的条纹花边。后一个说，一名叫做木瑞的景颇姑娘出嫁时，将鸟类的花羽毛缝在裙子上，后来她又设法染线织出了景颇女性传统的花筒裙。再如傈僳族《美丽的腰带》、阿昌族《姑娘的毡裙》，则专门讲到了腰带给其女性传统服装带来的变革，使妇女们能够更便当地参加劳动。

服饰实则包括服与饰两个方面，有关饰的传说也不少。哈尼族《妇女左胸别针的传说》讲到，红河南岸哈尼妇女们习惯于在左胸处别一颗绣花针，其上再绕一点线，是为着纪念先前的一位聪明的哈尼姑娘简收。布朗族《三尾螺》讲到，布朗族妇女流行在发髻上插一枚铸有三尾螺的银簪，是为着纪念先前的一位美丽的布朗姑娘亿英。前者透着一种机敏，体现了哈尼民族特别是哈尼族女性对人生的某种自信；而后者则含有几分凝重，反映了布朗民族历史上的某些郁愤，其社会背景正是布朗民族备受傣族封建领主压迫的史实。最奇特无比的女性传统装饰也许还见于双江拉祜族。在那里，已婚妇女传统上一律剃光头，刚出嫁的新娘也不得例外，剃得铮光瓦亮才是女性成熟美的标志。据传说，如此行事开初是为了协助男人们打猎便当。可是到了后来，恐怕还是审美的因素在起作用，此外也还有其角色身份标定的因素，女性剃光头便是已婚的标志。

至此，出现了一个令人颇感兴趣的问题，各个民族传统服饰的特色总是最明显地体现在其女性服饰之上，而他们各自的服饰传说也总是相对集中在女性服饰上面做文章，极少谈论男性的服饰。对此，持所谓母权社会论者或现今的女权主义者也并没有什么好值得高兴的，这与其说是昔日某些民族曾经有过的母系社会中女性高贵的余辉，倒不如说是举世更为普遍的父系男权社会文化传统一向俯视女性、装点女性、玩弄女性的历史结果。迄今，时装差不多依然是女性们独享的专利，探究其间社会文化传统和社会文化心理的深层历史底蕴，谁也无法否认这一点。

至于在饮食方面，限于篇幅，此处便只谈及较为特殊的一点，即广泛见于几乎每一个民族的饮酒习俗。

景颇民族中有一句话："酒能把两座山粘在一起。朋友的心要连起来，没有酒不行。"在景颇族民间的日常生活里，喝酒简直就如同吃饭、穿衣一样重要，尤其是家居自酿的"水酒"，更成了老少皆宜的通行饮料。这"水酒"的来历玄乎其玄，他们的《吃水酒的起源》开导人们说：

从前，木吉锐纯的儿子阿崩娃长大了，还一直吃母亲的奶。可是，他母亲住在恩梅开江的东岸，他住在恩梅开江西岸的格松山上，天天要过江去吃奶。

后来，开天辟地的宁贯娃因为不小心砍断了江桥，从此，阿崩娃吃奶就很不方便了。阿崩娃每次去吃奶，都要绕山绕水，走很远的路，而且很危险。这天，他请求母亲给他想一个办法戒奶。木吉锐纯很怜悯儿子，给了他一包酒药，教他做水酒来吃……

从此以后，我们景颇人就学会做水酒吃了。[1]

细细推算起来，在景颇民族的神话古史谱系当中，木吉锐纯（或曰“木占外顺”）也是宁贯娃的母亲，本身即为第三代的造物“天鬼”，其来头自然比宁贯娃还大。景颇族民间的“水酒”竟然源于宁贯娃的“天鬼”母亲，足见其在景颇族民众寻常生活里受到了何等的重视。在民间的俗民传统中，越是被认为重要的东西，其来由越是显得赫然不凡。

独龙族酿酒不用坛子，而是用竹筒。据称，用竹筒酿出的酒不仅香甜，而且喝了会使人产生周身清爽的感觉。独龙族的《竹筒酿酒》说明，很古的时候，天神派遣仙女迪兰下嫁人间，配与一名青年猎人，为独龙族人传宗接代，竹筒就是她临行前由天神所赠。因此，独龙族的竹筒酿酒也可算是得自天神的真传，世世代代传承下来，一直延续到今天，民间酿酒依然如法炮制，想来其灵性尚未失传。

酒在民间毕竟是平常之物，假托上天赐予也不能为之增添几分灵性。不过，在拉祜族和阿昌族各自的《酒的故事》里，酒的麻醉作用却被赋予了格外的一种神性。两篇作品都准确地提及酒的酿制与食物发酵有关，只是在其中贯穿了某种人间需尽孝的道德伦理说教，并将酒劲儿说成是上天对于不孝之人的一种惩罚。拉祜族的故事还只提到喝多了酒会使人神魂颠倒；阿昌族的故事干脆说，不孝顺父母的人喝了酒会疯疯癫癫直至死去。这已经是把人世间的价值观强加于他物的属性之上。人类总是这样，戴着自身固有的有色眼镜来看世界，在各个俗民社会的民间传统里更是如此，所以关于种种民俗事象起源的解释才会这般五花八门。

二、器用之俗

人类世界所使用的各种器具具有极大的文化意义，在很大程度上说来，正是这些东西使人类得以超越普通生物界。

当然，把住房列入器用来谈显得多少有些牵强，但从广义上来看人类生

① 鸥鹍渤编：《景颇族民间故事》，23页，昆明，云南人民出版社，1983年第1版。

活中的各种“用品”，还有什么比人们的居所更加显要的呢？的确，由物质生活方面来说，人工建盖的居所，包括固定房屋和移动居所，是人类世界自原始跨入文明的重要标志之一。人工建盖居所大都受到人们所从事的物质生产活动、所处的地理环境等方面条件的制约，其中最直接的恐怕是受到可选材料的限制。于是乎，草原游牧民族有了帐篷，平原农耕民族有了“干打垒”及后来的砖瓦房屋，山地民族则有了石木结构或竹木结构的住房。这本身已经是各个民族一时一地的民俗的体现。

拉祜民族的传统住房俗称“掌楼”，其样式有一定之规：松木做立柱、横梁和椽子，竹篾做围墙，茅草做屋顶；分上下两层，一根粗圆木砍出若干豁口做楼梯，上层住人，下层拴牛圈鸡堆柴禾。这种所谓的“掌楼”可以建得很大很大，上层隔成若干间，各个核心小家庭分别居住，一整个大家族数百口人便如此这般地聚居在一起。事实上，这一类型的住房在云南各山地民族中屡见不鲜，也就是古已有名的“干栏”式家居建筑。拉枯族《掌楼的故事》教导人们，这“掌楼”来之古远：拉祜人一祖先扎母，年轻时力强心善，遇良放生，遇恶克死，深得不乏仙品的青龙小千金青睐。在她的托梦指点和暗中相助下，扎母居然有本事于一天之内伐33棵腰粗的红毛树，砍55棵臂粗的松毛树，断77根老黄竹，割99捆山茅草。这已经是奇迹，而奇中之奇还在于，此后扎母什么事也没干，一幢硕大的“掌楼”便平地而起。原来，在拉祜族人看来，他们的传统住房样式肇始于非人间的赠与，来得不凡，世代相传理所应当。其实，在此处考察的云南各民族中间，家族聚居的“干栏”式住房的建筑民俗与传统的亲族村落社会古老的经济、政治体制正好相适应。而到了今天，尽管这些民族的民间家居建筑还是“干栏”，但多以核心小家庭为单位分别建盖并居住，庞大一体的传统“干栏”式建筑已成了硕果仅存的民俗考察对象。

阿昌族民间盖新房时，人们要在堂屋两侧的四棵檐柱上分别贴一个小条幅，各书有“道有”、“道好”、“道富”、“道贵”的字样，而且条幅不是倒着贴也要斜着贴。这已经完全是汉民族民间的那一套语言巫术的把戏，借助于交感巫术的类比律，企图以汉语谐音的所谓“吉言”来避邪免灾。据他们的《盖房贴小条幅的传说》所称，古时有一木匠为人盖房，由于误解了主人的好意，用料时有意将一棵檐柱根梢倒用，按照民间的说法，这会对房主人不吉利。待到木匠领悟时，房已建成，难以更改，只好以条幅的语言巫术来弥补。无奈去贴条幅的徒弟们大字不识，不是贴倒了就是贴斜了，谁知歪打正着，还真管用。于是乎，这错中错的语言巫术补救办法竟成了民俗流传下来。民间的百姓相信这一套，谁也奈何不得，而别有意味的是，当今一些富丽堂皇的大中型工商企业、一些满腹经伦的文化人也搞诸如此类的语言巫术，这固然可见中国传统文化的力量，但更可见中国现代文明的悲哀。各民族民间的悠久习俗并不见得就是好东西。

说来也奇怪，在源于古氐羌族群而语言属汉藏语系藏缅语族的云南各民族里，阿昌族同不在此处的研究范围之内的白族和纳西族一样，接受汉文化的程度较深，这使其有别于其他的若干民族。甚至在传统宗法社会的所谓“家会”组织上，阿昌族的某些“家会”竟然与汉族的“家会”结为一体，一个总的“家会”组织统辖汉族及阿昌族的同姓宗族“家会”分支！莫不是在不太久远的历史上，阿昌族同汉族曾有过较具规模的血缘交融？

云南不少民族中都有着与火塘崇拜相关的古俗。剥开历史沉积下来的迷蒙尘埃，火塘崇拜的深层内涵是火崇拜，看似对一种自然力的崇拜，实则是对人类征服自然、利用自然的智慧和力量的崇拜。在人类社会的历史上，火的利用及熟食，完全可以说是一种具有开创纪元意义的创举，使得人类在饮食这一具备天赋驱力的本能上也明显有别于其他动物。

关于火的来源，各民族有着各自的说法，其中也不乏人间创火的见解。佤族民间有关新火节的古远传说告诉人们：人类最早使用的火来自雷神达赛，雷神的火常常招致火灾，祸害一方；后来，人们学会了钻木取火，便将得自雷神的火抛弃了。佤族一年一度的新火节，即意在“送旧火，造新火”，届时人们一齐用水将火塘泼灭，而后再钻木取火，各家各户迎接圣洁的新火回家，郑重其事地重新点燃火塘，此后火塘备受保护，其中的火种整年不灭。佤族人的火塘简直就成了凤凰般新生的火的祭坛。独龙族人的火塘则是更直接的人间祭坛。据他们民间的口承作品《创火人》称：古时，两位击石创火的独龙年轻人全力保护火种，遭雷击身亡，后人为纪念他们，家家户户火塘里都插上三块石头，人们在火塘上烧煮食物之际，便会想到他们。如此传统一直延续至今，成了不可更改的民俗。

不言而喻，制造和使用工具是人类的又一重要特征。在云南，有不少的民族世居山林，“砍山”的长刀自然就成了他们最常用的劳动工具，同时也是他们的男子随身携带的护身武器。其中，较有名的是阿昌族“户撒刀”。在陇川县的户撒，有相当多的阿昌族人家世代以锻打刀具为业，“户撒刀”的生产历史至今已有数百年。《腊银和腊康》道出了阿昌“户撒刀”的奇异来历——

很久以前，有一家兄弟两个，哥哥名叫腊银，弟弟名叫腊康。他们很小就失去了父母……兄弟俩只好去投师学打铁、练武艺。几年后，腊银和腊康学得了一套打铁本领，练就了一身武艺。

……龙王带兵将出动……一时间，山洪暴发，河水猛涨。九湾河边的百姓看到可恶的老龙王又出来祸害百姓，还要捉拿兄弟俩，就一起来保护腊银腊康，他们拿起锄头、镰刀、棍棒跟龙王的兵交战。

……兄弟俩拉开满弓，瞄准龙王射出愤怒的利箭。……龙王“哎哟”一声惨叫，砍山刀掉了。腊银夺得了龙王的砍山刀……老龙王慌了手脚，匆匆忙忙发出了一道涨水的命令，逃回了龙宫，也不敢再来战兄弟俩了。

腊银和腊康夺得了龙王的砍山刀以后，除了打农具外，还打砍山长刀，在九湾河边打了后，又到户撒山区打。一辈接一辈，一代接一代，阿昌的铁农具和砍山长刀越打越出名……[①]

依《腊银和腊康》所言，阿昌族人的第一把砍山长刀系人间与水族龙王交锋的战利品，实属于非凡之物，以后人们以此为本照样锻制，才有了人间的仿造物。他们的《阿芒和阿衣——户撒刀的传说》或许更近于历史的真实：阿昌族的一位祖先名曰阿芒的，为了赢取一位有名老铁匠的女儿的芳心，费尽心力终于锻制出了削铁如泥的长刀，他的手艺被阿昌铁匠们世世代代传承了下来。由于阿芒居住的寨子被叫做户撒寨，人们便把这一带出产的各式阿昌族刀具称为“户撒刀”。户撒刀早已远销中国西部各省区和云南邻近各国，

① 德宏州文联编：《阿昌族文学作品选》，175-178页，潞西，德宏民族出版社，1983年第1版。

如今更成为一种传统的民族手工艺品而令游人瞩目，这当然是阿昌民族的骄傲。

在勇武强悍的景颇民族中间，长刀为每个成年男子腰间必佩之物。在景颇族人视为图腾柱一般神圣的“木脑塔”上，当中最显眼之处便赫然架着一对长刀，而“木脑塔”下一年一度的“木脑纵歌”祭祀大典场合，男子长阵里总是人人手持闪亮锋利的长刀。可以说，长刀正是古时勇于征战的景颇族阳刚之气的象征。在景颇民族民间的各种口承文化作品里，长刀也主要被叙述为一种武器。为何人人佩刀，他们的《长刀的故事》告诉人们说：景颇少年劳道炯得了一把宝刀，山官想攫取此物用以开战，扩大地盘，于是设计害死劳道炯，没曾想自己伤天害理引发洪水身亡，死后变成了景颇民族原始信仰里的取心鬼。从此以后，景颇族人为纪念劳道炯，也为防取心鬼来取心，每个男人都随时佩带一把长刀，这一习俗一直保持到现在。事实上，防鬼取心只是民间的一种说法，佩刀护身倒是真实的。在近代历史上，景颇族民众曾经为抗拒山官制度的压迫而起义，为抵御外来势力的侵略而斗争，长刀都是他们保卫家园的好武器。

居住在贡山的独龙族、怒族和傈僳族的男性也挎长刀，并且其长刀和刀壳的式样相同，挎刀的方式也相同。尤其是那刀壳甚为独特，只有半边，另半边只是几个藤篾箍，长刀插在里面居然牢靠。独龙族的作品《半边刀壳》不无自豪地告知人们，这完全是独龙族人的发明专利。据传，古时仅存的一对老夫妻有两双儿女，他们让大儿子和大女儿留在自己身边，守住独龙江老家，而将二儿子和二女儿派往高黎贡山另一面的怒江边开发新区。身处山中，长刀既是工具又是武器，切不可少。于是乎，他们仅有的一把长刀一断为二，刀壳一剖为二，半边刀壳上另加了五个藤篾箍，以固定鞘中长刀。就这样，一时因陋就简的所为竟成了传世的定式，独龙族长刀的刀壳永远有了如此奇特的样式。这还不算完，到怒江边的那一对，据说做了怒族的第一代，而其长刀的刀壳仍然只有开初从独龙族那儿瓜分来的那半边。以后傈僳族迁入怒江地区，也学着挎起了这半边刀壳的长刀。诚然，怒族的第一代来自独龙族的民间见识不足信，民族交融与分化不会如此简单；而半边刀壳传到了高黎贡山另一侧，为怒族特别是后迁来的傈僳族所接受，这般文化因子的传播和移入过程倒有可能。不过，在云南，语属藏缅语族的诸多民族同源于古氐羌族群，有不少民族古昔迁徙途中都曾在高黎贡山脉留下了自己的足迹，而且多可见男子佩刀，就是这半边刀壳，在以上三个民族以外也时有所见，到底是谁的专利尚未见到确切的记载。

三、意念之常

此处探讨相关民族的人们日常精神生活中的民俗事象，主要集中于人们在日常生活里传达和表露思想和情感的几个方面，总之属于观念意识表达范畴的乡风民俗。

首先，来看一下各民族民间的乐器。以物质外形而言，乐器当属于器用之列，但因其专用于表达人们的精神活动中的思想感情，与人们物质生活领域里的各色器用有着明显区别，实在欲言器用，则为精神生活领域的器用，内中所载之物不过人们意念之类的非实体的东西。乐器按照演奏方式划分，不外乎三大类，即吹奏、弹拨（包括以弓奏弦，二者同理）和打击。人与对象世界的审美关系普遍见于人类的每一个民族，排开某些民族中某些乐器同时也是祭器的情况暂且不谈，演奏乐器是一种表达人们思想感情的审美活动，这一点想必是毫无疑问的。在云南的这些传统民族当中，上述三类乐器都十分常见。

一是吹奏乐器。葫芦上插几根竹管曰葫芦笙，在好多民族中均如此。拉祜族《葫芦笙的传说》声言，葫芦笙是天神厄沙（一曰“厄莎”）传授给拉祜族人的。当初，厄莎种葫芦收获了扎笛和娜笛兄妹俩，派他们到地界繁衍人类，娜笛躲了起来，让扎笛好找。厄莎便教扎笛做成了葫芦笙，直吹得娜笛动心而来。时至今日，怀春的拉祜族小伙向姑娘传达心语，依然用的是地老天荒时候的圣物葫芦笙。拉祜民族传统上视葫芦为人类起源的母体，对之极为敬畏，直至近乎到了“葫芦崇拜”的地步。他们在自己的民俗传统里，将与人类生殖有关的种种事象同葫芦联系起来，又将葫芦同创世造物的天神厄莎联系起来，这是极其自然不过的事情。在傈僳族的《葫芦笙的来历》里，葫芦笙则是死了五个儿子的一对傈僳族老人创造出来的，思念儿子之际便吹起葫芦笙，就好像听到了五个儿子的声音。其中交待了制作工艺——

两位老人多希望能同时听到五个儿子的声音呵！阿爸跑去砍来五根慈竹，削成不一般长的竹管，又用金竹做成簧片，给每支竹管安上一片。阿妈摘来葫芦，掏去瓜瓤，再将五根竹管插在葫芦上：最高的一根表示“老大”，其余的好比是它的几个“兄弟”。做好后，阿爸把葫芦笙捧在手里，轻轻一吹，五根竹管果然一齐发出声来……老人兴奋极了，每年过了七月半，他把粮食收回家来，就开始吹葫芦笙；每次吹时，头三转是吹给儿子们听的，第二个三转，便自己娱乐。从此以后，只要听见葫芦笙的音，老人立刻就变得年轻了……①

据称，由于这个缘故，傈僳民族的传统葫芦笙为五根竹管，而且吹奏总是先吹悲哀调，后吹欢乐调，此俗迄今不改。

竹笛是民间吹奏乐器中最常见的一种。景颇民族的竹笛名曰“吐良”，只钻一个孔，即为吹孔，双手握竹管两端自然孔，靠吹气的大小急缓和手握的开合松紧变幻音色。据《吐良的传说》记载，这出自死了恋人一个景颇族小伙的首创，声音低沉婉转，正好可以表达缠绵悱恻的情感，至今同样是景颇族小伙子们手中的有用之物。拉祜族的竹笛名曰“哩嘎嘟”，共有五个孔，拉祜族的青年男女人人会吹奏，是他们表达心意、寻求爱侣的代言物。《“哩嘎嘟”的故事》讲到，这是一个寂寞的孤儿创制的，吹笛引来了一个同样寂寞的孤女。他们双双被害身亡，“哩嘎嘟”却传向四方。据传，因为这孤儿孤女死在拉祜族民间的新米节前后，所以后世的青年男女们也只在每年此时吹奏。这种理解忽略了颇为紧要的一点，社会生产力低下的民族难得有闲暇时间，每年收获过后的新米节意味着农闲时节的到来，青年男女们正好可以放开手脚谈情说爱。哈尼族的竹笛名曰“巴乌”，除了口吹的竹舌外，竟然还有八个按孔。《巴乌说话》解释道，“巴乌”是被坏人割去舌头的一个姑娘制作出来代言的。确实，乐器可用来代言，传达出人们难以言表的复杂的思想感情，而吹奏乐器的这一功能似乎更为直观一些。

二是弹拨乐器。口弦可见于云南的好几个民族，含在口内却以手指弹拨

① 怒江州编辑组编：《傈僳族民间故事》，110-111 页，昆明，云南人民版社，1984 年第 1 版。

演奏。傈僳族的《口弦》认为，他们的口弦得自山中鬼怪，鬼怪用口弦来破坏人们“砍地”，后被一个傈僳族汉子尼戛扒缴获，由此传遍人间。克木人的胡琴只有一根弦，其汉语名称即独弦胡，同那个久时以前由外域传入中原的两根弦的二胡如出一辙。他们《独弦胡》讲述说，这是一汉子用亡妻背水的竹筒做成的，弓则用亡妻的秀发制成，弦即竹丝。他竟至于拉着这胡琴忧思而死，从此独弦胡传了下来。哈尼族则有小三弦。据《小三弦的传说》，一哈尼族小伙死了恋人，亡者坟头七天便长成一颗棠梨树，他用以制作了一把小三弦，直弹得死者复活，两人双双私奔而去。傈僳族还有一种古老的四弦琴。按照他们《琴和舞的来历》的说法，这是傈僳人派人到外面专门学来的，自从有了这绝妙的小东西，傈僳民族便有了歌舞，有了欢乐。的确，审美是人类精神生活中的一个不可或缺的方面。

三是打击乐器。在基诺族那里，一截截简简单单的竹筒，就成了一种古朴的打击乐器。依照《狩猎归来敲竹筒》的叙述，曾有一个基诺族汉子叫杰白，收拾了山神瓦省厄罗，不仅得到了猎物，而且还缴获了一截竹筒。他敲着竹筒回家，路遇六个基诺老汉，他们也学着一人敲起一截竹筒。各个竹筒长短粗细不一，居然敲出了富于变幻的美妙音调。如此自然天成的打击乐器，唤得喧嚣尘世向着大自然复归，1979 年的中秋时节，基诺族的竹筒乐器闯进了北京舞台。德昂族的水鼓更是别具一格。一截圆木挖空，两头蒙以牛皮，可由鼓身中央一孔灌水润之，然后敲打，这就是所谓水鼓。据他们民间的传说，古时有一青年为救回心爱的姑娘，战一大螃蟹获胜，将蟹壳做成鼓，而后演成了今日水鼓。佤族的木鼓主要是祭器，一截圆木刻缝掏心即成，不过制作木鼓有一整套“拉木鼓”的祭祀仪式。据《司岗里》神话郑重之言，佤族历史上的第二位女首领安木拐得到莫伟神托梦，翌日指着自己的下身让人仿制出了木鼓。木鼓是佤族传统社会的神圣之物，昔日猎人头的旧俗便为着在木鼓房供祭。然而，就是这《司岗里》神话也不得不承认，自从有了木鼓，佤族成了能歌善舞的民族。而今，木鼓作为佤族传统乐器，伴随佤族的那个已出了名的甩发舞，登上了各种大雅之堂，不知佤山上那些恪守佤族原始信仰传统的巫师们会做何感想？

其次，再来看看最为典型的一类“意念”民俗。这类民俗似乎还没有相应的名称，姑且就定名为“民意习俗”。

阿昌族民间习俗将狠毒之人称为“带狗心的人”，其出处在他们的《狗心与泥沙》里有一说：天上的玉皇为了检验一对夫妻相互间的忠贞，先变做一个美丽的姑娘去考验丈夫，又变做一个英俊的伙子去考验妻子，结果那汉子把他赶出家门，而那妇人却为他杀了自己的丈夫。玉皇再变做老头来救人，把那妇人的心赔还给她丈夫，给那妇人装了一颗狗心，而用泥沙给狗做心。于是乎，世间的狗都沾不得地气，放在地上的死狗也会复活，而怀揣一颗狗心的人自然没安好心。民间的说法不过是一说而已，那玉皇老头原是道家神明，本不关阿昌族人家的什么事情，他们民间口承文化传统里的玉皇显然是在接受了汉文化以后借去的。

傈僳族民间有见了脏东西和丑恶事物就吐唾沫的习俗。这种情况还可见于其他不少民族，比如汉语中便有“唾弃”一词。他们的《吐唾沫的来历》解释到：从前曾有过人妖相处的时候，人们慢慢才发现了妖精吃人的真相。有一聪明勇敢的小伙翁扎称，诈出妖精只怕人的唾沫，吐唾沫灭了妖，并把此法广而告之，让人们都照此办理，就此流传成为民俗。汉民族民间也大有此俗，城乡里市处处可见，其功能效用想来也大致相仿，当事人每每只以一吐心中秽气为快，全然不顾地面公共卫生。不用说，心灵美以外还要环境美才好，否则，随地吐唾沫者难免又要遭别人唾弃，如此恶性循环怎么了得！

景颇族民间有习俗把骗取他人成绩的所为斥责为“狗脚印”。其作品《狗脚印》道出其中掌故曰：往昔，人间刚开始饲养牲畜之时，人们是根据它们的表现为其分配住处。老实巴交的猪以拱嘴为人开挖旱谷地，狗却去撒野，过后到地里将猪蹄印抹去，满地印下自己的脚印；人们于是上当，把猪打发去住“干栏”房楼下，而狗却得到了楼上门口的住所。猪们由此世代受冤枉，其嚎叫总带有哭声。如此民意习俗不同于今天民间“猫盖屎”之说的明白显见，而简直是在用典，堪称“民间典故”，不了解相关的传统口承作品的人根本无法领会。

各个民族的民间习俗之间或许还会有冲突。景颇族民俗视松鼠为祸根，把松鼠称为“格毒卡”,“格毒”即松鼠,“卡”系祸之意，人们认为梦中见到松鼠是不吉利的。他们民间的口承作品《祸根》说明，世间曾发生了一连串互为因果的灾祸，而肇始者即为松鼠，松鼠就此留下了千古恶名。拉祜族中苦聪人的小伙儿送给姑娘定情物，恰恰是亲手猎获的一只松鼠，以示自己狩猎的身手不凡。假设一个苦聪小伙子与一位景颇族姑娘有幸碰到了一块儿，真不知该以什么来做定情信物。

此外，普米族民间有用“散羊毛疙瘩”传递消息的民俗，景颇族民间则有用一种树叶“司标哈”表示和解的民俗，普米族的《“散羊毛疙瘩”的由来》、景颇族的《“司标哈”》分别道出了其间的原委，其间又是一段世代口耳相传的古远往事，又是一个不由人不信的民间典故。其中有多少真实而合理的成分还在其次，要紧的是相关的民间习俗偏偏就这样长期沿袭下来了。

诸如此类的民间习俗当然还很多，但这里的考察是将传统口承文化作品本文同相关的民间习俗事象上下文放在一起来进行，囿于资料的局限，凡与民间口承文化作品无涉者均不在此处的考察范围之内。

古远的民间习俗约定俗成，经长此以往而根深蒂固。一种民俗的产生及流传自有它的历史的合理性，但其历史的合理性并不等于其现实的合理性。其实，要改变一种旧的民俗或是要创造一种新的民俗并不难，只要稍加留意便可以发现，时时刻刻都会有一些旧的民俗在死去，有一些新的民俗在形成。愿大年三十夜晚驱邪巫术的鞭炮不再响起，还是合家围着团圆饭桌看电视来得安静，尽管这一新的民俗表明了中国老百姓们正在成为电视文化的奴隶。

值得强调的是，人应该做自身文化传统的主人，而切不可成为自己文化传统的奴隶。就世间的一切事物来讲，如果说现实的就是合理的，那不过是说其现实性曾经合理；要记住的还有后一句话：合理的就是现实的，这是说其合理性必将成为现实。

第六章　历史记忆

——社群角色的久远认同

历史是人类的历史，是人类社会发生和发展的历史，是包括人类物质生产和精神生产及其产品在内的全部文化成果的文明历史。人类物种自身的再生产同人类社会的发展和文化的积累是一致的。人们要生存，要繁衍，要面对自己所处的这个对象世界，就要从事各种物质实践活动和精神认识活动。人们世世代代的实践活动和认识活动，以及所有这些活动的一切物质化结果，一点一滴地逐步积累起来，便构成了人类的文明历史。人类的历史意识也就是对于这一真实的历史过程的记忆和理解。

自然界也有自己的历史，即它的发生、发展、演变和自始至终的整个物质运动过程。不过自然界本身没有思想意识，更不会自觉意识到自己本身的这个演化历史。说到底，自然界的历史是人类在其实践和认识的发展进步中逐渐发现、逐渐认识，并最终为自然界创造出来的。因此，历史属于人文范畴，历史只能是人文的历史，通常所说的“自然史”便是已经对象化为人类所认识到的自然历史。随着人类实践活动和认识活动在深度与广度两个方面不断地扩展，自然界的历史也发生着变化，或者更准确一些说来，更接近真实地被人类发现并揭示出来。

在人们面前，无论是社会史还是自然史，都存在一个对史料的掌握及认识的问题。这就预示了可能会出现那样一种情况：真实的历史是一回事情，而人们对历史的解释则是另一回事情。严格地说，要想绝对避免这种不一致是很难办到的，人类所能把握住的历史永远只是人们对于历史的认识，而非本来的历史。这是因为，所谓本来的历史已不可复现，往往会有某些东西逃遁于人们的视域之外，人们所能做到的就是，尽可能准确地和客观地把握住历史发展的某些基本的方面。只要到了这一步，人们也就可以说：看，这便是眼下所认识到的历史。这个地方没有一丝一毫的相对主义历史观，只不过是受制于人类一时一地的实践活动和认识能力的局限而已。

在人类世界的远古时期，这种局限尤为严重。比如说，各个民族的创世史诗都曾一本正经地将各个时代种种神话、传说材料统统收罗起来，并一门心思地用那包罗万象的大拼盘编造出一部完整的宇宙发展史。注意到了这一点，此处问题也就足够清楚了。古昔人类的各个民族的确把神话所描绘的那一个个原始的世界图景看做是整个自然界及人类世界的真实的历史，所以世界各地不同民族各自的创世纪才会那么风情各异、多姿多彩，否则，整个人类世界共同拥有一部创世纪也就够了。

早期人类各个民族的人们对于历史的这种原始的认识明显具有两点非历史性或反历史性的特性。

第一是它的“共相性”特征，即以交感互渗的封闭循环思维来解释一切。在那里，所有的差别和矛盾都消失了，天地间的万事万物仿佛出自天人感应、物我为一的同一具模式。创世神话先告诉各位，天地是由像人一样的家伙开辟的或是如同人那样被生下来的；起源神话又启发大家，万物是由天地之外的某个什么东西创造出来的；图腾神话再提醒人们，人类是由一个女始祖与某物感应受孕才得以出世的。另外还有婚配神话、洪水神话等等，一概绕着圈子来。先有鸡才能有蛋，先有蛋又才能有鸡；鸡肚里有蛋，蛋壳内又有鸡。天地万物、鬼神人类生来都是一家子，不用再分出彼此的好，区分了反倒会拉扯不清楚，反正天人感应、物我同一的整个大千世界的来龙去脉自有人相信就是了。

不计历时性的这样一种原始的历史考察必然是静态的胡乱凑合，这与第二点即它的“共时性”特征相关。神话的交感互渗的思维方法在纵向度上的强化形式，便是拿全部历时态事象来拼成一个共时态结构，在此间，时间被压缩了，甚至被抽掉了，因为在那儿几乎就没有时间的概念。过去与现在混为一体，历史就存活于现实当中，哪一种成文的史籍能比神话和史诗更富于绚丽的神奇色彩呢？在婚配神话之中，远古时代人们的这一种把戏达到了登峰造极的地步：自然原始群内来自基因保持天赋驱力的血统亲缘自交系纯合本能，氏族组织的族内非性关系禁忌及族外类别式“兄弟姐妹”辈分等级杂合婚配规范，一夫一妻个体婚制家庭的叙述式兄弟姐妹称谓及其夫妻观念等等，古往今来全都被有意无意地纠集在一块儿，于是便汇合成了兄妹婚神话故事与兄妹不婚社会规范相互冲突的两难结局，最后只得请老天爷来定夺。妙在那些原始的世界图景里皆暗地留下了一点点间隙，要不纵然灵虚的上天意志岂能挤得进那一处压扁了的历史之域？往昔为现实所用，历史实在只是目前的便当解释，这即是人类古昔时代各民族不成理论的历史哲学方法论依据。

人类远古时期各个民族的神话、传说和史诗所做出的历史解释是一回事情，后世的人们透过这些神话、传说和史诗的扭曲折射，终能辨析出若干真切的历史之光，则完全另是一回事情。当人类世界的文明从蒙昧走向理性，人们终于有了一部较为清晰的社会史和一部较为准确的自然史之际，回首反顾曾经作为古老的史册经久传诵而后却又被启蒙的理性所遗弃的种种神话、传说和史诗，突然发觉，其间偏偏又是一处发散着永恒魅力的一整个艺术幻觉世界。只可惜远古时代的人类各民族先民们，竟然未能及早生就一双专门用以审美的慧眼，却将其中不自觉的幻象当成了千真万确的史实。

第二节　扑朔迷离的古史（口承古谱系）

人文伊始，混沌未消，人类世界的一切都还在一片迷蒙之中。后世的人们有幸做起了这宇宙间的主人，于是便有心去追求永恒——向后，探索将来的未知；向前，则追溯古昔的未晓。可是，人文初始之日属于不可复现的既往，又无确切的铭文碑刻可稽，只在人世间口耳相传之中留下了星星点点的记忆。

于是乎，曾几何时，中华大地的成文历史从“三皇五帝”写起，在历史年表的开端处出现了一个“历史传说时代”。这当中，所依据的材料不过是上古史籍对早先民间的远古神话和古史传说的记述，仍属于民间口碑之列，不足为信史。倘若如此这般可行，那么随后又出现的“盘古开天地”的神话将如何对待？难道“自从盘古开天地”真应该成为中华大地文明历史的起点！

终于，史学界有人出来，用经过严格年代测定的考古发现代替了中华成文史的所谓“历史传说时代”。尽管那些考古发现的遗址依然星星点点不成系统，而且相互之间也还存在着年代上的断层，但总比成文史中夹杂着一个什么“历史传说时代”要来得规范一些。

各个民族无文字历史上的民间口承文化自然不必受此限制，其口碑历史本来便与印刷文化时代的成文信史无涉。各民族民间口承文化的“野史”历来是古往今来恣意纵横，给原本就已扑朔迷离的人类古史更增添了几分神秘的色彩。今日当然可说那不是信史，然而自有人相信，至少在传统上，相关民族的人们就曾经认为那是信史。

一、神话谱系

中国的成文信史自夏王朝开始，可是在整个社会业已形成定式的文化传统上，人们又惯于追循上古三代的旧制，找了一个古史传说中的黄帝来作为中华大地“人文初始”的起点。民间不明上古三代帝君们维持“家天下”的一己私心，偏偏就认下了这个死理，各个朝代的官方正好加以利用，而以司马迁领头的历代史官们则跟着起哄，今日治学严谨的历史学家们对此也一筹莫展。

依司马迁《史记·五帝本纪》，“五帝”自黄帝始，帝颛顼高阳氏即黄帝之孙，帝喾高辛氏即黄帝曾孙，帝尧陶唐氏即黄帝玄孙，帝舜有虞氏即黄帝九世孙。上古三代之中，夏君姒姓，商君子姓，周君姬姓，据称全都是“黄帝世胄”。再依司马迁《史记·三代世表》，夏禹为黄帝 5 世孙（玄孙），商汤为黄帝 18 世孙，周武为黄帝 20 世孙。在这中间，尧与禹即位相距有 157 年，尧、舜、禹三人之间的世系次第已经令人生疑；而商与周立国相距达 640 余年，商汤与周武距黄帝的世次竟如此接近，更让人怀疑。且不管这当中是否无稽之谈，上古三代帝君世系简直就如同黄帝家谱。

实际上，在人类各个民族民间久远流传的口承文化中，不难寻到诸如此类的神话始祖和神话谱系。

普米族人自认下的始祖干脆就是非人类的一对神兽，这或许更具超凡的神异色彩，远非那个顶多不过“四面”的黄帝可比。普米族的作品《巴弄明和巴弄姆》正经而庄重地宣称：这两个神物与天地日月一同诞生，它俩又一起用自己的毛编织出了生灵万物，最后再交配生下了一堆猴儿，其中最小的一对猴儿达楚韩规与嘎达米居然外出学成了人模人样，回来以后让巴弄明和巴弄姆也脱尽体毛穿上衣裙。至此，这些分明是普米民族的先人们臆造出来的怪异神物终得以修成正果，达楚韩规和嘎达米成了普米族人的“巴拉若”(男阿祖) 和“巴拉米”(女阿祖)，巴弄明和巴弄姆更成为普米族人的“明宗巴拉”(男老祖公) 和“姆宗巴拉”(女老祖宗)，并被普米族世代传唱：

我们普米族哟，
好像一颗树，
起根发芽有来历。
我们普米族哟，
好像一条河，
各个家支有源头。
……
我们普米族哟，
家家要供宗巴拉 (祖宗神牌)。
宗巴拉是树根根，
宗巴拉是源头水。
巴弄明和巴弄姆，
就是我们的娜斯卡 (创世老始祖)。
……
树叶落下铺根边，
小雀归来找旧窝，
娜斯卡的子子孙孙哟，
忘不了娜斯卡。
把娜斯卡编成《娜嘎达米》(创世歌)，
让后代儿孙世代传唱。[①]

① 《山茶》，23 页，1987 年第 3 期。

在哈尼族那里，题意即“哈尼族祖先迁徙”的《哈尼阿培聪坡坡》唱道：“最早的人种是父子俩，布觉是腊勒的阿爸……第二对人种是俄比与腊千，她们是亲亲的母女俩……第三对人种，那是阿虎和腊尼兄弟俩……换过二十三次爹娘，人种像大树成长，二十四代塔婆出世了，她的英名人人敬仰。”这个塔婆便是哈尼民族所自认下的神话始祖。据哈尼族人称，她以前的“人种”实则是动物，她以后才开始出现了真正的人类。而在元阳、金平两县，有一些哈尼人家的古传口承谱系竟然是从他们所认定的创世神奥玛天女开始：奥玛（天女）——阿卑（大地）——奥黑——黑拖——拖马——马肖——肖尼——奥尼（鬼）——尼卑——阿卑——苏米乌——乌里特——特里早——早阿耶——(早米耶）——阿耶洽——洽提息——提息里（天地开朗）——里包倍（生长茅草）——包倍乌（大蛋）——乌浩然（安春鸟）——浩然初(鸟孵蛋)。据说，这属于“人鬼不分”世代里的先祖，实在就是一个神话谱系，其后接着才是人间始祖。神系与人间世系贯穿为一体，仿佛哈尼族人就此可以沾点儿神灵的什么光，其实是哈尼先民们把人间世系引入了神殿，使得人们创造的神明似乎更多了一些人的生灵属性。

类似这样人、神同系的情况，在云南各个民族中间并非罕见，人们造神的本事不外乎本于自身。即便是在外域，古希腊的奥林匹斯山上，所谓万能的宙斯也不过在神界和人间四处播种，像人类一样生养诸神并传下庞杂的神话谱系。怒族口承文化里有一个号称“天降之人”的女始祖茂英充，据说也传下来了一个人、神合一的谱系：茂英充——充罗并——罗并者——者茂特——茂特绷——绷喜耀——喜耀维——维维曲——曲维能——能波赤——赤赤维——维罗别——别下休——下休达——达局留——局留谷——谷喜有——喜有宾——宾好给——好给抽——抽那耀——那耀劝——劝下尤——下尤室——室局采——局采奴——奴奴局——奴局谷——谷娟血——娟血独——独老底——底老乌——乌老求——求老曼——曼老催——催虐漫——漫额叫——叫走偶——偶凡寿——寿砍杜——杜几舟……显然，其中的人间世系成分居多，尽管如此，能从神话中的“天降之人”一路传承下来，这已经不是通常意义上的人间世系谱了。茂英充作为怒族人公认的神话女始祖，不但在他们的口承文化当中留下了历史印迹，而且还索性跻身于他们民间人家的口承谱系里，成为“名副其实”的人间始祖，有关人等还能不信吗？这也许要比除去上古三代帝系而外似乎便不见谱系传世的黄帝实在得多。

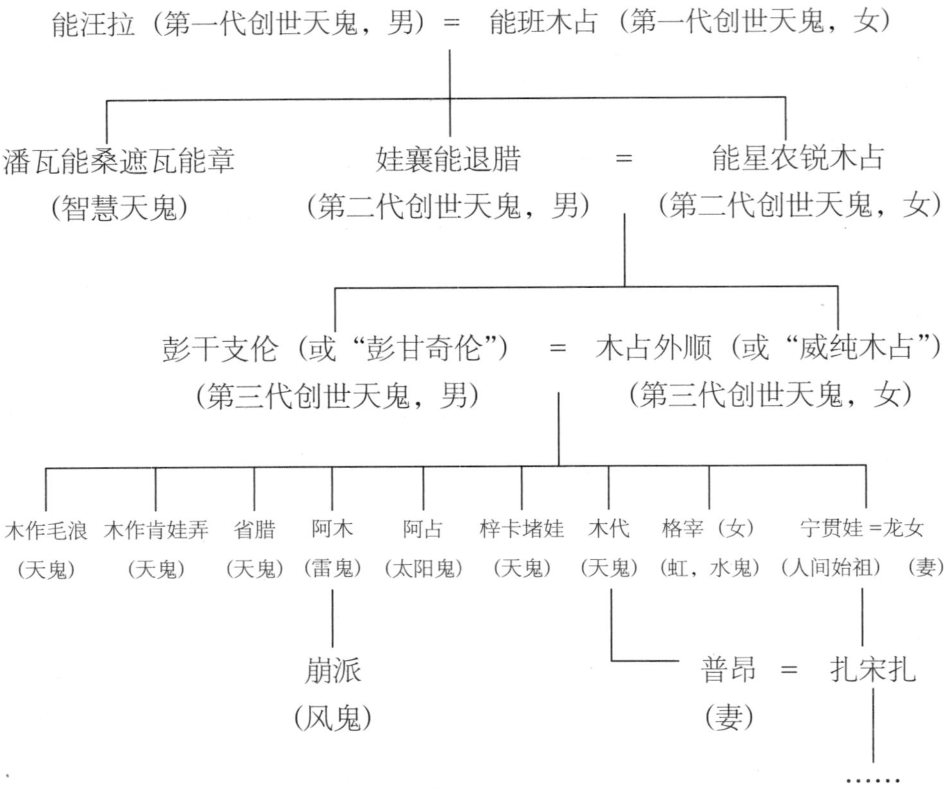

图 6–1 景颇族神话创世谱系[①]

景颇民族公认的人间始祖是宁贯娃，但其“出身”依然在景颇民间的神话谱系之中。按照他们的传统口承文化来看，继能汪拉与能班木占、娃襄能退腊与能星农锐木占两代男女天鬼创世造物“形成天地以后”，第三代男女天鬼彭于支伦与木占外顺生育有诸鬼和一个人间始祖，传下了人鬼同一的世系谱。综合有关材料，其神话谱系大体上如图 6–1。

依照景颇民族的社会文化传统说来，这一谱系分明带有非人伦的奇异色

① 云南省编辑组编：《景颇族社会历史调查》，（2），1 版，80 页，昆明，云南人民出版社，1985。

彩。姑且不论那一对对创世天鬼实属亲兄妹婚配，开创人伦之后，宁贯娃与龙女的儿子扎宋扎娶的是木代天鬼之女普昂，便犯下了大忌讳。木代和宁贯娃一样，为第三代创世天鬼彭干支伦与木占外顺的后嗣，本是宁贯娃亲亲的兄长。因此，扎宋扎与普昂实为仅隔一代的叔伯堂亲婚配，这在景颇族一贯的父系社会规范看来，简直就是乱伦！莫非那时候的景颇民族还真是处在母系制的时代，父方平行从表竟然不算做血亲？可是，那古老的神话谱系却显然已体现出了父系继嗣的世系传统。再不然就是人间规范法力有限，神人同世系的年代自有非凡的特许，不受人间伦常法度的束缚？造成这一情况的原因或许是，在景颇民族久已逝去的母方世系制度下，父方平行从表婚配正是在许可范围之内，而后起的父系社会规范对古传的神话创世谱系做了改动，使之成为一个父方世系谱，然而却不期然间保留下了扎宋扎与普昂之间婚配的旧事，这在父系社会规范下便成为让人难以理解、难以接受的“违规”。古老的口承文化作品在其历史流变过程中往往难免会显得捉襟见肘，暴露出后世改作却又不干净的马脚。

此间还出现了一个“智慧天鬼”潘瓦能桑遮瓦能章，系娃襄能退腊与能星农锐木占之兄长，此鬼不仅调解了娃襄能退腊与能星农锐木占之间的争执，使之各得其所，地界时日得以昼夜各半，并且本身就是景颇民族传统口承文化中古远智慧的代表。据称尚处母体之时，世间的一切知识便已经在其心中，世间的一切事物也因之得以命名，这一“智慧天鬼”的名字之本意即为“永恒的智慧”。如此神话谱系以下即是人间世系，其中还涉及许多有趣味而又有意思的东西，留待相关之处再谈。就此转入人间的世系传承正是时候。

二、世系连名

人间世系的要义在于亲子相传，财产和官爵的传袭由此成立。亲属制度是文化人类学研究的核心课题，而世间的各种亲属制度说透了就是不同的世系制度，也可叫做继嗣制度。世系传承的表征即为姓氏传承。《史记》有称“黄帝二十五子，其得姓者十四人。”其历代后嗣更有以氏为姓，或以封地为姓，至上古三代之时衍出了“百姓”。在此之间，原大支之姓与原小支之氏悄然合一。数千年以降，到头来有了今日中华地域间的百家姓氏。事实上，中华人间姓氏早已经不止百家，时有所见者也有数千，只不过拾得上古三代惯口牙慧，仍然曰“百姓”罢了。诚然，后来的庶民百姓之“百姓”决非上古三代之“百姓”，这“百姓”只是百姓，那“百姓”却不是百姓，而是有着“黄帝世胄”之尊的贵族。那古史传说中的黄帝若真是始祖，也实为上古三代官家“百姓”的始祖，现而今的老百姓们并没有得到什么余荫荣光好拿来炫耀的。

中国各民族亲子之间的姓氏传承屡见不鲜，而且原先大抵是中原民族的本色。云南诸多民族中的亲子连名才叫希罕。这在上面的神话谱系里已有所见识。

由于长期受处于正统地位的汉文化影响，哈尼民族如今已多行汉姓，但与此同时，在缺文少字的民间，传统亲子连名制的命名并行不悖，而且这是他们的“正名”，有着寻根认祖的特殊功能，就如同在早已通行文字的汉民族中，民间曾有修家谱的惯例一样，只不过这是通过当事人家世代口头传承。客居他乡的哈尼族人背叙出久已传世的古老连名谱系，没准儿能找到五百年前的“本家”。以下是西双版纳哈尼族一王姓人家的父子连名古传谱系：孙米窝——窝铁咧——铁咧宗——宗米耶——米耶擦——擦梯色——梯色勒——勒普波——普波屋——屋乌牙——乌牙操——操莫唉——莫唉咀——咀堂旁——堂旁芒——芒夯堂——夯堂邹——邹利鸟——鸟其拉——拉堂宝——宝斯赖——赖龙包——包耶——耶当——当蔡——冒哥——哥且——且当——当仓——仓耶——耶撇——撇迪——迪蹩——蹩歇——歇弟——弟拉——拉义——义娘——威宰——宰切——切登——登靠——靠染——染楼——楼丝——丝朱——朱靠一靠究——究朗——朗确（背叙此口承谱系者）——确磁。这中间出现了两处连名的断点，依哈尼族民间的说法，或是因非正常死亡不得连名，或是因父早死而未及给子嗣正式命名。据有关考证，西双版纳哈尼族父子连名世系谱开头的这个“孙米窝”，亦即红河一带哈尼族父子连名世系谱中的那个“苏米乌”，实为“人鬼不分”的神话传说时代的哈尼族先祖，整个哈尼民族寻根认祖当可以成为真正的一家子。从古史传说到现实生活，由神话始祖至连名谱系的当事背叙者，哈尼族的父子连名传世谱系真可谓是贯穿到底了。如此千古奇观，是神话？是传说？是历史？是现实？似乎都有点儿像，又似乎都不完全是。只有一点是可以肯定的，这是哈尼族民间的口承历史，尤其是这一家族的历代人们记忆中的一部完整的口承历史。

更让人感到不可思议的是怒族民间的一则涉及父子连名的口承历史，其间竟然从虚幻的神话一直通达今天的现实。这一作品名为《人类来源的传说》：

> ……上帝（欧萨）造了土地，没有人，于是用树籽撒在地上，生出南瓜藤一塘，结了一个南瓜。后来由南瓜中变出一个人，这个人名叫“牟英西”，儿子叫西映早，西映早的儿子叫早更吾，一代代传下来是：更吾妹——妹妈崩——妈崩日——日拉瓜和绍瓜。拉瓜是兄，绍瓜是妹。到这一代时，发了洪水，地上万物都灭亡了，只剩下了一对蜜蜂和拉瓜、绍瓜两兄妹。……于是兄妹俩结成了夫妻。后来洪水下落，人类繁衍，这对夫妇的后代是：拉甲——拉乃母——拉下母——拉夕——拉卡——拉嘴——拉塞——栽底——黑葱——勒卡……①

这个勒卡即为此作品的叙述者。照此推算下来，自人类起源时的牟英西，到现实生活中的叙述当事人勒卡，这期间不过区区17代，即使将这“人类起源”视为怒族的起源，怒族的历史也绝不会如此短暂！特别是想一想那生活在现实里的叙述当事人，其人间世系从神话中而来至多也不会超过500年，这还能看做历史吗？但若要说这是神话，那么身处其间的叙述当事人又该如何解释？民间口头传承的历史就是这般的莫名其妙，根本不去区分什么神话传说时代和历史及现实，十足的一锅大杂烩。各民族的族源当然有长有短，但历史大都湮没在扑朔迷离的往昔，而民间传世的口碑更是为之增添了几分神奇色彩。

在景颇民族各支系间，景颇和载瓦是两个较大的支系，景颇支素来不行亲子连名制，载瓦支古时曾经行亲子连名制，后习景颇支传统而改制。比如说，在盈江县的盏西地区，巫师“董萨”可以背叙出载瓦支梅何姓氏“官种”的世系31代，前22代为父子连名，后9代已经不是这样。而另有喇期（又

① 中国哲学史学会云南省分会编：《云南少数民族哲学社会思想资料选辑》，2辑，84-85页，昆明，铅印本，1982年。

称“茶山”)、浪峨（又称“浪速”）等几个较小的支系，则长时间内通行亲子连名制，直至当代。他们的亲子连名制同样是父子连名，同样是通过当事者人家口头传承而得以世代延续。现在就来看一下茶山支的一个有着若干分支的父子连名世系，构成了一株枝繁叶茂的谱系树（见图 6–2)。

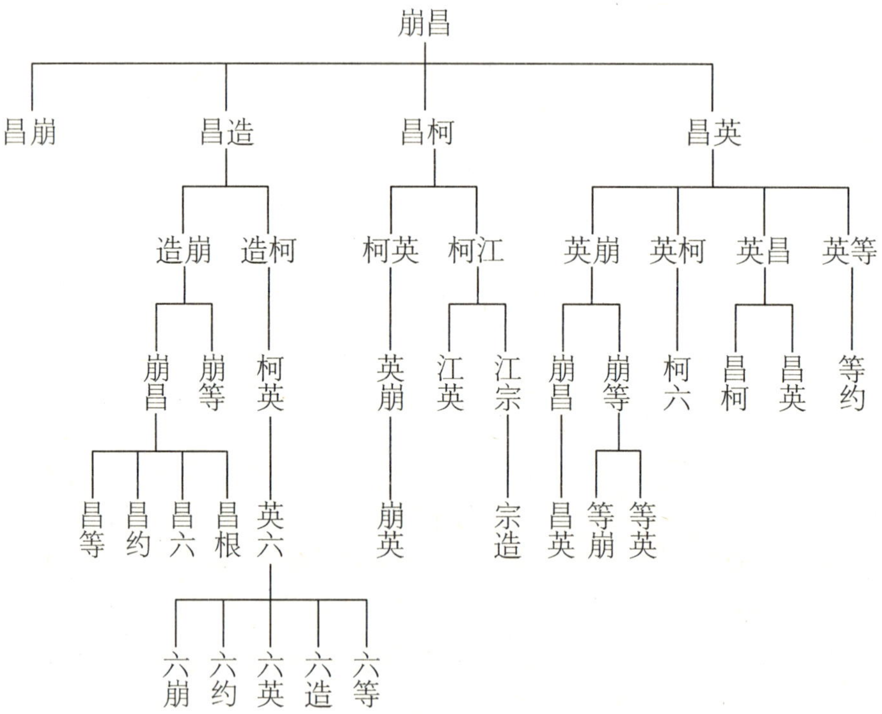

图 6–2 景颇族父子连名谱系[①]

景颇族茶山支另有一个或许更加古老而长达 35 代父子连名的谱系：毛磨陇——磨陇拱——拱麻薄——薄斯作——斯作昌——昌作彪——彪作跌——跌木雨——木雨疋——疋必阳——阳陇令——令鼎此——此干约——干约早——早冲其——冲其约——约奥鼎——鼎洛峨——峨罗章——章包——包努——努应——应鼎——鼎劳——劳崩——崩昌——昌更——更昌——昌洛——洛宗——宗崩——崩昌——昌应——应昌——昌可。昌可即为现实生

① 云南省编辑组编：《景颇族社会历史调查》，(3)，人民出版社，1986 年第 1 版。

活中的世系传人。

以上这些民族父子连名制的形式有一个共同的特点，均为顺传正连，父名在前而子名在后，由老子到儿子一代代顺传而下。这些民族的族源皆起于古代氐羌族群，其语言皆属于汉藏语系藏缅语族，其族源、语言及其文化有着共同的渊源。而在云南的其他民族里，其族源起于古代百濮族群、语言属于南亚语系孟高棉语族的那些民族，亲子连名制的形式则正好与此相反。

佤族的族源起于古代的百濮族群，其语言属于南亚语系孟高棉语族，其古老的亲子连名制另有一种让人称奇之处。依照西盟等地佤族的《司岗里》神话说来，人类是从司岗岩洞里出来的；而依照沧源等地佤族的《西岗里》史诗说来，“西岗”（同“司岗”）则是葫芦，人类是打葫芦里出来的。无论他们在各地怎么说，这一点在此处并不重要，关键则在于，佤族民间的父子连名世系谱就由神圣的“司岗”（或“西岗”）开始。人间世系与物质的东西联系在一起，其间的奥妙有谁能够想象得到？眼下仅仅举一例：散比里——比里松——松萨——萨特外——特外克龙——克龙猛——猛康——康更——更冈——冈军——军美——美克莱——克莱切特——切特普朗——普朗切恩——切恩尼——尼比欧——比欧格朗——格朗豪克——豪克所——所克娄木——克娄木托——托尔——尔窝——窝普依——普依司岗——司岗里赫。在这里面，“普依”也就是“人”的意思，“司岗”则意为“石洞”（或“葫芦”），“里赫”系“出”之意；这样，“普依司岗”即“人洞”（或“人葫芦”），“司岗里赫”即“出石洞”（或“出葫芦”），连起来也就是“出人的石洞”（“出人的葫芦”）。在云南各地，各个佤族人家父子连名的古老世系谱都一律包含有那一处神秘的“司岗”（或“西岗”），人间世系成了记述人类起源的古远神话的现实印证，使得神话古史成为人间信史，这真是一种妙不可言的创造。

不难发现，佤族父子连名制的形式是逆推反连，即子名在前父名在后，由儿子到老子逆推而下。在佤族的语言里，被修饰语在前，修饰语却在后，“散比里”亦即“比里”的儿子“散”。同上面那几个民族相比，其中的区别自然是这两类民族上古文化渊源不同的结果，同时又表现出了而今不同源流系属语言之词序上的差异。

三、古昔余辉

民间口承历史不过是民间对于古昔历史的记忆，其间的神话、传说成分必不可免，但也决非毫无史实可依，久已传世的世系谱，不管是口头传承的还是文字记载的，都是人们身边最为实在、最为贴近的一种历史。的确，历史不仅仅是帝王史和官家史，而应当是一部文化史和社会史；在民间，最具体的历史便是人们对于自己祖先及其事迹的记忆。

在云南各民族民间的人们对于古昔历史的记忆里，有一个问题不能不引起格外的注意，那就是不少民族历史上曾有过的母系时代的昔日荣光。人类各民族的发展历程不必同一，文化的多元决定了各个民族发展道路的多途径，并非在今日的父系社会之前一定有一个母系社会。然而，在曾经存在过母系时代的民族那里，这一点却又是无法回避的，确切的史迹已经深深地留在了人们的记忆底层。

在云南的不少民族中，至高至上的神话造物主或神话始祖均为女性。例如，基诺族就有阿莫小白，她造大地，造人类，创世间人文制度；红河哈尼族则有天女奥玛，她被认为是最大的神，是世间万物的创造者，尤其值得一提的是，她还被认为是农业生产的首创者；怒族又有一个茂英充，相传由蜂与蛇（一说蜂与虎）交配而生，被视为“从天上降下来的人”，是怒族民间的神话女始祖，怒族人的古传谱系便自其人肇始。诚然，这些都只是神话，虽说神界的制度不过是人间格局的反射，神系也不过是人间世系的变形，可毕竟还不能直接证明这几个民族的历史上出现过母系时代，能引起一些思考罢了。

如果说，上述几个民族的神话不够明确，不足为信，那么，佤族《司岗里》神话的详尽叙述的可信度或许会更高一些。这部作品里分明讲到，人类（可以解做佤族）的第一个首领是女性，名曰妈农；第二个首领也是女性，名曰安木拐；第三个首领还是女性，名曰牙董。正是她们领导着佤族先民开创了一切人文业绩。另有一个注音标记的原始记录版本的《司岗里》，更是通过一位身为旧时头人兼巫师的男性讲述者之口，明白无误地道来：

……女人比男人先懂得道理，我们听女人的话。男子后来懂得道理。

……把石头扔到牛屎上（象征性交），这是女子教给男子的。各雷诺在旁边看着，女子于是领导男子做各种事情。后女子不想领导，即教各雷诺领导。以后男子有不会的事情仍要问女子。女子共领导了三十代，后男子领导了二十代，以后就懂得道理了。[①]

佤族社会母系时代的昔日余辉还体现在他们各个家族、各个家庭专用的古老祭祀咒语之中，不论谁家，其开头或者是“女鬼和男鬼，月亮和太阳。旧日的女鬼和男鬼”，或者颠倒一下句序，“月亮和太阳，女鬼和男鬼。旧日的女鬼和男鬼”。变换不离其宗，一概是女性在前而男性在后，月亮在前而太阳在后。而在景颇族那儿，民间有的人还把太阳理解成雌性的，这也许不完全是误解，景颇族的《创世纪·驾驭太阳的母亲》便说明，普照大地的太阳是由一位母亲驾驭着在天空中驰骋。佤族人的《谁做天下万物之王》则讲到，地界生灵共同推举一位“人类妈妈”作为治理天下的大王。傈僳族的《木必帕》讲述的是他们历史上一位有名的男首领木必帕的业绩，可作品里明明白白地提到，他的前任和提携者偏偏却是一位女首领米斯玛，而且这个米斯玛曾经统领傈僳民族的各个氏族。倘若不是往昔有一段母系社会的历史，凡此种种古远的遗痕便不好解释。

母系社会的遗迹还可在各民族民间的其他一些作品里或多或少地窥视到。傈僳族《怒江为什么山多箐多》称，当初有一个神异之人造大地，听到父亲得病的消息不忍脱手，但听到母亲病故的消息却撒手去奔丧，因为在他看来，母亲就像太阳，重于父亲是当然的。景颇族《始祖宁贯娃的故事》的情节发展刚好反过来，而蕴意却更为明了显见，说是宁贯娃改造大地之时，听见阿妈的死讯竟有本事说：“阿妈死了就死了吧，母姓可以改父姓。”而听见阿爸死讯则大哭：“父姓不能改！”作品中就此明确声言：“原来宁贯娃是姓的母姓，后来才改为父姓的。”这究竟意味着什么，想来已是不说自明。就连景颇民族心中神圣无比的人间始祖宁贯娃也有一段传承母方世系的历史，现今早已是

① 云南省编辑委员会编：《佤族社会历史调查》，(2)，187-188页，昆明，云南人民出版社，1983年第1版。

崇尚男权的景颇族历史上的母系时代看来是无法掩盖的了。

母系社会的基本特征是母方世系传承，子女跟随母姓是其表征之一。接下来还应该有女娶男嫁的“从妻居”婚姻形式，其典型情况更是当夫随妻姓，以保证母方世系的完整统一。景颇族母系时代的往昔风采也体现在这一点上。他们的《结婚歌》便记述下了那久已远逝的往事，不过说来仿佛是一场轻松的游戏，其实这期间的社会变革真不知经历了几多历史的风风雨雨。作品里说：早先，景颇族是男人嫁给女人。男人粗心大意，出嫁时总带不够东西，不是忘了长刀，就是忘了烟盒，一次次老是回自己娘家去取。于是乎，女人生气了，干脆自告奋勇：“我只拿一个拈线筒，还是我来嫁给你吧！”从此，景颇族才改为女人嫁给男人。呜呼！生性天真的女人轻易就上了男人的当，终于丧失了自身传承世系的天赋权利。

需要一再强调的是，“母系”与“母权”是两个完全不同的概念，母方世系的传承并不一定同女权有着必然的联系，相反，母系与男权却往往可以共存，那就是母系社会里常见的舅父权，那同样也是一种男权。母系时代完全也有可能是一个男权至上的社会，财产、地位等等的传承为以舅传甥，这便是舅父权的依据所在。怒族也曾实行过男子出嫁而女子娶夫的婚姻制度，有关的旧事在他们民间口承文化里广为流传，而他们的舅父权至今残存，其“奥剖”（舅父）的称谓之本义即“最尊敬的父辈”。另有民间谚语说：“天下最长的是道路，亲间最长者是舅父。”这在彻头彻尾的父系社会里是不可理喻的。

说到母方世系传承，不能不提及勐海布朗山布朗族独具特色的另一种亲子连名制，即母女连名制。正如父子连名制不排除女儿与父亲连名一样，母女连名制也不排除儿子与母亲连名，只是女儿与父亲、儿子与母亲的连名到此为止，以后的世系连名仅仅依性别而单传，父子连名制下的女儿和母女连名制下的儿子得不到继续传承世系的权利。布朗语把他们的母女连名制度称为“迈种妈”，意即“跟母亲叫”，其母女连名的情形举例如图 6-3。这无疑是极其典型的母方世系传承的一个例子，而父子连名制则是父方世系传承的一种典型表征。

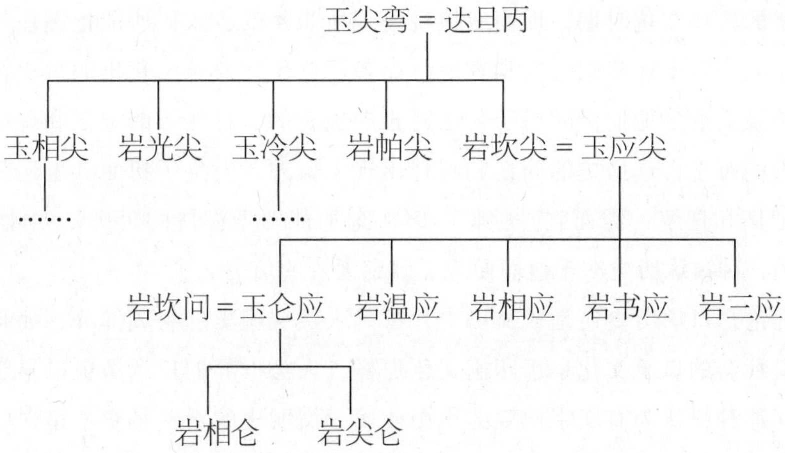

图 6–3 布朗族母女连名谱系[①]

在以往，布朗族人没有姓氏，男性人名多以“岩”作为性征词头，也有以“达”作为性征词头的；女性人名多以“玉”作为性征词头，也有以“牙”作为性征词头的。除了这一类用以表示性别的人名词头以外，儿女全名的后面的音节必须是母亲全名的前面的音节，这就是说，他们的亲子连名制的形式也是逆推反连。这是因为，布朗族与佤族相同，族源起于古代百濮族群，语言属于南亚语系孟高棉语族，同样的族源和语源带来了相近的文化传统和语言风格。

至于与布朗族族源及语源极为相近的克木人，更是别具创造性，实行一种子从父、女从母的世系制度，即儿子从父姓，女儿从母姓。人间世界平分阴阳，似乎倒也显得公正，只是儿子与母亲、女儿与父亲之间的世系联系却中断了。认真说起来，当今社会各现代民族业已普遍承认父母双方世系，但体现在姓氏上，大都依然仅从其父母某一方，问题并没有真正得到解决。难怪有人会别出心裁，发明出一种取父母双方姓氏合为复姓的命名方式，此法能否得以推广，还得看来日。

在人类各个民族的历史上，大都曾经有过把传统的民间口承文化中扑朔迷离的久远神话和古史传说当成信史的情况。这并不是什么荒谬的事情，在

① 云南省编辑组编：《布朗族社会历史调查》，(3)，1版，30页，昆明，云南人民出版社：1986。

无文字的口承文化时期，反而应该说是理所当然的，人们所能把握住的历史实则是人们对于往事的记忆和理解，而各民族传统口承文化里的古史神话和历史传说恰恰是他们民间对于久已逝去的史实的一种变形的记忆和理解。哪怕前人们对于古远历史的回忆和解释出现了偏差，发生了扭曲，也还是一种历史记忆和理解，因而就是他们一时一地所能够把握住的历史。就此而论，这样的一种口承历史在于他们便成了确定无疑的信史。

无论是口承历史还是成文历史，都是人类文明史的组成部分，而且，正像人类社会的口承文化早于印刷文化那样，人类世界的口承历史也早于成文历史。那种只认为有文字记载的历史才属于文明史的看法是根本错误的，完全没有理解“文明”概念在文化人类学学科中的涵义。实际上，它们都是同一回事情，所记述的都是既往的各种人文事象，而人类的历史记忆本身也就是一种人文事象。人类之外的世界没有对于历史的记忆，因而也没有历史和文化可言，有谁见到过无机世界的文化遗产？又有谁见到过普通生物界的隔代经验传承？

口承历史和成文历史还有一个共同的特点，即皆为人们对于历史的记忆和理解，而并非本来意义上的历史，因为那种“原汁原味”的历史早已经永远不可复得。而且严格地说起来，囿于特定人们的视野局限，原装货色的完整历史对于任何人来说都是不可能再现的，哪一部口承史诗或成文史籍能将人类有史以来的每一个人、每一件事都一揽无遗地提到？

口承历史在民间有着自己长久的生命力，人们用不着鄙视它的粗陋笨拙；而成文历史自有其一定的学科规范，在当中夹带上一个不伦不类的什么“神话传说时代”，那只会是滑天下之大稽。

第二节　人不仅“以群分”（社群源流史）

有一种十分常见的说法，叫做“人是社会动物”。如果是在所谓“社会生物学”的意义上使用这一定义，仅仅是指聚群而居，则此定义是不完全的。众所周知，若干的哺乳类动物物种，都具有群居性；特别是众多的昆虫类动物物种，甚至其群居组织结构极为完善。

然而，如果进一步将人类的社会属性延伸至文化属性和历史属性，在此意义上使用“人是社会动物”这一定义，则也无不可。由文化科学的角度看来，人类的社会属性恰恰是因其文化属性而来，人类的社会组织形式不过是文化信息传承的一种共时态网络结构，而人类社会组织形式的演化历史则构成了文化信息传承的一种历时态网络结构。

正因为人类的任何一个个体只能生活在一定的文化环境氛围之中，而人类的各种社会群体同时也就是一种文化群体，必然具有一定的社会历史文化传统，“人以群分”也才成了一种铁律。否则“人是社会动物”的说法便毫无意义。

人类的各种社会群体，从首属群体如氏族、家庭开始，一直到民族群体，都有自身的发生和发展的历史，都有自己文化传统的形成和演变的过程。在各民族无文字时代传承下来的口承文化里，便有着有关于此的某些记述。尽管其中的不少见解实属怪诞不经，但毕竟是前人们留下来的相关社群源流历史的种种解释。

一、传统民族

事实上，人们往往是在不尽相同的涵义上来使用“民族”这一概念。一般地说来，最基本的用法大体上可分为两类：一类是统一民族国家的政治——行政社会意义上的“现代民族”的概念，例如中国人、菲律宾人、尼日利亚人，或者是中华民族、希腊民族、美利坚民族等等；另一类则是国内种族及亚民族群体和亚文化共同体意义上的“传统民族”的概念，比如中国的56个国内民族群体，英国的英格兰人、苏格兰人、威尔士人和爱尔兰人等，最典型的是美国人口中的各个种族构成成分。在一个现代的统一民族国家的政治——行政社会之内，人们同时具有如此上位的和下位的双重民族身份和民族意识，这也是极为常见的一种历史遗留情况。然而必须强调指出，“民族”的概念在其理论的本义上是与“国家”政治——行政社会的概念紧密联系在一起的。

在中华大地的广阔地域间，包括汉民族在内，共同生活着56个国内传统民族群体。中国各个传统民族群体的种族成分非常单纯，除了很少一部分具有或混有欧罗巴人种的体质特征而外，绝大多数都属于蒙古人种的各个亚型。可是，这些传统民族群体的语言构成情况却较为复杂。汉族和回族共同使用汉语，其余54个民族群体则都有自己的语言，并分别属于五大语系。这当中，汉藏语系传统民族群体共有29个，主要分布于西南及中南地区；阿尔泰语系传统民族群体共有17个，主要分布于西北及东北地区；南亚语系传统民族群体有3个，主要分布于云南；南岛语系传统民族群体有1个，主要分布于台湾；印欧语系传统民族群体有2个，主要分布于新疆；另有2个传统民族群体的语言尚未确定系属，而分别暂时归于汉藏语系和阿尔泰语系。其中，还有几个传统民族群体的各个支系的语言，竟分属于同一语系的不同语族或不同语支，这也是一种较为少见的情况。语言是各个民族群体的自身文化传统最为持久的部分，仅仅从现存语言的来源看，便可以清楚地知道，中国国内各传统民族群体的文化渊源十分广泛，统一的中华民族的多元一体格局是一种历史事实。

在此间所研究的云南民族的久远口承文化里，各个民族的前人们如何看待自身民族的起源，如何看待各传统民族共存的这种格局呢？

在拉祜族那儿，意即“造天造地”的《牡帕密帕》认为，是天神厄莎区分开了人世间的各个民族。据说，厄莎天神创造的扎笛与娜笛一对男女生育了九双儿女，九双儿女又两两婚配，各自生育了100个孩子，于是世间有了900人。一日，这900人猎豹归来，厄莎天神将其分为九队，给他们分肉。结果，人们吃得高兴，不期然间道出了各自言语之间的相异之处，并由此导致了各民族分流——

有一个人站在火塘边，
慢慢烤了吃，
吃着嘴里说：
“瓦瓦来搞掌。”
这个人的子孙，
——就是拉祜族。

有一个人煮来吃，

豹肉连汤一起吃，
吃着嘴里说：
“呼呼来底掌。”
这个人的子孙，
——就是佤族。

有一个人蹲在火塘旁边烧，
烧糊的豹肉味道苦，
吃着嘴里说：
“卡够来底掌。”
这个人的子孙，
——就是哈尼族。

有一个人刮洗了豹肉，
放在锅里煮熟吃，
吃着嘴里说：
“海歇辣掌。”
这个人的子孙，
——就是汉族。

有一个人分到一块肉，
这块肉上有伤口，
不生不熟烧来吃，
吃着嘴里说：
“杀区底吐巧学罗。”
这个人的子孙，
——就是傣族。[1]

---

① 刘辉豪整理：《牡帕密帕》，43–45页，昆明，云南人民出版社，1979年第1版。

真不明白，这些人有着同样的出身，身处同样的环境，其语言差异因何而来？不过，能够觉察到云南各民族的种族体质差异并不大，可据以做出明确区分的主要是以语言为最外在表征的文化差异，拉祜族的天神也算是功力不浅，不过这其实是造天神的拉祜族人的功底深厚。拉祜族另有一则神话讲到，扎底与娜底生下的孩子死了，有一神仙赶来将其尸抢出，再砍割成几块用布包起。于是，神仙的所为演成了一个奇迹，用白布包起的一块变成了拉祜族，用绸布包起的一块变成了汉族，用滑绸布包起的一块变成了傣族，用黑布包起的一块变成了哈尼族，用红布包起的一块变成了布朗族，用灰布包起的一块变成了彝族。人间各民族族体就这样一齐被神创造出来了。

在哈尼族中，题意为“开天辟地”的《奥色密色》有专节谈及“塔婆、模米传人种”。据称“塔婆生百人，模米生千人”，而且都是浑身上下到处坐胎生育，只因为坐胎孕育的部位不同，出生以后便是不同的民族。《天地人的起源·始祖塔婆然》、专门唱叙哈尼族祖先迁徙的《哈尼阿培聪坡坡》两件作品也是做如是观，所不同的仅仅在于，有一个浑身上下均会坐胎生育的塔婆就够了，没有那个模米的什么事情。另外，《天地人的起源·沙罗阿龙造天地》、《族源歌》两件作品则说是一母同胞的几兄弟分别成了汉族、彝族、哈尼族和傣族。后世学者们迄今未能彻底梳理清楚的各民族族源问题竟被处理得这般简单明快！

在此问题上，云南各民族的民间口承文化作品有着相近似的特点，要么把各民族群体的存在视为兄弟分家，如傈僳族的《岩石月亮》、《洪水滔天和兄妹成家》、《天、地、人的形成·兄妹婚配》，怒族的《射太阳月亮》，佤族的《七兄弟》，独龙族的一则洪水神话等等；要么将各民族群体的由来视为同源所出，如基诺族的《玛黑、玛妞和葫芦里的人》、《敬献祖先的来历》，傈僳族的《洪水》，景颇族的《创世纪·驾驭太阳的母亲》，阿昌族的《九种蛮夷本是一家人》等等。而在佤族的《司岗里》、《达惹嘎木造人的故事》里，人间的各个民族既是同源所出，又是同胞兄弟，普天之下的人们同出自于一个岩洞或者是葫芦，又依照出来的先后秩序而有了各自的排行，即岩（“一”）佤——佤族、尼（“二”）文——拉祜族、三木（“三”）傣——傣族、赛（“四”）口——汉族。有一种说法，认为如此兄弟相待正体现了各民族间的兄弟情谊和相互团结，这实在有了些实用政治上的庸俗之嫌。

真实的历史情况或许在于，云南各个民族向来“大分散，小聚居”，各民族的人们世世代代生活在一起，这就使得他们的先人们在解释自身族体起源时，必须对周边已经有所接触的各个民族的来源一并做出圆满解释。于是问题集中在怎样来解释各民族共存。在神话或神的创世纪中，从来就没有事物发展演变的余地，一开始便安排好了世间的万事万物，为之找出一个共同的起源，大家从此一齐开步走。而人世间的兄弟关系方便人们理解，各民族先人们童蒙未开，总是习惯于以身边易于理解的事物来解释那些抽象的现象，慢说各个民族之间，就是人与鬼之间，不也有人说成是由于兄弟分家而各奔前程的吗？至于这“兄弟”，究竟是早先类别式亲属制度下的群体“兄弟”，还是后来叙述式亲属制度下的个体“兄弟”，他们才不管那许多。不妨做一个假设，倘若各民族古昔交往再广泛一些，或者各民族而今再续写古老的神话创世纪，那么他们口承文化里的同源人群或民族兄弟肯定还会有所增加。

其实，实在要以兄弟关系来论各民族的话，就不能不提及族源问题。比如佤族，本源于古代百濮族群，与云南源于古代氐羌族群诸民族的族源关系相对较远一些，倒是更应该与相近族源的布朗族、德昂族等去论兄弟。克木人和芒人便与布朗族有着很近的族源关系，且看他们口承文化中的相应说法究竟如何。布朗族的族源传说称：最早的人由天上漏下来，天神昭示人间，佤族是老大，布朗和拉祜为孪生老二，汉族为老三，傣族为老四。克木人的创世纪则称：汉、傣、哈尼、拉祜、佤、布朗等民族与克木人一道，从同一个葫芦里出来。芒人的神话又称：人类乘葫芦自天而降，先后出来者除了芒人之外，还有傣族和汉族。在这中间，不仅涉及源于古氐羌族群的诸多民族和源于古百越族群的傣族，而且还无一例外地拉扯上了汉族，这些民族的族源远近决不可等量齐观。可见，民间口承文化里的民族起源之说与各民族之间真实的族源关系并没有什么值得推敲的联系，不过是对最早接触到的那些民族的由来做出一种解释罢了。

时至今日，随着中华人民共和国的建立，统一的国家经济、政治和文化体制业已深入到中国社会的每一个角落，各个传统民族群体，特别是某些少数民族群体，原先基本上自成一体的文化信息系统网络已不复存在，而纳入了统一的现代中华民族文化系统之中。在今天，中国的各个传统民族群体，包括汉民族，包括历史上曾建立了一方民族政权的各少数民族，也包括数十年前尚处于分散的原始部族状态而没有最终形成自身民族统一政治——行政实体的那些少数民族，都已经不是一种单一的社会政治——行政实体，而仅只是一种历史遗存下来的国内种族及亚民族群体和亚文化共同体，是统一的中华民族国家的各个不可分割的组成部分。正是如此众多的传统民族群体，构成了一个统一的现代中华民族；正是如此众多传统民族的文化，构成了一种整合一体的现代中华民族文化。在中国，统一的现代中华民族及其文化系统的形成，早已经成为一种既存现实。

二、群体分支

云南各地各民族的渊源并不复杂，但其中分化、融合的历史变故却颇有些说不清、道不明。此外，他们之间自古以来便形成了“大分散，小聚居”的格局，不仅使得各民族间血缘和文化的历史交融更加复杂化，各个民族“你中有我，我中有你”，本来便难以清理的民族源流愈加裹搅不清，而且也使得各民族内部形成了大大小小的众多支系，其间的语言和民俗也有了不小的差异。比如哈尼族和彝族，各自本身就有十几个，甚至几十个支系，各个支系之间千差万别，简直就形成了一个庞大的族群。景颇民族的情况也很特别，景颇族的景颇支系语言属于汉藏语系藏缅语族的景颇语支，而其载瓦、茶山、浪速等支系语言则属于汉藏语系藏缅语族的缅语支。这在全国还只有裕固族的情形可以与之相比，裕固族的西部裕固语和东部裕固语分别属于阿尔泰语系的突厥语族和蒙古语族。不过，这中间的语言差异恐怕还比不上汉民族的各个方言区之间的语言差异那么大，倘若不是秦始皇早年有“书同文”的明智之举，偌大的汉民族能否得以形成都还是一个问题。语言只是一点，各地汉民族人们的体质差异也许比云南大部分民族之间的体质差异还要大得多，可这并不妨碍事实上的一大个汉民族族群作为一个民族整体而存在。

实际上，一个民族内部的支系不过是其民族融合及文化整合还不够彻底的历史遗存物。这就如同水系，越是回溯到上流，其水网支流便越多。在云南各民族的民间口承文化里，关于他们民族源流历史的记述也包括了各自民族的各个支系的由来。

在景颇族的景颇支那里，有关他们自身民族起源及其各支系源流历史的说法同神话创世纪联系在一起，为其口承文化中神话谱系的一个组成部分。据传，继先后三代创世造物的天鬼之后，人类第一代始祖宁贯娃娶水族龙女生育子嗣，自此传下了人间谱系。往下传至第七代，排行第六的一人名曰“崩用景颇”，此人即为景颇民族的景颇支系自认下的直接祖先。景颇族人一般公认，正是由此时，景颇族作为一个民族正式开始了自身的发展演化历史。同时，在这一代里，还出现了汉族、傣族等民族，也出现了景颇民族的浪速支系，他们都被表现为景颇民族神话谱系里的同胞兄弟。当然，汉族、傣族等民族是否会就此认了宁贯娃作为始祖，那还很成问题，不过在此或许可以推想，景颇族人最初所接触到的就是这些民族，而其他民族，诸如今日景颇族与之相邻而居的阿昌族、德昂族等，还有景颇民族的其他支系，是后来才出现并发生联系的。果然，再到第九代上，便有一个叫做“喷那弄锐”的人出世，据说他就是景颇民族载瓦支系的祖先。另外还有一种说法，认为“崩用景颇”为整个景颇民族的直接祖先，其名之“崩”就是“拼起来”或“联合起来”之意，“用”则指排行老六，“景颇”即为“人”，合意似可直译为“整个第六人群”，意译则可解作“景颇全民族”。据称，那个崩雍娃（亦即“崩用景颇”）者，生有五个儿子，长子袜茄娃星光，分而开启景颇支系；次子都连，分而出走为外族；三子腊柔丁，分而开启载瓦支系；四子木如，分而开启浪速支系；五子勒赤，分而开启茶山支系。此一说倒是将景颇族的各个支系的来龙去脉近乎讲全了。景颇支传统口承文化里的古史传说谱系大致可表示如图 6–4。

然而，在景颇族的载瓦支看来，他们民族的分支几乎全都起始于载瓦。载瓦支系的“官种”梅何姓氏被公认为最古老的载瓦家族，其口承世系谱前22代行父子连名：毛磨陇——磨陇拱——拱陇令——令立哦——哦作跌——跌木雨——木雨匹——足必阳——必阳端——端此令——此令米阳——米阳撒科——科土利——利令鼎——令鼎推——推陇帽——帽日诺——诺日浪——浪日晚——晚日崩——崩日陈——陈日汤。据传，就在第 5 代时，令立哦之子哦松西分出为景颇支；在第 9 代时，足必阳之子阳陇令分出为茶山

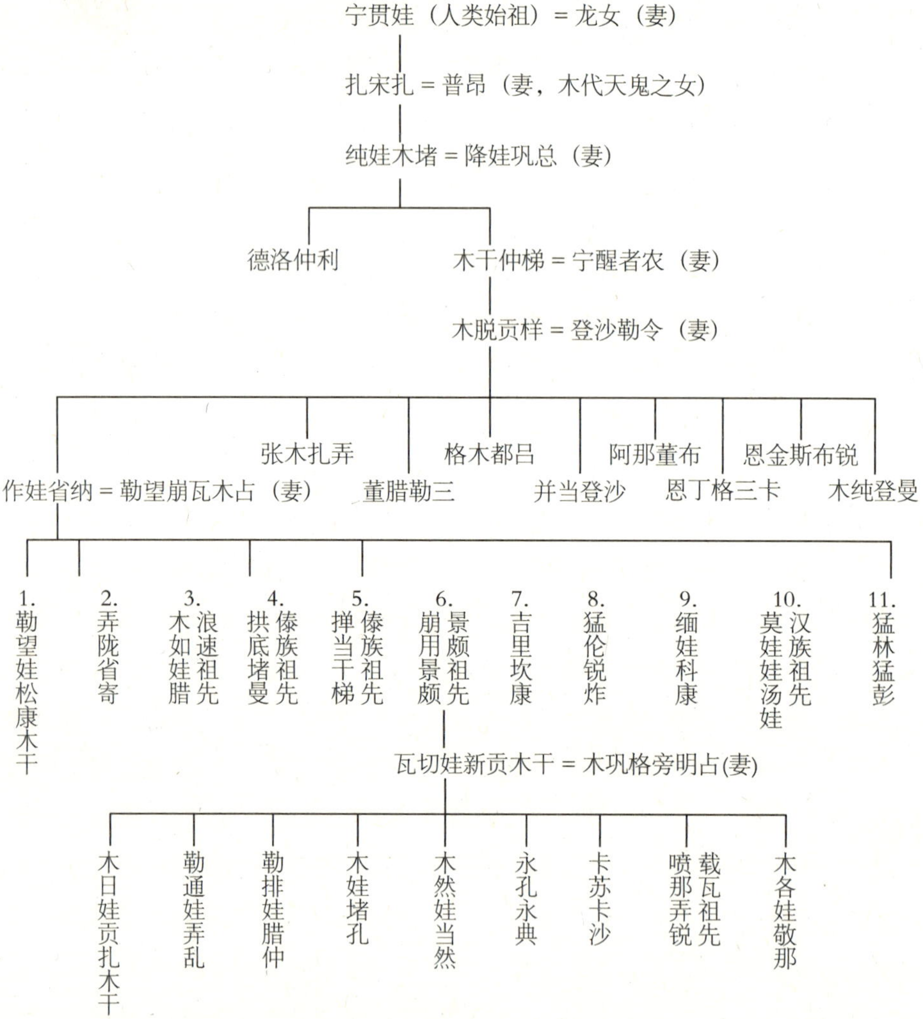

图 6–4　景颇族古史传说谱系[①]

支；在第 16 代时，推陇帽虽传下世系，但其本人后分出为浪速支。这一谱系确与茶山支的父子连名世系谱有着某些相通之处。有意思，到底谁是景颇民族的正宗，谁是后起的分支，看来在他们的几个支系之间往昔便有一番争执。实则民间口承文化作品并无绝对的定式，往往会因某种现实的需要而产生流

① 云南省编辑组编：《景颇族社会历史调查》，（2），80–81 页，昆明，云南人民出版社，1985 年第 1 版。

变，尚不足为考据凭证，做一次全民族的体质普查和基因分析也许可以解决问题，但这一类问题在进一步的民族融合中必将不复存在，相关人等大可不必过于认真。

哈尼族各个支系的来路也在他们自己有关人类起源的神话创世纪里有所解释。僾尼支古歌《人和万物是怎样产生的》唱道：从天而降一个葫芦，内中出来了女始祖阿戛拉优——

阿戛拉优胸前生着两只奶，
背上也长着大小九个乳房。
她养了许许多多孩子：
第一个是佤族，
第二个是傣族，
第三个是僾尼，
最后一个是汉族。
世上不同种族的人，
都是出自一个祖先。[①]

据相关考察，这里的排行与孟连僾尼人对各民族定居此地时间先后的看法不无联系。豪尼支的《豪尼人的祖先》则说：一对始祖兄妹塔甫与睦耶生了77个娃，因睦耶只有76只奶，仅存活下76人，共计38对男女，为12种“民族”的祖先。这当中，除了苦聪（拉祜族支系）、倮倮（彝族一支旧称）、摆夷（傣族旧称）、民家（白族旧称）和阿哈（汉族）之外，其余均为哈尼民族的各个支系。哈尼族另有一《兄妹传人种》作品，称他们的女天神奥玛特许者比与帕玛兄妹婚配，生下一个葫芦，其中孕有数十对男女，分别起名“压提”（野猪）、“豪乌”（老熊）、“豪勒”（虎）和“豪热”（竹子）等等，然后规定“压提”为卡多支的祖先，“豪乌”为布都支的祖先，“豪勒”为碧约支的祖先，“豪热”为西摩洛支的祖先……要不是至高至上的奥玛天神如此派定，或许哈尼族各支系的人们不高兴认这些名字怪异的祖先。哈尼族叶车支系的来历大抵最为确实。有民间口碑辅以史料记载，哈尼族大举南迁时值唐

① 《山茶》，65–66页，1989年第3期。

代，届时未来的叶车支已为独自行进的一路，其南迁首领名曰仰者，仰者五子名者叶，者叶三子即名叶车。据此，有人以为，为了纪念南迁先祖数代率众立业的功绩，这一路人们便以先祖人名为其群体名称，由此才有了哈尼民族的叶车支系。无论如何，这确实要比那些创世神话来得实在。

拉祜族族内部分别有“拉祜纳”、“拉祜西”和“拉祜普”几种自称。其中，“纳”即“黑”之意，因而汉称“拉祜纳”为“黑拉祜”，又因大多数拉祜族人有此自称，亦称“大拉祜”；“西”即“黄”之意，因而汉称“拉祜西”为“黄拉祜”；“普”即“白”之意，因而汉称“拉祜普”为“白拉祜”，并与“拉祜西”一起亦称“小拉祜”。作为拉祜族旁支的苦聪人，也各有一部分人分别持这三种自称。

一个民族的分支到底是分化而来，还是合而未成，或许各有别情。但在云南民族中间，合而未成的情况确有属实。独龙族内部的各部分人群构成极其古老，数十年前尚残存原始的社会组织形式。他们的各个古老氏族大都有自身源流的传说，例如，原有的木仁氏族自称是怒族的后代，其“木仁”之名意为“天上掉下来的人”，起因是有人问之从何而来，被问者不答而仰首望日，问话者便以为此即回答，认定对方来自天上，这一氏族就此得名。其他如狄巴氏族、郭劳龙氏族、马必力氏族、凯而却氏族、江勒氏族、陇吴氏族等，其历史源流传说均称渊源于怒族。各古老氏族又衍生出了若干父系亲缘家族，以居住地命名，比如源于木仁氏族的拉孔家族便因居于拉孔地方而得名，又如源于郭劳龙氏族的孔当家族便居于孔当，源于马必力氏族的孟顶家族则居于孟顶。就历史遗留状况而言，整个独龙族不过是由源于各不相干的原15个古老氏族的54个父系亲缘家族组构而成的松散人群，并未完成在政治——行政上的内部统一。他们所谓的“吉可罗”，既是指父系亲缘家族，又可指自然村落社会，是他们家庭之上最基本的和唯一的社会组织形式。各个“吉可罗”之间完全相互平行，压根儿不存在彼此的政治——行政辖属关系，整个人群向来就没有形成一个政治——行政社会中枢，实属先于国家政治——行政社会的原始部族群体。如果严格地按照一个自成一体的民族实体应具有自身统一的政治——行政社会体制的原理说来，那么不妨认为，历史上的独龙族作为一个独立的民族实体尚未最终得以形成。

到最后，随着中华人民共和国的建立，整个中国大陆的国家政治——行政社会体制高度统一，已经彻底完成了统一的现代中华民族的一体化，类似于独龙族这样的社会形态欠发达的族群，作为国内传统上的一个亚民族群体和亚文化共同体，才有了自己真正独立的地位。不必讳言，在云南的各个民族当中，与之相同或相近的情况并不少，以往的历代中央政府从未承认过他们独立民族实体的地位。

三、姓氏宗系

在用以表述云南民族社会组织形式的概念中，“氏族”也许是最为混乱或最容易引发混乱的概念之一。譬如说，屡见不鲜的“氏族内婚制”的说法，在理论上根本就讲不通，而在任何一时、任何一地的实际生活里，也从未有过类似的人类社会婚姻规范。氏族制度与内婚制二者刚好是对立的，凡是存有氏族社会组织形式的人群，必然是行氏族外婚制！若干氏族固定通婚的两合氏族婚制或多联氏族婚制恰恰是道道地地的外婚制，而完全不是什么“内婚制”！可是，多少年以来，云南的一些“民族社会历史调查”却一向谈“氏族内婚制”。须知，把这两个相互排斥的概念放在一起，本身已经是一个矛盾！

不言而喻，氏族是人类世界最为古老的一种社会组织形式。由理论上就本来意义的氏族大致讲来，首先，氏族是一种最基本的首属群体，是古昔人类世界“自然天成”的社会世系组织，就如同现今时代的家庭，排除氏族组织成熟时期产生出来的辈分婚级形式，氏族之下便不存在任何社会组织形式，诸如独龙族人各家族之上的古老氏族，实已成为了往日遗迹，并不具有多少现实意义。在任何一种人群中间，一旦个体家庭成为社会最基础的首属群体形式，氏族组织便完成了自己的历史使命而寿终正寝，此时再来言氏族，充其量也只具有一种回顾性的意味。其次，氏族是一种最严格的婚姻组织，而且必然是外婚组织，其根源在于，氏族实为本于人们“天然”血缘的世系群，因而至少是在两个氏族间固定缔结双向联姻关系，即两合氏族双向婚配，若是在多个氏族间固定缔结单向联姻关系，则为多联氏族单向婚配。故此，作为外婚组织的氏族组织必然是成双向结对的，或者是成单向连横序列的，这些联姻氏族间形成一种稳固的关系而构成一个完整的氏族婚姻组织，对内各个氏族间界限分明，对外则似乎已成一体，也许这就是所谓“氏族内婚制”莫大误会的肇始之因。最后，氏族是一种最古老的政治组织，众多的氏族或者众多的由氏族发展衍化而来的胞族因血缘、婚姻或经济的、政治的、宗教的、地缘的及其他的缘故组合成为部落，即构成了一个相对自成一体的部族社会，前于已经形成成熟的一体化政治——行政社会体制的独立民族实体，更前于具有完整的统一政治——行政中心的民族国家社会。当众多的部落由于某些原因再进一步联合起来，组成了部落联盟，并且推举出具备相应的政治——行政权力的盟主来统领各个部落之时，独立的民族实体的雏形便开始出现，再继续发展下去，社会组织形式完全地域化，筑城划地形成整个民族群体的政治——行政中心，最初的城邦制民族国家社会或古代民族方国便最终得以诞生了。

综上所述，如今探讨云南各民族古老氏族的问题，一般来说都仅仅只能是回顾性的。在云南的任何一个民族中，个体家庭早已是最基础的首属群体，在传统社会里即为社会的基本构成单元，中华民族的现代统一民族国家也已经形成。在这两个方面，氏族组织原有的社会功能均已丧尽。附带提一下，中国传统宗法实际上不承认自然人的社会地位，而只承认家庭“法人”，父家长即是“法人代表”。另一方面，在相关的各个民族里，氏族组织作为外婚组织所具有的功用，迟至最近的数十年间，也逐渐消减直至失效。所以，本来意义上的古老氏族已属于明日黄花，但它并没有完全死去，其原因便在于，古老的氏族作为一种血缘世系群体，与人们的姓氏宗系有着天然的内在联系，云南各民族的古老氏族组织形式业已向着姓氏宗族转化。当今所称的“氏族”，实则大多已是姓氏宗族，故而倘若不是谈论既往之事，已经不可再对之使用“氏族”的概念，直呼“宗族”或作为同姓宗族分支的“家族”为宜。

佤族不仅行父子连名制，而且各个宗系人群早就有了自己古老的姓氏。关于佤族姓氏的最初来源，在他们那儿也是同有关人类起源的“司岗里”神话创世纪联系在一起的。据说，佤族人从“司岗里”（出人的岩洞）出来，经过一片树林后，人们便开始各行其路，行进途中涉过一条什么河或翻过一座什么山，则以此地名为自己的姓氏。这片树林被称为“寡莫”，此为“人类分家”之意，亦即“人们开始有姓氏”之意。不过，有趣的是，相传，由“司岗里”最后出来的一支，人称“管磁打”，意即“尾巴”，这一批人便以此为姓，此刻自然尚没有来到那个“寡莫”树林。该姓氏苗裔绵延至今，就生活在一个叫做巴格得的村寨里，想来应当是佤族人中开天辟地的第一姓了。

其实，佤族人的姓氏也并非全都取自地名。以西盟佤族为例，据查，人们姓氏共125种，以祖先之名为姓者61种，以寨名为姓者18种，以寨名加人名为姓者14种，以某一自然现象为姓者10种，以某一社会现象为姓者10种，其他涵义者7种，涵义不详者5种。各种佤姓的涵义及其来源大多数都有一个传说，说来总让人们难以置信，但该姓氏的子孙们却深信不疑。比如阿鲁姓氏，传说其祖先离开“司岗里”之后，未找到固定的住所，一直到处流浪。一次，该人在河边捕鱼，收获不少，便用竹篾把鱼穿起来，谁知事未毕即下起了大雨，他只好设法去躲避。在西盟佤语里，“躲避”之意的发音即为“阿鲁”，此人的后代就此得到了阿鲁这一姓氏。如此说法已经够离奇的了，可还有比这更加奇特的，比如塞纽姓氏的传说，下面就详细道来：

> 传说古时候，有个会说话的怪物，叫阿木怪。它关心人类的大事，并做出很大的贡献。它死后，各姓都派人到它住的地方悼念它。塞纽姓人的阿祖来迟了，房内已挤满了人，只得在房外的篾笆旁边蹲下。人们便给他取了个绰号叫“塞纽”，其后人便以塞纽为姓。“塞”是篾笆（之意），“纽”是房子（之意）。[①]

同其他民族的姓氏起源之说相比较，佤族的种种说法大都透出一种粗朴简陋的古风，明显缺乏民间传说常见的那种传奇色彩。像普米族的《猎鹿奇遇》、傈僳族的《姓鱼的由来》之类的传说，虽然也只是分别讲述了普米族鹿姓和傈僳族鱼姓的来龙去脉，但述说之间故事性很强，已经成了文学性能十足的民间故事作品。认真分析起来，在这当中，除了长期流传过程中人们无意识地补充修饰而使之趋向于文学性的民间故事之外，最终的搜集者有意识地对其进行文学性的加工整理也在所难免。相比之下，应当说，佤族民间的姓氏传说并不注重文学性，而固守着朴拙的实录性，或许更属于民间口承

① 云南省编辑组编：《佤族社会历史调查》，（4），1版，29页，昆明，云南人民出版社，1987。

"家史"之列。

历史上的古老氏族与当今人们的姓氏之间的联系，在克木人那里看得最清楚。就原有状态说来，克木人以其图腾标志作为氏族名称，同时也作为人们的姓氏。有人做过初步调查，中国境内克木人的古老图腾共计有25种，如果这一项统计无误，那也就是说，克木人共有25个古老的氏族，亦即共有25种姓氏。这些姓氏分别为：达威儿（老虎）、达克勒壳岁（秧鸡）、达特勐（花面狸）、达种（八哥）、达儿利（小米雀）、达德科（白头翁）、达孤（孤鸟）、达醒翁（水鸟）、达麻利儿（花喜鹊）、达萨儿（野鸡）、达朗萨儿尼（细白花）、达金德勒、达瓦（猴子）、达瓦朗（犀鸟）、达那（水獭猫）、达拿（松鼠）、达郎（马鬃蛇）、达儿哩（山麻雀）、达圭（蕨树）、达德莫恩（破脸狗）、达梭乐（大嘴鸟）、达德哇（铁树）、达瓦力（孔雀）、达德怕尼（水葫芦）、达醒儿（团鸡）。他们的每一种古老图腾的渊源都有一个传说，那同时也是古老氏族起源的传说，并且还是人们姓氏来源的传说。在这些传说中，白头翁氏的传说与其人类起源的神话创世纪有关，其余的大多和佤族的姓氏来源传说风格相近，古拙而粗陋，总令人感到来得过于马虎。尤其有意味的是，近半数的此类传说皆讲到从前有人因接触某物而死，此物便成了一种图腾，其后代繁衍成为一个氏族，人们即以此为姓。譬如老虎氏、水鸟氏、山麻雀氏、蕨树氏、水獭猫氏、团鸡氏、小米雀氏、八哥氏等等的传说均如此，甚至白头翁氏的另一种传说也是如此，这想必与其神圣不可动摇的图腾崇拜、图腾禁忌密切相关。

到今天，克木人的图腾禁忌作为一种根深蒂固的民俗依然存在，他们源于图腾标志的姓氏仍旧通行，那么，原先与图腾、姓氏合为三位一体的氏族是否如故呢？应该看到，克木人的情况在云南诸民族当中格外特殊，他们的世系传统独树一帜，为子从父女从母继嗣，即儿子随父姓而女儿随母姓，形成单性别的姓氏宗系。由他们古老的图腾标志及氏族组织的角度而论，便有一些为纯男性者，如老虎氏、水鸟氏、野鸡氏等；而另有一些为纯女性者，如山麻雀氏、破脸狗氏、团鸡氏等；少数杂有异性者，则为一对夫妻只生有男孩或正好相反，因而经商议过继给对方以传承世系所致。尽管如此，在克木人那里，一夫一妻的个体家庭早已经成为定制，取代氏族成了社会的首属群体，而在今日统一民族国家的法制之下，他们古老氏族的外婚组织和政治组织的功能也失去了立足的余地。唯一的例外仅在于，克木人的家庭与其传统世系是分离的，家庭不作为世系群体的一个有机组成部分，但其古老氏族组织硕果仅存的世系群性质同样也正好可由姓氏宗族所代替，毫无必要再借用那古老而失效的氏族形式。克木人尚且如此，云南的其他民族更不待言。

在云南的大部分民族中，有一种十分普遍的情形值得注意，那就是人们早已通行汉姓，而今更是时兴使用汉姓。诚然，各民族通行汉姓自有古今多种由来。佤族人行汉姓便别具风格，实实在在是“为我所用”，取汉姓或其谐音字义转而为佤语发音，如在永德，金姓曰“克立”（“金”原意），陈姓曰“阿掌”（意即“称”），张姓曰“阿塔克”（意即“粘”），李姓曰“布李”（意即“果子”），等等；又如在耿马、双江、沧源、澜沧、孟连等地，李姓曰“杨茸”，陈姓曰“斯古”，张姓曰“司岗尔埃”，等等。只是在位于阿佤山中心的西盟，人们行汉姓是最近几十年的事情。

就连其古老的图腾崇拜及氏族组织与克木人有异曲同工之妙的芒人也已经通行汉姓。不过，他们的古老氏族组织形式以及由此而来的姓氏宗系较为复杂，如像原有的温糯氏，又分为三个部分，分别冠之以红、黑、灰色来加以区分，红色温糯称为温糯伦，黑色温糯称为温糯朱，灰色温糯称为温糯布勒厄。这其实是古老氏族发展衍生出来的不同兄弟氏族，共同组成为一个胞族。因此，温糯氏对应于后行的汉姓罗，便有了红罗、黑罗、灰罗之别，完全可以理解为源于同姓宗族的各分支家族。这样的划分实则与汉民族区分“五服”内外是同一个道理，无论是红罗与黑罗，还是红罗与灰罗，相互之间已可以通婚。再如像度旺氏转行汉姓陈，其中度旺伦即红陈，度旺朱即黑陈，度旺布勒厄即灰陈。其他还有孟浪氏转行汉姓龙，度朱厄氏转行汉姓白，双木拜氏转行汉姓刀，如此等等。各少数民族普遍地自行采用汉姓的事实使人们更容易看出，古老的氏族组织形式实已转化为姓氏宗系，同时这也表明，在统一的现代中华民族内部，人们自觉自愿的文化整合正日益得到强化。

在中华民族的传统上，人们的血缘社群意识极强。来自同一民族、宗族或家族的身份认同和源于同一社群的文化共识，历来是连接各色人等的最强有力的纽带。

说到底，人类的历史即为人类自身的繁衍及其血缘宗系的传承过程，人类社会的物质生产和再生产归根结底也是为着人类本身的生产和再生产。所以，纯粹对于个人而言，特别是在民间，人们自己的世系群体的血脉历史或许更具有实实在在的意义，这也就是古往今来的人们无不看重传宗接代的原因所在。当然，人类不仅仅以群分，更不仅仅只有着自己世系群的历史，动物甚至包括植物实际上也有它们自身的种系传承的过程。人类世界的发展演变历程之所以成为历史，而不仅只是一种纯自然演化的过程，就因为人类群体在血缘传承的同时还有一种独一无二的文化传承。正是文化的传承使得人类社会能够不断地发展进步，同样也使得人们血缘宗系的演进扩展能够为后人所知，否则一切都将湮灭在个体生命的局限之中，与动植物无异。

在此还要提到一点，中华民族自古以来就有“炎黄子孙”之说，作为一种统一民族的历史文化传统共识来说是很有意义的，但作为一种社会群体的血缘身份认同则大谬不然。且不说现代民族国家的政治——行政社会并不需要以“家天下”的血缘一统来治理，就看看中华民族内部的各个传统民族，在他们的历史文化传统里，他们亦有自己的神话始祖可寻。维护现代中华民族国家的团结统一，决不基于“炎黄子孙”们一齐向着黄陵或炎帝陵顶礼膜拜，而是要共同开创整个现代中华民族的强劲未来。

第三节　历史的足迹（民族迁徙史）

古往今来，时序流转，人类的各个民族世世代代劳作生产、生殖繁衍，人们的一切活动及其成果便构成了他们各自民族的文明历史。

人类物种与其余生物物种不同，人类社会的历史对于后世的任何一个人来说，都不会消失得无声无息，人类历史总会在天地间留下自己的足迹。各个民族历史上有形可见的文化遗产倒还在其次，最主要的是，人类各民族的历史作为一种社会文化传统，永远存留在人们的生活之中，同时也经由口语、文字或其他文化信息符号而长久保存在人们的记忆里。

历史的足迹就在人们心中，而人类各个民族世世代代创造着历史，也在历史上、在天地间留下了自身奋争历程无形的或有形的足迹。其中最具体的，莫过于各民族的人们在历史上的迁徙过程中所留下的足迹。这些足迹既是有形的，实实在在地印在大地上；又是无形的，留在人们的历史记忆里。在无文字的历史时期，各民族的口承文化便起到了保存人们历史记忆的重要作用，其中就分明印着他们各自历史上的迁徙历程所留下的足迹。

一、祖居之地

中国社会传统上向来具有极其浓厚的血缘观念和乡土意识。“祖先”和“祖籍”的古老概念，长远留存在中国民间的文化传统之中。在传统的农耕社会里，土地维系着人们的生计，人成了土地的附庸，人们世世代代定居于一方乡土，生于斯，长于斯，劳作于斯，也死于斯，“籍贯”的意识想来是自然天成的。诚然，话说回来，任何人的历代祖先也不会永远都在某一处地方，硬要一代代地追溯“祖籍”，到头来，只能是追寻到人类起源的某一个真实的或想象的原点上去，比如说佤族神话创世纪里人类诞生的那一个“司岗里”出人洞。

的确，任何一个民族群体都有自己的民族发源地，那就是他们各自古远的口承文化里世代传诵的“祖籍”。在各个民族的传统口承文化里，世间万事万物都免不了要追根寻源，人们自身的来路更是少不得有一番一是一、二是二的说法。然而，经过了人们世代口耳相传，有时，关乎那“祖籍”的说法也不免让人生疑。在景颇民族的古史传说里，他们的“阿公阿祖”最早居住过的地方，即景颇支系语言称之为“木最省酿崩”的那一处所在，此语原意为“天然平坦的山”，因而有人称此处为“平顶山”。据说，此山在遥远的北方，那里天气非常寒冷，有一种说法认为当地处西藏东部的高原地区。据景颇族过去的一个山官兼大巫师在 1957 年说，他们的始祖宁贯娃当初就曾住在此山上，并称“从洪水滔天至现在已有 1997 个年头了”。如此神话创世纪年当然不足为信，但整个景颇民族由此所谓“木最省酿崩”南迁而下，却一向是景颇族民间的共识，景颇族人早已认下了他们民族的这一处虚实难辨的“老家”。传说中身为景颇民族第一任山官的宁贯娃是否就在那儿走马上任，这一点已不得而知，久远的朦胧记忆中的祖居地神圣无比，同那自天鬼到宁贯娃一路血脉相承的灵界神系沾点儿边在所难免。依据景颇族的口承文化中的古传谱系，到了宁贯娃的第六世孙勒望娃松康木干之际，亦即出现景颇民族的直系祖先“崩用景颇”时，才制作出了可用的铁质刀矛和农具，不知道宁贯娃在那山上“开山改地”用的是什么工具。但是，景颇族由北边南迁而来，绝对不是神话古史中离奇的虚构臆造，高黎贡山一带古时遗留下来了某些景颇族语地名，便可以证明景颇民族南迁的史实。

哈尼民族也曾经有南迁的历史事件，整个民族一起离开了他们的祖居之地。按照哈尼族的《先祖的脚印》所言，哈尼民族的家乡，即哈尼族第一次建立寨子的地方，叫做“惹罗普楚”。只因为“害病的鬼”来到此地，瘟疫流行，人畜成批死去，人们无法继续在此生存，于是全民族一齐南下迁徙。然而，这“惹罗普楚”究竟在何方，却语焉未详。言及迁徙，哈尼族传统口承文化中有一件极为重要的作品《哈尼阿培聪坡坡》，“阿培”系“祖先”之意，“聪坡坡”直译则是“从一处地方搬到另一处地方”，题意本身即为“哈尼祖先的迁徙”，其中便直言“六千哈尼告别了家乡”，“先祖走向南方的山梁”。在这一作品内，专门有一章《惹罗大寨》，唱叙哈尼族久远记忆中的祖居地，言语之间表达了哈尼族人心底深处对祖居地的一种难以名状的依恋之情——

哈尼忘不记惹罗——
那头一回安寨定居的地方！
那头一回开发大田的地方！

不知是哈尼找到了宝地，
还是哈尼感动了上苍，
先祖踏进了一个低低的凹地，
茫茫大雨跟着飞过山梁；
大雨带着阳光的热和，
簌簌地洗掉先祖脸上的黄灰，
大雨带着泉水的清凉，
哗哗地冲掉先祖身上的泥浆；
先祖喜欢得呼叫：“惹罗，惹罗”（大雨顷盆）！

从此用“惹罗”来叫这个地方。

……

先祖的直系后裔，

真正的哈尼子孙，

牢牢记住吧，

惹罗是哈尼的第一个大寨，

惹罗像太阳永远闪光，

不管哈尼搬迁千次万次，

惹罗是世上哈尼的亲娘！①

在拉祜族那里，他们民族的第一处祖居地据称也就是天神厄莎原来所住的地方，那是一片高耸而茂密的大森林。《最早的迁徙》这一拉祜族作品十分正经地说，拉祜族的祖先从葫芦里出来后，厄莎就把他们安排在这一带地方生活，拉祜语称之为“所达厄平此，麻达莎平此”，其意思便是“茂密的森林”。最早的人类为天神所创造，最早的人间祖居地为天神所分派，这倒也合乎古老创世纪之中的天地人伦特创论的一体化逻辑。或许，会令创造了整个天地生态的天神厄莎感到遗憾的是，那天赐的人间童年乐园竟然遭到了人力的破坏，连年的刀耕火种毁坏了山林，茂密的森林变成了无草无树的荒凉黄土地（拉祜语谓之曰“明尼多科”）。童稚而好胜的人类先民一心只想要征服自然，到末了却得到了大自然的无情报复。于是，拉祜族的先民们只得落荒而逃，拔腿另寻生路。如此看来，现代气息十足的生态意识早已经在古老的传统口承文化里有所反映。

说来也还好，拉祜族的祖先离开“明尼多科”以后，居然又找到一块宝地，这地方据说非常美丽，拉祜人把它叫做“糯亥厄波”，即“蓝色的大湖”，这就是拉祜民族记忆中的第二个祖居地。拉祜族先民居住在湖畔，黎明时分看着太阳从湖的那边冉冉升起，傍晚时分看着太阳从湖的这边徐徐落下，晴朗的夜晚又见月亮和满天星星撒落在湖面上的斑烂闪光，久而久之，索性将此湖称做“太阳月亮洗澡池”。不过，正是在拉祜族言及此地的作品《太阳月

① 《山茶》，30页，1983年第4期。

亮洗澡池》里，明显透露出来，这个地方及拉祜族先民定居于此，同样是出于天神厄莎的精心安排，因而有人干脆说，此湖便是厄莎的太阳月亮洗澡处。拉祜民族的天神当然要为他所创造出来的拉祜民族着想，或者说，拉祜民族创造的天神当然要给拉祜民族带来好处。耐人寻味之处还在于，直到今天，在拉祜民族的古稀老人们中间，有不少的人对那神奇的“太阳月亮洗澡池”仍然保持着难以磨灭的深刻记忆。这着实令人迷惑，拉祜族先人们的此一处祖居地，到底是臆想幻化的神话传说，还是曾经存在过的现实。

生活在滇西北的普米族是较晚进入云南的民族之一，普米族发源于青藏高原已是定论无疑，普米民族也持这样的看法。例如，他们的《“散羊毛疙瘩”的由来》即告诉人们：“传说，远古时候，普米族的老祖先居住在今天的青藏大草原上，过的是游牧生活。”另有几种民间传说故事讲来更加确定，一说普米族的祖先居住在康定，一说普米族的祖先原来居住在昆仑山脉白雪皑皑的崩崩木里瓦地区。未作细致的实证考察，大致方位想必是不会错的。普米族人认为自己民族先人们的祖居地是在青藏高原的崩崩木里瓦，这一点在他们传统丧葬的“给羊子”仪式里也有所体现。“给羊子”仪式意在为死者送魂，巫师所吟诵的《开路经》告知死者之魂：“快收拾行装吧，由这只白羊为你带路，回到我们祖先居住的地方。那里有厚厚的白雪，有祖先安息的崩崩木里瓦山。”最后，《开路经》还要细细指点回归祖居地的线路道：

先去亲族放骨灰的地方告别，再去大岩洞休息一晚，然后一直朝前，过浪放，经左所，绕泸沽湖，到永宁坝子的拖七别七，在那里的大核桃树下住宿一晚，然后骑上骏马，驰过草原，跑过木里……再往北走就是达轮洞。……往北去转过岩石，到了波浪卷着波浪的大江边，你就骑着皮囊渡过去，再往前进就是普米族祖先居住的地方。[①]

在云南的各民族中间，传统丧葬大都有“送魂”之举，均是为着在想象中沿着各自民族古昔的迁徙线路逆行而上，将死者的灵魂送回到自己民族最

① 《思想战线》编辑部编：《西南少数民族风俗志》，326页，昆明，中国民间文艺出版社（云南），1981年第1版。

初发祥的祖居地去，据说他们列祖列宗的亡魂都在那“老家”等候着后代子孙们的到来。拉祜族的《送魂哀调》称祖先居住地为“西丹密”，那其实是“阴间”之意。哈尼族《送魂歌》把自己民族的祖居地称做“阿公阿祖的大寨”，想来就是那个“惹罗”大寨无疑了。景颇族的《丧葬歌》自然是把死者之魂送往名曰“木最省酿崩”的民族祖居地。其余如傈僳族、阿昌族、基诺族、怒族等等，其传统丧葬仪式也莫不这般行事。在中国各民族的语言传统中，作为人们祖居地的“祖籍”俗称“老家”，而“老家”同时又是阴间的同义代名词，由此一来，久归阴间的祖灵必然是在如此“祖居地”迎候着后嗣们前来团聚。兼有祖籍和阴间二义的“老家”历来是中国各个民族的人们死后“叶落归根”之处。

二、迁徙之途

在云南，源于古氐羌族群的诸多民族，其最早的发祥地均在现聚居地区以北，而且几乎都是在青藏高原一带。在历史上，出于各种各样的原因，他们的祖先离开了自己的祖居地，举家举族向南迁徙，正是在此迁徙过程中，一个个原有的民族群体得以进一步定型。或者，古代迁徙而来的各个人群，定居云南后又不断分化与融合，产生出新的民族族体。到最后，由横断山脉和南向水系条条分割的云南地界，尤其是在地球经线上昆明以西的整个云南西部地区，最终聚集起了全中国最为壮观的诸民族族群，其间绝大部分民族为云南所独有，形成了“十里不同俗，百里不同音”，一山一水一世界的独特的民族文化景观。

许多民族的南下迁徙线路都在他们各自的口承文化里留下了较清晰的印迹，以上提到的传统丧葬“开路”、“指路”祭祀经文无疑是显而易见的一例，其他有涉于此的作品也不乏其数。尽管这当中肯定会有不少的讹传和误记成分，但作为一种民间久已流传的民族历史知识，口承文化所表现出来的民族迁徙历程已经足够用了。人们不必苛求民间，人类所能懂得的，永远只能是自己眼下所掌握的那么多。

《哈尼族祖先过江来》也是哈尼民族口承文化中专门言及民族迁徙的一件作品，描述了哈尼族的先人们从西北一路游牧迁徙南下的长期历史过程，透露出了若干有意义的情况。据这一作品的叙述，哈尼族先祖原先只会游牧、打猎，来到一个叫农话农麻二美的地方，才开始学着种庄稼；后来因为在此地难以维持生计，经多次搬迁，到来谷哈的北边；再往后，先迁至谷哈地方，又由此谷哈分路南下，一路迁往红河两岸，另一路则迁往思茅、普洱一带地区。如此说法与现今哈尼族人的地域分布大体上相吻合，只是那些古老的地名让人犯难，无从查证。他们的《先祖的脚印》则没有涉及迁徙途中地名，只说哈尼族先人离开祖居地惹罗普楚后，“先祖们走过数不清的大山，涉过数不完的大河，走过的路比千年的老藤还弯，踢掉了脚上的十个指（趾）甲”，终于来到一个大坝子定居，后来此地被他们称为“诺马阿美”。云南多山系，各纵横山脉之间的各处小小平原俗称“坝子”，这个“诺马阿美”坝子属云南地界当无疑问了。对比之下，哈尼族那个“开天辟地”的创世史诗《奥色密色》便相形见拙，所提到的最早居住地不过是奴马阿美坝子，显然是“诺马阿美”的异译，余下迁徙路途中的地名皆在云南今建水、金平、元阳、红河各县境内打转转。仅此一点也似乎足可以表明，《奥色密色》从开天辟地讲起而看似古远，实则为晚近之作。一般情况也正是这样，传统口承文化里包罗万象的宏篇巨制只会是后人缀种种古言而集大成，但却又处处暴露出其不得不顾及时下情景的点点痕迹。

在独龙族的历史传说中，族源传说与迁徙传说往往是联系在一起的。其中之一讲到：他们很久以前的祖先是由“汉人地方”搬来的。据传，最初搬来的是陆金、陆一兄弟二人，他俩打算一道渡过怒江去。没想到，在怒江上过溜索时，突然起了暴风雨，弟弟刚刚溜过怒江西岸，天雷劈断了溜索，两人从此隔绝。弟弟再向西翻越了高黎贡山，其后代成了独龙族；哥哥留在怒江东岸，其后代成了怒族。这一说法在独龙族中虽然流传得很广，但说来含糊，让人难以相信。独龙族另有一作品，其名直曰《迁徙》，讲来或许更为可信：很久以前，独龙族居住在独龙江上游的西藏察瓦洛一带。有一年，一群小伙子打猎，追赶一头马鹿来到独龙江地界，见这里的土地黑油油的，便每人背了一背土回去。据称，就是用那么一点儿土，种出的庄稼格外地好。于是乎，人们将那头马鹿视为神派来给他们引路的，纷纷迁往独龙江一带。当初谁背了哪片地皮的土，此时便定居在哪块土地上，由此有了独龙族人的各个自然村落。独龙族社会原有的各个自然村落同时也就是各个父系家族，分别由源于15个古老氏族的15个姓氏宗族分化而来。综合他们历史上各古老氏族各自的迁徙传说来看，独龙族人从怒江上游、今西藏东部迁徙而至，此种说法更为普遍。

在中国现今55个少数民族当中，基诺族是最后经族体确认的民族之一。根据基诺族古老口承文化里有关人类起源、民族起源的神话传说，再结合基诺族传统丧葬仪式中“送魂”线路所涉及的地名来看，基诺族始终活动在现聚居地西双版纳基诺山一带，而其迁徙也不过是在周围方圆数十公里范围内移动而已。据此，是不是可以认为，基诺族与云南源属古氐羌族群的其他民族不同，和所谓远在北方的“老家”没有一点儿关系？更确切的说法应当是，基诺族的祖先起源于古代西北的氐羌族群无疑，他们同样经历了由北方到云南的漫长迁徙过程，只是在古氐羌族群的先民们迁徙到云南后，经逐步分化及融合，如今叫做基诺族的人群才得以最终形成，自然也在此基础上产生了有别于其他民族的某些文化传统。然而，民族的最初起源和族体的最终形成并不是同一回事情。在族源和包括语言等在内的民族文化的各个方面，基诺族同古氐羌族群有着不容置疑的某种承继关系。否则，基诺族与云南源于古氐羌族群的诸民族以及基诺族语言与云南语属汉藏语系藏缅语族的诸民族语言的同源关系便无从谈起。况且，基诺族传统的口承文化作品同样也明明白白地提到，其先人们来自遥远的地方，诸如他们的那个四处传唱的《团结年歌》便是这样——

十条路，百条路，
我们基诺人的祖先，
从很远很远的地方，
来到了杰卓山梁上住。
杰卓山梁是“特巴特前”（女始祖居住的地方）。
勤劳的戛弥米、墨朴特，
是我们的共同寨祖。
光阴流逝，子孙繁衍，
传下了我们基诺洛克，

前山后山的十几寨，

到如今已有千百年。[①]

实际说来，普米族的情况也大抵类似于此，族源起于西北而族体成于云南。普米族人一致而明确地认为，其祖先由青藏高原迁徙而来。他们的《“散羊毛疙瘩”的由来》讲述了自己民族的先人们迁来宁蒗永宁坝定居的始末。据说，开初的起因是祖居地的整个大草原遭受到火灾，放牧难以为继。一个大部落的酋长叫绒布车尔的，于是带领属下民众向南寻找新草场，终于在“南边天尽头处”找到了“绿绸样的草场”，从此定居永宁，世代繁衍形成了今日的普米民族。严格地讲起来，源出古氐羌族群的云南诸民族莫不如此，没有哪一个民族是原锅原灶地自北方迁徙过来，而毫无族体变异，只是有的民族定型时保住了若干旧有的家私，而有的民族形成之际则近乎从头另起炉灶。

看来，族源起于古代百濮族群，语言属于南亚语系孟高棉语族的云南诸民族，才可算是道道地地源于斯也成于斯的云南土著民族。当然，他们也有着自己历史上的迁徙路途。譬如布朗族，有一部流传在双江的长篇韵文作品，便传唱着他们的那些自称“从孟茅弄来的人”的祖先由孟茅迁往帮丙，再沿江东进，后遇澜沧江阻隔，至谦信一带定居的过程。再来看佤族，若要问他们的祖居地何在，就是那个神秘的“司岗里”出人洞，一曰出人的葫芦。据他们民间的传说，佤族从司岗里出来后，在那个意即“人类分家”的“寡莫”，人们便开始取不同的方向行进，经不同的线路迁徙，到不同的地方定居。那一种佤语注音对译版本的《司岗里》可谓忠实于原意，其中便庄重地记述道：“我们从司岗洞口搬到班哲寨，从班哲寨搬到号各寨，从号各寨搬到汉寨，从汉寨搬到果子寨，从果子寨搬到洛艾寨，从洛艾寨搬到阿哈寨，从阿哈寨搬到欧哈寨，从欧哈寨搬到打哈寨，从打哈寨搬到得哈寨，从得哈寨搬到哥郎破昂寨……”佤族人并不认为这有什么离奇难解的，他们古远记忆之中的祖先迁徙线路实在就是如此这般。例如，在西盟大马散寨，永欧姓氏祖先的迁徙线路为：“司岗”——永豪——永汗——永品——永达——永

① 《山茶》，47页，1984年第6期。

代——永孔——永鲁艾——格龙庞——亭阿威——觉翁培——觉翁科——觉翁董——斯迈荷——永赫莱——莱列——阿穷——龙阿培——土究——庞布洛——孔阿威——瓜莫——瓜莫朗——瓜莫塞——永布朗——片恩——强努——班况——翁登——永欧永克龙——永布龙——匹友乃——图格列——永普冷——叶根——木公——拉普林——德迈——拉考莫——觉基翁——永格勒——永培恩——董比里——莫布龙——永冷——永都——莱涅——永欧(即马散)。该寨其余的各姓氏宗系人家，甚至包括各地的佤族人家，也无一不与此相似，这便是他们久远口承文化里的民族迁徙历史的基本线索。由这些迁徙线路来看，一概无人远行他去。佤族为何祖祖辈辈不离开那神圣的司岗里？说起来他们不无得意之处。信守传统的佤族人以为，司岗里实则为整个人类的所出之处，而在各个民族中间，佤族是天生命定的老大，守着司岗地方不远去是他们不可推卸的天职。

在云南民族的历史上，像这样以天意来决定迁徙之路或定居之处者，还大有人在。往昔，拉祜族中的苦聪人欲迁徙，便以滚鸡蛋的巫术仪式来确定所去方向；傈僳族《木必的故事》则专有《鸡叫定居》一篇，讲的是他们民族在历史上的大迁徙途中，以鸡叫之兆来确定定居地的所为，鸡叫时他们的祖先来到今碧江地界，于是乎这一支傈僳族人便定居于此“宝地”。

无论各民族民间口承文化里有关古昔迁徙的久远记忆含有多少荒诞的说法，皆可起到一种不可替代的历史钩沉的作用，无疑能给今天的民族史的研究提供某种参考。

三、立足之争

在各个民族的迁徙历史上，以上还有一类情况尚未涉及，那就是在各民族前人们之间，因争斗而造成的迁徙，以及由迁徙而导致的争斗。各民族的传统口承文化多有此类史实的直接或间接记述，这里也不应该回避。历史就是历史，不由人不高兴。再者，民族间的交往势必免不了出现纠葛，但就人类的文化历史而言，其间所发生的社会互动和文化交流更具有永恒长存的实质性意义。

傈僳族有一部在各地民间广为流传的《古战歌》，傈僳语称“得图木瓜”，意思是“打仗开辟田土的调子”，记述了数百年前滇西北一带爆发民族战争及傈僳族被迫迁徙的史实。其中唱道：

木必扒劝阻老人们停止呼喊和呻吟（原文如此）
由宇扒命令妇女和孩子停止啼哭，
怀着悲凉的心情离开了平平的土地，
背负着生存的希望踏上坎坷的山途。
追杀的声音听是听不到了，
回头还能望见旧住地冲天大火，
仅余的牛羊带是带出来了，
不能走动的庄稼何时再去收割？①

傈僳族自古以来勇敢善战，自诩为滇西北“三江（金沙江、澜沧江、怒江）的主人”。据他们世代口传的老人之言，其远祖居住在澜沧江以东的金沙江两岸、今川滇交界地域。这一点有《蛮书》记载“栗粟两姓蛮”佐证。16世纪时，丽江纳西族木氏土司与西藏领主为争夺滇西北领地而开战，历时80余年，受木氏土司统辖的傈僳族人卷入了这场战争，并被迫置身于战斗前列充当炮灰。因战事受挫，加之木氏土司不予支援，傈僳人队伍在首领木必带领下西渡澜沧江退却而去，以后再越过雪山迁入怒江地区。有关这一段往事，时隔不远，民间口碑有足够的历史迹象可查。这个木必看来是实有其人了，他也就是《古战歌》里的那个木必扒，或曰木必帕（“扒”或“帕”为傈僳族语中人称之阳性词尾）。

正是在傈僳民族大举迁入怒江河谷地带后，又引发了新的民族争斗，具体地说即傈僳族成了怒族的统治者。怒族自称为怒江的土著居民。他们民间有一个传说，说是怒族人发现了独龙江一带的独龙族人，上去便要收降，独龙族人自然不愿意。怒族人于是回去搬兵前来开战，临战时用计虚张声势，独龙族人上了当，只好俯首归降，接受了怒族的统治。据说，在外国列强实力进入怒江地区之前，约半数的独龙族村落社会受着怒族的管辖历五代之久，

① 中国社会科学院云南少数民族文学研究所、云南省社会科学院民族民间文学研究所、中国民间文艺研究会云南分会编：《云南少数民族文学资料》，1辑，155页，昆明，铅印本，1980年。

每年必得向统治者纳贡。但是，就是这样一个有着统治他民族经历的怒族，同时却又受着后来迁徙至此的傈僳族的统治。有趣的是，怒族民间相传，最初迁入怒江的傈僳族人是怒族自己请来的，请来帮助他们赶走当时同定居于此的那一部分傣族人。迄今，当地仍有一些人自称是傣族，而且怒族人曾使用的火镰、打铁工具等，据称也是传自于傣族。傈僳族原有的虎氏族、荞氏族的历史传说也都提到，自己的祖先迁至怒江河谷，曾经与傣族开战，以争夺土地。此处并非要考证历史，仅只讨论各民族民间自传自信的口承历史而已。民间的说法有史实可寻固然更好，即使是民间传说，也不妨权且听之，因为那实在就是民间曾经确信不疑的口承“历史”。诚然，倘若怒族请傈僳族前来助战确有其事，那么怒族的前人们也只好自食其果，为自己请来了一个统治者。实际上，傈僳族大规模迁入怒江地区后，的确在经济上、文化上对怒族有很大的影响。

类似这样的记述民族战争引起民族迁徙的口承作品还很多，西双版纳境内的哈尼族有《在察腊丫口上》，讲的是他们原先在滇西某地的察腊丫口居住，因发生民族战争而被迫离开，长途迁徙到现在的居住地；德昂族则有婚礼上吟唱的《历史调》，不怕在婚礼上煞风景，其间仍然要提及，在一场民族战争中，德昂族战败，“吃的穿的被抢走，房子全部烧光，我们含着伤心的眼泪，另找落脚的地方”；拉祜族又有可译做“寻找肥沃的土地”的《勐属密属》，专门围绕着迁徙与定居、因战事又迁徙做文章，说是祖先“跨过千条大河，翻过万重高山，找来又找去，找去又找来”，寻找到勐缅木缅好地方定居下来，一场民族战争爆发，人们慌忙逃出勐缅木缅，不得不迁往勐捻坝去。

直接涉及两个民族之间发生矛盾的口承作品也有不少，上面提到过的佤族《司岗里》便以朴质而隐晦的叙述讲来：“拉祜族跟着佤族，从此拉祜族和佤族就在一起。他们在一起种地，地很好。佤族又种黄瓜，拉祜族将黄瓜完全吃掉。……他们因此吵了架。佤族砍断了拉祜背的水筒，打了拉祜，大家从此分开。佤族回去单独居住。”如此简单的历史叙述背后，还不知曾出现过怎样复杂而激烈的民族纠纷和争斗。佤族与傣族的关系更为有意思。依照马散寨佤族的民间历史传说记忆，马散木依库姓氏22代前的祖先名曰恨，其人的妻子即为一个傣族姑娘，恨的两个儿子南和勒系佤族铁匠的始祖，他们的打铁技艺得自傣族真传。另有佤族民间传闻称，原在勐角、勐董一带曾有佤族居住，后因与傣族发生纠纷，才向南迁至西盟定居；而西盟原也有傣族居住，后因遭佤族猎人头，便纷纷迁而逃走。佤族民间更有一说法：数百年前，孟连傣族人娶了马散阿芒姓氏祖先坎的妹妹连木，这就是今孟连县名的来历，"孟"即"勐"，傣语"地方"，"连"则系沿用人名。这一说确实与否尚有待于人们考证，不过也可在一定程度上从侧面证实，云南各民族之间的血缘及文化的交融是由来已久的，并为各个民族民间所普遍承认。

各民族迁徙历史中有一些情形，还可以得到相关民族的文化传统里其他方面的旁证。在克木人民间的历史传说里，克木人属世居于西双版纳的土著，未有过远道迁徙的历史，然而，傣族迁徙而来之后，他们曾在相当长的时期内沦为傣族土司的家奴。傣族土司与克木人开战之初，是打不过克木人的，不得不将公主送与克木人首领为妻。后来因傣族土司设下"鸿门宴"，缴了克木人的械，克木人不死即逃，只剩得一对夫妇被傣族兵捕获，其后代子孙便成为奴隶。在西双版纳，克木人的历史确实比傣族来得久远，这也可以从古老的巫术活动中看出。以往，当地的傣族土司举行勐神祭奠或求雨仪式，也非得克木人主祭不可，许是那土生土长的神灵本属土著的克木人所拥戴而起，别人祭来只恐怕不那么灵光。

在中国大地上极为著名的历史人物当中，神乎其神的诸葛亮在云南的大片土地上留下了自己的足迹。虽然说诸葛亮渡泸水征讨云南诸蛮不属迁徙之列，可同样为着脚下领地之争，且云南不少民族皆有关乎诸葛孔明的各种民间言说，在此一并看来也不无理由。

说起诸葛亮"南抚夷越，稳定南中"之举，不能不提到孟获。那么谁是孟获？可巧，偏偏有人出来应这死不服气的"南蛮王"。景颇族有民间传说宣称，那个有名的孟获即为他们民族中最早的浪速支系人。景颇族浪速支系的言语仿佛存心要证明这一点似的，在那里，"孟获"的意思即是排行老大，孟获还有兄弟孟约、孟吉、孟岛等，也依次意为老二、老三、老四。说得更加头头是道的还要算《景颇梅何姓氏的来历》，说瑞丽梅何姓氏一支的祖上，实为诸葛孔明南征队伍里掉了队的两个兵卒之何姓一人，他和董姓同伴入赘景颇人家后，千年以降传下了这支景颇族梅何姓氏人家。更奇的还在于，人们依旧坚信实有这段历史，至今，景颇族梅何姓氏这一支的他们都说自己最早的阿公阿祖是汉人。

景颇族另外有传说认为，景颇族的“干栏”式家居建筑的式样本于诸葛亮的帽子。基诺族的《团结年歌》也作如是观，德昂族的《崩龙族的房子和诸葛亮的帽子》更不待言。真不知道，事必躬亲的诸葛亮在云南也是如此劳心费神。哈尼族中僾尼支系的《普洱茶》的传说则要人们相信，当地的茶树是诸葛亮的木手杖变成的，诸葛亮特地将此宝贝送给了僾尼人。事实上，这些传说并不能证明诸葛亮确实到过地处滇南的思茅、西双版纳一带，那些地方各民族的民间言传实属于附会之语。倒是景颇族自北边南迁途中，三国时代正好居于同四川临界的滇西北，遭遇诸葛亮的概率要高一些，但自认孟获未见确证，颇有些语出玄乎。民间口承文化恰好正是这样，怎样说便当就怎样说，记得什么便认定什么，全然不顾真确与否。

最为奇异的说法则见于佤族。他们有一个民间传说称，佤族旧时猎人头供祭的久远古俗是汉人艾薅教给他们的，而这个汉人艾薅听说就是诸葛孔明。诸葛先生辞世久矣，显然无法出来证实，或是予以否认。好在佤族民间的惊世言词攀不上三国正史，甚至也算不得稗官野史，要不诸葛孔明在其道骨仙风之外，还得添加若干蛮荒时代的神秘气息。

当然，以上这些民间口承历史之虚实混杂的叙述，即便不全是无稽之谈，可也都是久已逝去的旧事。如今，那么多的民族和睦地生活在云南同一块土地上，这本身就是人类社会文化交融的一大成就。

人类物种自产生以来就一直处在不断的迁徙过程中。时间越是古远，人类改变环境的能力越是低下，人们便越是有必要被动地去适应环境，从而为着生存而迁徙的可能性就越大。其余的普通动物物种也莫不如此，相对而言，动物之“动”便在于迁徙。绝对地讲来，大概就只有动物园内的动物不会迁徙，那是把它们关在那里的人不让它们迁徙，有吃有住的，何苦漫山遍野地去奔跑？不过，人类各民族祖先们的迁徙历程在大地上留下了足迹，同时也印进了人们的历史记忆里；普通动物们则只有足迹，而没有历史记忆。这便是人类与动物、文化与自然的分野。归结起来，人类唯一的优势之处是人类的历史与人类同在。

民间口承文化中的民族迁徙历史记忆正体现了人类的这一优势。不要说它这也有误，那也失真。各民族的先人们等不及确切的文字记载，等不及科学的考古发掘及其他精确的研究手段，他们便将自己的那一段段历史以口承的方式传了下来。口头语言传递信息中的道听途说和添油加醋是不可避免的，但正是口承历史占据了整个人类历史的绝大部分历程，因此完全有根据说，若没有口承历史，人类的文化便无以传承，则不会有人类的历史。民间口承历史还有一项功能是成文史所没有的，那就是，对于一个民族的社会文化传统中的近乎每一事物、每一现象的由来去处，都有一大套让身处其间的人们不可不信的说道。正像有关天地万物的民间知识是先民们认识对象世界的成果一样，有关民族历史的民间记忆则是先民们认识自身社群的成果。至于这一类古老的知识在今天的信度如何，那是另一回事情。文化传统是属于民族的，历史记忆是属于过去的，一个民族无文字时期古老的口承历史文化知识当然只能属于这个民族的过去。人类的文化智慧正是从童蒙混沌里走出来的。

结 语 从口承文化到口头文学

一、口承文化与口头文学

在人类世界各民族久远的历史过程中，究竟是否存在本来意义上生而自足的“民间口头文学”？或者换一个说法来设问：在各个无文字民族的历史上，或是在各民族无文字的历史时期，一向传承于民间的那么一种原生形态的口承文化，就其古昔传统上的固有社会功能及文化本位而言，能否认为已经是今日严格定义下作为成熟的艺术文化样式之一的文学？

要回答这样一个问题，无论是肯定还是否定，在任何一个方面的绝对化独断处理，都不可避免地陷入了割断人类社会文化演进之路的两难境地。倘若不假思索地予以肯定，那么仍然面临着一个文学历史学的课题：文学在什么情况下得以演生问世？因为文学历史显然不会是先天固有的；倘若不予保留地加以否定，那么必然带来了一个文学形态学的课题：什么样式的作品才算得上是真正的文学？因为文学形态显然不会是天生自足的。前者将反推至远古氏族神话而怯步——神话的前身又是什么？后者则会面对现今民间故事而犯难——故事不是文学还能是什么？

因此，十分清楚，对于文学这样一种社会意识形式，要想精确地划定其历史发生的最初起点，或是精密地确定其形态定型的基本模式，恐怕是难以办到的，除非代之以随意的猜想或武断的假设。不论是文学发生的历史学问题还是形态学问题，都离不开对有关的整个社会文化环境及相应人们的文化心理背景的考察。对待上述问题，就更加有必要把所谓“民间口头文学”置于与相关社会的其他诸种意识形态及认识方式的联系之中，就如此“民间口头文学”在不同社会文化环境里的不同的功能作用，来探讨其在不同人们的文化心理背景下的不同的本位性质。具体说来道理十分简单，处于现代文化社会背景下的外来人看待无文字民族的民间传统口承文化，或是现代人看待自己民族无文字时期的民间传统口承文化，大都视为古老的民间口头文学，但是，处于传统的社会文化背景下的人们却不一定这么看，他们往往将民间的口承文化传统视为自己民族的文化百科经典。考察一个民族的传统口承文化，就有必要站到这个民族既有的社会文化背景下来说话，而不应该一味地保持着“外来人”的社会文化立场。

文学作为艺术的样式之一，必然有自己的特殊的规定性。在整个精神文化的诸多形态之中，文学艺术自然以审美娱乐为自身的基本功能，以区别于其余的各类精神文化形态。在艺术文化的诸多样式之中，文学又以语言文字为自己的表现手法，以区别于其余的诸种艺术样式。然而，各个民族的文学并不是与生俱来的。人类是历史发生的产物，人类各个民族、各个民族的文学也莫不是如此。一个民族的文学成熟和发展，当然要取决于这个民族的整个社会文化的发展程度，尤其是要取决于这个民族的精神文化的成熟程度。简单地来说，没有文字，就不可能出现书面文学；没有语言，也不可能出现口头文学。从这一点来看，语言总是先于文字产生，因而口头文学一般也总是先于书面文学，这无疑是一个事实。但是，有了语言，却不等于就有了口头文学。这是因为，语言决不仅是艺术文化的表现手法之一，更确切地说，语言曾经是而且迄今仍然是人类全部精神文化的最主要的表现形式。如果一个民族的精神文化的诸种形态，诸如宗教信仰、法律规范、道德伦理、民俗传统等意识形态，以及哲学、科学、史学等认识方式，尚未成熟到可以独立分化开来的程度，而均以民间口承文化传统的方式融合在一起，那么这个民族的文学作为一种具有特定社会功能和文化性质的成熟而独立的艺术样式便无从谈起。当然，这只是从文学形态学的角度来说，由文学发生学的角度来看，各民族古老的民间口承文化中自然包含有显而易见的文学构成成分，而且整个的民间口承文化还具有一种潜在的艺术文化基质。

在各个无文字民族的历史上，或是在各民族无文字的历史时期，民间长时期流传的传统口承文化作品难以计数，但按其流传方式和基本内容来看，大致可以分为两类：

其一是创世神话和古史传说之类的东西，或是集神话、传说内容之大成的史诗、叙事诗和仪式古歌等等，这一类作品即为各个民族的传统口承文化中的经典作品，从古至今都只能由特定的人在特定的场合向特定的对象讲述或唱叙，认真说起来并非民间传承的作品。在没有文字的历史条件下，这一类作品记述了各个民族的文化历史的基本方面，经由通才学者一般的巫师（或曰祭司）兼歌手们的记忆世代传承下来，在特定的各种仪式活动场合郑重其事地面向民众做口头传授。从传授场合来看，那里根本没有审美活动中授体方面独立对应的平等地位，宗教式的布道后面隐藏着一个至高无上的冥冥之物；从传授内容来看，那里也根本没有审美活动中受体方面自主感受的艺术构思，知识性的传播灌输要求人们确信无从超然的真实。归结到传授功能上说来，与其有所保留地主张，这近乎是一种文学性的个人间审美活动，倒不如直截了当地承认，这更应该是一种非文学性的社会教育活动。巫师们一身兼有宗教祭司和文化传人二任的身份，本身便说明了这是一种施教活动。

其二才是民间较常见的民歌、故事一类的作品，在其流传的世俗化和情节的生动性等方面，诚然形成了不同于前一类作品的特点。不过依然未能脱尽古老的口承文化诸种文化功能混杂难分的传统性，不是其内容大多由神话、传说蜕变分化而来，就是其流传形式已限定了所能具有的特定传统功能。例如在民歌中，宇宙间天文地理，生活里鸡毛蒜皮，几乎无所不唱。有关天下万千事物的理解，对于世间众多习常的解释，追忆民族源流历史，传授生产生活知识，其内容和功能无异于那些大部头的经典作品。至于唱情歌，则基本上属于寻偶过程中的一种必备手续，大体相当于“谈恋爱”之初相互询问、试探，进行当中相互讲情话以加深感情。总不至于把此类私下低语也算做民间口头形式的文学交流活动吧！况且，少男少女竞唱情歌的同时，还有丰富彼此知识或比试学识才智的作用。诸如此类的情形，即使是现代社会也每每可寻，在青少年的个人文化心理的发展过程中是一种十分重要也十分常见的同伴互动因素。甚至大量的故事由总体上看来，在相当大的程度上也是如此。即便排除其间夹杂的许多关于各种事物和习俗的神话、传说解释，还剩下的那一部分动物故事和生活（人物）故事等，也着重于人生哲理及生活智慧的启发训导。毫无疑问，这同完全成熟时期的文学相比，还缺乏审美想象和艺术构思天地所应有的那种相对超然物外的距离感。这些故事的功用及性质与童话极为接近。在童话世界里，正因为儿童对故事情节内容的真实性深信不疑，才有可能从中受到教益，童话最主要的启蒙教育功能也才由此得以实现。

总之，各民族传统上的民间口承文化所固有的社会功能和文化性质远远超出了文学，而包容了各个民族有史以来所创造的全部精神文化理论形式和物质文化经验总结的基本内容。倘若要一言以蔽之，传统口承文化实为民间村社教育的教材总汇；民间口承文化的传授活动实为一种传统村社教育的施教活动；传统口承文化最根本的功能在于教育。

传统口承文化的这种最根本的社会教育功能之所以能够起作用，首先就因为，古老的口承文化作品包含了各民族的先人们认识和改造世界的思想成果和经验总结，具有关于宇宙天地和世间万物的认识论功能。各民族民间的口承文化传统作为一个原始的知识体系，主要就是由这个意义上来说的。

传统的口承文化最根本的社会教育功能还在于，那里汇聚着各民族历史上久昔传承下来的社会生活中的伦常准则和信仰观念，具有关于社会关系和行为观念的规范性功能。就这一方面而论，在各个民族长时期的无文字历史上，古老的民间口承文化也一向在理论上传播着一套传统的行为模式。

传统口承文化最根本的社会教育功能所由之处的再一个主要方面，便是其中记述了各民族文化共同体的发生发展情况和各种民俗仪礼的由来，具有关于习俗事象和古史传说的历史观功能。各种古老的社会传统在人们中间得以由理性上加以世代传承，这也就是各民族民间的传统口承文化的功用。

二、村社教育与学校教育

实际说来，教育历来是各个民族、各个社会的人们接受社会化的根本途径。不过，在没有文字并尚未进入现代工业文明的传统社会内，除了家庭里亲长们对后代的口头教诲及行为模式传授以外，村落社会或亲族社会中的各种集体活动，尤其是各种仪礼活动场合，就成了对人们进行社会化教育的正式课堂。在此之中，久昔的口承文化传统往往发挥了必不可少的社会化教育功能，直接向一代代后人传授着自己民族历史上古老的知识体系（思想文化）、行为模式（价值文化）和社会传统（历史文化）。事实上，各个民族久远的口承文化传统就曾经是他们各自历史上包罗万象的古老百科教程。

在现代社会里，学校教育伴随着科学的历史性进步，已经取代了陈旧的村社教育，成为社会化的根本手段，甚至在一定程度上还取代了以往家庭教育的部分功能。教书育人，学校教育的这一基本宗旨正反映出了这一点。直截了当地说，学校基础教育的目的就是为现代社会培养出合格的公民，这是小学、初中和普通高中教学的实质性任务。至于说到学校专业教育，那是人们进一步的专门社会化，由各种职业学校、中等专业学校和大专院校来承担。

学校教育是现代社会对人们进行社会化训练的最基本的手段。在现代社会里成长起来的人，他们所拥有的绝大部分科学文化知识和社会思想观念，通常都是经过正规的学校教育而直接或间接地获得的。正是这些东西构成了现代社会里人们的文明教养、生活方式、生产技能、职业规范等等的基础，为人们在各个领域内、各个层次上的进一步社会化提供了不可或缺的条件。举一个再简单不过的例子，不识字者即为文化上的盲人，这在广泛使用文字的现代社会是理中之事。因此，离开了学校基础教育，现代社会的整个文明的建立和全部文化的传承将是不可想象的。由于这个缘故，现代的任何一个国家、任何一个民族都把发展学校教育看成是整个社会发展的基础工程。

在学校的基础教育中，社会不但要向学生传授一定的科学知识，而且还要向学生传授一定的行为准则；不但要向学生传授一定的社会思想，而且还要向学生传授一定的历史传统。所有这一切都以近代发展起来的科学技术知识和占统治地位的社会意识形态为基本前提。学校基础教育中的所谓基础知识、基础理论和基本技能，绝不仅仅是人手足口和加减乘除，也不仅是从猿到人和物质不灭，更不仅仅是写字和运算，还应当包括使人们成为现代社会中合格的普通成员而必须教给他们的一切最起码的社会生活常规常识。

具体落实到此处所讨论的问题上，现代社会的学校教育取代传统的村社教育，显然起到了以下几个方面的作用，这在刚刚步入现代社会而有文字历史不长的各民族中间，特别是在那些民族的年轻一代人中间极为明显。

第一即为思想文化（知识体系）的重建。

思想文化是人类世界的全部精神文化传统中变异最为频繁的一个方面。

随着人类实践能力和认识水平的提高，人类社会的整个知识体系时时都在发生变化。想一想近代以来自然科学技术和哲学思想的急剧发展，人类早期及中世纪的多少荒诞的或虚妄的认识和经验都被历史义无反顾地彻底淘汰了。知识体系还是人类世界全部精神文化成果中最容易趋于统一的一个方面。由于工业文明和现代科学技术的不可抗拒的强大力量，全世界的几乎每一个角落都再也不可能拒绝现代思想文化的引入，保持封闭的自然状态。目前世界范围内现代化发展的大趋势，深究起来便应证了这一点。

学校教育全面取代村社教育，成为人们社会化的基本方式，这必然意味着思想文化的重建，民间口承文化传统中的那个原始的知识体系已经不再具有知识的真确性。

第二则是价值文化（行为模式）的更新。

本来，社会的价值文化是比较富于民族个性并相对稳定的。但是，高度发达的商品生产所带来的世界性经济，充分发展的通讯交通手段所造成的缩小了的“地球村”等等，最终打破了各个民族、各个社会曾经自成一体的传统格局。市场关系的平等原则，人类自身的科学认识等等，也开始改变了人们的许多古老的价值观念和社会规范。所有这些正在致使全人类各民族、各社会的价值文化在大的方面逐步趋于一致。当前全世界范围内蓬勃兴起的和平浪潮和绿色运动，从某种意义上来看也反映了这一历史趋势。再则，大的方面如民主、平等和法制等等，小的方面如礼貌、信誉和效率等等，有哪一个民族不认为这些东西是人类现代文明的标志？

既然学校教育是现代文明的首要传播形式，学校教育的成果就必然会引发人们价值观念的更新，而且，这种观念更新还与人们所受学校教育的程度成正比。

第三还有历史文化（社会传统）的纯化。

一般说来，在各个民族的久远的精神文化传统中，最为持久、最为稳固也最为独特、最为普及的方面莫过于各自民族的社会传统。世界各民族的思想文化、价值文化也许会随着科学进步、文化交流、信息沟通而或多或少地趋于协同，可是，一个民族的历史文化却仅属于过去，而过去是不可重复的，但也不会从社会的记忆里消失。所谓文化上的民族性便最集中地体现在各个民族的文化历史和民俗传统中，譬如一个民族的语言，就是其文化传统中最为独特而普及、最为稳固而持久的一部分。民族的文化历史和民俗传统往往将会与这个民族本身一道共存亡。不过，各个民族的历史文化是一回事，而古老的口承文化对历史的记忆和对习俗事象的历史化解释则有可能是另一回事，后者将会由于人类认识历史的确切性增高而不再具有史实的意义。

人们越是清楚地了解到人类的发展史和民族的形成史，就越是不会信守那种从天地开辟到人伦起始的神话古史幻象。在这中间，学校教育同样也发挥了很大的作用。

不言而喻，书面文字保存人类文化成果的稳定性和时间跨度、传递人类文化信息的精确性和空间自由度都是口头语言所不能相提并论的。世界上许多许多的民族都一样，一旦有了文字，或是采用了其他民族的文字，并由学校教育普及开来，古老的口承文化传统便会渐渐失去往昔的重要性。

三、口承文化性能的嬗变

在本书视域范围内的各个民族当中，情况正是这样。一方面，传播现代文化的学校教育一步步取代了村落社会的传统口承教育方式，成为年轻一代社会化的根本途径；另一方面，久远传承下来的口承文化传统正失去原有的传授古老的思想文化、价值文化和历史文化的功能。然而，民间的传统口承文化并没有就此死去，而是凭借其原来既有的文学构成成分，更凭借其把握世界的艺术化手法这一本身固有的艺术文化潜在基质，向着独立成型的单纯艺术文化的性能转化。对于这些民族的年轻一代人说来，民间的口承文化传统已不再继续保有多重文化形态和多种传授功能的古老意义，而仅仅被视为一种民间口头文学，他们已经是用一种艺术文化的眼光来看待自己民族古远的民间口承文化。此外，还应该注意到，在这些民族里，就没有受过学校教育而信守传统的老一辈人而言，情况依然如故。

下面还是就原有的思想文化、价值文化和历史文化三个方面的情形分别来看。

第一，民间口承文化传统中的那一种古老的思想文化，已经在很大程度上失去了旧有的认识和解释世界的知识体系的意义。那么，在这一方面，传统口承文化还保留下什么呢？

人们不难意识到，这种古老的哲学思考和科学认知具有早期人类认识世界的典型特征。尽管早期人类在自己的实践活动和认识活动之中，已经同对象世界发生了事实上的主客体关系，可是在他们的自觉意识里，主观世界与客观世界却尚未得以明确分界。他们还不能够客观地观察并描述世界和世间的万事万物，而是本着自己刚刚开始萌生的人类自我意识去观照外部世界，比附世界上的万事万物。因此，在这种情况下，世界在人们头脑中的反映实际上却是人类的理性、情感和意志的外射罢了，人们进而还赋予万事万物以人的形象、行为或语言等等。归结起来，在这当中，整个世界、世上的一切、甚至包括超自然力量都已充分拟人化和意象化了。一旦由此构成的整个古老的知识体系为先进的哲学思想和精确的科学认识所取代，人们就会发现，这样的一种世界图景与其说是本来的客观世界的反映，不如说是由人的头脑创造出来的意象世界；这样的一种把握对象世界的方式与其说是哲学和科学式的理性认识，不如说更像是艺术化的感性直观。于是，其中的鬼神造物主、神话始祖便成了文学人物，日月星辰、草木动物等也成了文学比喻或文学形象。到头来，保存并传授古老的哲学思考和科学认知的口承文化传统不再作为知识体系，而被人们看成是口头文学作品。就整个人类世界来看，人们原始思维形式的历史性进步，主观世界与客观世界在人们自觉意识里的明确分界，不仅导致了以精确的观察描述和精密的逻辑概念为前提的现代科学思维，而且也促使古老的民间口承文化传统中潜在的艺术思维由此走上了独立发展的道路。

这就是民间口承文化中原始的思想文化成分可以在新的社会文化背景下被重新评价，并不断产生着艺术文化魅力的思维心理学依据。

第二，民间传统口承文化中所包含着的价值文化及宗教文化也逐渐失掉了原来的制约人们行为和社会关系的行为规范的意义。然而，早先具有行为规范性质的口承文化传统却未曾就此消亡，只不过是在无形中悄悄地改变了自身的文化命运。社会文化环境的剧变影响到了其中构成机制的功能。

先从口承文化传统中的宗教文化性质的嬗变上来看。宗教文化与艺术文化之间有很多共通之处，在形态学方面，它们都是寄寓于形象的，都是诉诸以情感的；在认识论方面，宗教的臆想和艺术的构思都营造起一个超越客观现实世界的意象化观念世界。以往人们常常只注意前者，而全然忽略了后一点，其实后者才是最为根本的，是宗教文化与艺术文化之间共同的形态特点赖以形成的认识论前提。宗教文化与艺术文化之间的区别仅仅在于，它们一个维系着神系，开辟了神学的意象化信仰世界；一个却关照着人间，创造了人学的形象化审美世界。鬼神事实上完全是由人加封的，人也有能力罢免鬼神。一旦世间的变革使鬼神自天庭坠落地界，神学的宗教文化丧失了旧时的地位，不再保有神圣的灵光，人们也就不妨视之为人学的艺术文化。在其中，表征着社会关系规范的天意兆候成了艺术象征，借力于超自然力量的宗教臆想成了审美想象，人们看法上的这种转换并非没有可能。

再由口承文化传统中的伦常规范功能的消退上来看。人类早期的理性思维活动还不甚成熟，缺乏一套精确的概念系统来概括各种事物和现象，缺乏一套严密的逻辑程序来表达思想观念。因此，在这种情况下，人们便难以对现实生活及人们之间的社会关系做出准确的抽象理论总结。这样一来，要说明现实生活中人们的行为准则，就得运用直接生活现实的具象形式；要规定人们之间的各种社会关系，就得直观地描摹人们的实际生活关系本身。于是，在此形式的生活经验总结里，人们的思想观点具象化了，社会关系规范的表述情节化了，一种很浅显的道理也需要用一个复杂的故事来表明。伴随着人类思维的发展，社会意识形式的成熟，社会关系的种种规范准则有了高度抽象的理论表达形式。这时，人们就没有必要再像儿童那样，通过形象化、情感化、故事化的童话来接受社会化，来学习社会现实生活中的各种行为准则和关系规范；而社会共同体就可以经由生活现实关系中抽象出来的政治、法律、伦理等高度理论概括，来推行占支配地位的社会意识形态，贯彻各种各样的规范准则。到了这一步，原有的起到了行为规范作用的传统口承文化，最终只能成为类似于成人眼中的童话那样的东西，被当做古拙的文学故事来看待。

这就是民间口承文化中传统的价值文化成分能够在新的社会文化背景下

被重新发现，并一再发散出艺术文化魅力的哲学认识论根源。

第三，民间传统口承文化中古老的民俗意识和历史记忆同样也正在失去旧有的历史文化的意义；而在另一方面，这种古老的历史文化却也向着新的文化形态转化。

很清楚，历史是过去的东西，而保留下来的仅仅是人们对于历史的记忆，因而历史同历史记忆并不完全是一回事情。严格说来，一个民族、一个社会的完整的历史应当是包括了其中的每一个人、每一件事的历史，而人们的历史记忆却决不可能无一遗漏。即便是限于把握历史的主要脉络，也有一个史料多少与角度确否的问题。特别是在人类早期的历史认识活动中，由于主观世界与客观世界混淆不清，加之缺少精确无误的手段和技能、确定无疑的史实记载和史料考据，人们对历史的记忆难免带上主观猜想的成分。因此，各个民族对自己早期历史的记忆与后世成熟的史学不尽相同，在很大程度上是靠人们不自觉的想象勾勒出来的。对历史的想象的这种不自觉性就在于，什么是历史的客观存在，是曾经发生过的真实事件；什么是对历史的主观意识，是人的头脑里补充的臆想解释，对于这两个方面，人类的先民们尚无法自觉地区分开来。正因为那时的历史只有在不自觉的想象中才能被把握住，所以，也只有对那时历史的这种不自觉的想象才具有历史记忆的实际意义。如此一来就同文学的世界相通了，即，人物在想象的故事情节里完成一个艺术形象的历史，事件在想象的环境氛围中实现一段历史情节的发展。在虚构的文学天地里，艺术的真实揭示了历史的真实；在迷离的口承历史中，想象的真实代替了历史的真实。一旦人们终于对自己的历史有了确切的了解，并能够自觉地区分想象与现实，口承文化传统内古老的历史文化便不再成其为口承的历史，而在人们的眼里，历史记忆转化成文学的想象。

这就是民间口承文化中古老的历史文化成分得以在新的社会文化背景下被重新认识，并长久保持了艺术文化魅力的人类文化史根据。

四、口承文化的艺术基质

以上主要探讨了民间口承文化传统的认识论功能、规范性功能和历史观功能，但这并不意味着，古老的民间口承文化的传统教育功能便只在于这几个方面，更不等于说，所有的民间口承文化作品就都只有这几种功能。人类原始的认知形式、原始的思维方法、原始的文化心理、原始的世界图景、原始的宇宙模式，本身便是一种尚未分化的混沌体系。除去人们在实践和认识活动中不甚自觉地同对象世界发生了主客体关系之外，在人们的自觉意识里，一切都还处在浑然一片的天人感应物我难分的状态当中。作为体现这一切的精神成果，各个民族原生形态的民间口承文化传统在形态上和功能上，也必然会是一个混沌的整体。既然原始的哲学思考和科学认知、传统的伦常规范和信仰观念、古老的民俗意识和历史记忆都融会在那里，作为各民族久远美学经验的审美取向和娱乐志趣也就同样孕育其间，民间口承文化传统是原始的思想文化、传统的价值文化、古老的历史文化和久远的艺术文化的一种复合体。

所以，不必专门提到也很清楚，各民族民间口承文化传统对于处在原有社会文化环境、具有传统文化心理背景的人们说来，当然也同时具备关于感性世界的艺术化功能。而且，更加深入一步来考察问题，民间口承文化在这一方面的功能即便不是最主要的，也是最基础性的，其余的多种意识形态和认识活动的社会文化功能，正是建立在与此近乎同构同态的感性直观基础之上，以类似于艺术感受的方式对人们产生作用。这即是古老的民间口承文化传统的艺术潜能之所在，是作为艺术样式之一的文学得以从中分化成熟起来的历史根基之所在。

众所周知，文学艺术具有认识作用、教育作用、审美作用等多重文化功能，而在诸多艺术样式之中，就其思想深刻性和社会感召力而论，又首推以语言文字为表现手法的文学。这到底是因为什么呢？恐怕不完全是由于文学拥有不受时间和空间限制的语言表现手段。从根本上来说，文学直接脱胎于人类的口头语言传统，这就使得文学具备了先天的文化优势。必须意识到，由人类口语传统而来口承文化曾经是人类全部物质文化经验总结及整个精神文化理论形式的最主要的信息宝库，是以后分化独立的各种意识形态、认识活动及各个理论学科的原始母体，而语言迄今依然是全人类社会交往、思想交流的最重要的信息传载工具。文学这一种艺术样式自然更多地带着在人类精神文化原始母体内打上的古老胎记，除了占主导地位的审美娱乐的文化功能以外，它还较多地具备展示民族的、社会的及全人类的知识体系、行为规范和社会传统的文化性质。

不过，反过来看，在文学尚未彻底独立分化出来的古老的口承文化传统内，主要具有艺术文化性质的那一部分，又偏偏是思想文化、价值文化和历史文化性能不甚突出，而以审美娱乐为基本文化功能的那一部分。具体而言，口承文化传统里固有的艺术文化组成部分大都见于注重情节描述和人物刻划的生活故事、叙事诗，以及以审美娱乐为主的即兴抒情民歌。至于在后来对民间口头作品的搜集整理过程中，由于过分强调其故事性、可读性，人为地添加上某种文学性的因素，或是删减掉某些非文学性的成分，从而炮制出货真价实的新编民间口头文学作品，那是另外一回事情。这种作法是不足取的，实际上是不负责任地毁坏了不可复得的古老口承文化传统的珍贵材料，使得对于人文学科若干领域极有历史价值的资料丧失殆尽。

至于说到整个口承文化传统本身带有的艺术文化潜在基质，作品搜集整理时的文学性改编就更是多此一举。这是因为，各民族民间传统的口承文化中把握世界、把握社会、把握历史的基本方式，说透了便是一种准艺术的把握方式。只要社会的文化环境和人们的文化心理发生了变化，陈旧的社会化传统模式不再起作用，整个口承文化传统就会出现一个质的根本转换，由多种文化形式的混合体向着一种古朴的口语艺术文化转变。请认真考虑一下，说到底，为什么具备多重文化性质及功能的古老口承文化传统最终并没有被人们归为诸如民间哲学、民间宗教或民间历史学，而偏偏要归之于艺术文化范畴，作为久远的民间口头文学来看待，并且通常也只有文学界的工作者来搜集整理这些久昔遗存下来的口承文化作品，其中的道理究竟是不是正在于这一点。

还应该指出，古老的民间口承文化传统的这一类新的文化性能转化，在世界上的任何一个民族中都有可能发生，只不过时间或迟或早而已。当这一转化过程完成之时，这个民族的文学便开始走向成熟，成为一种独立定型的文化形态和艺术样式。这时候，民间口承文化才成了真正的民间口头文学。最后再具体一点说，一部民间口承文化作品，诸如创世史诗，在某种传统的社群仪式场合上唱叙，同整理成书面作品供读者在案头欣赏，这之间实在是有天壤之别，脱离了原有的社会文化环境，接受对象有着不同的文化心理背景，这一作品的传统社会文化功能及性质便无从谈起，而显然具有了一种新的社会文化功能及性质。

后 记

数年下来，这一“云南省哲学社会科学‘八五’规划重点项目”研究终于得以结束。人到中年，已经没有了前些年完成某项研究后的那种轻松愉悦之感，更多的却还是沉重，目前社会科学基础理论研究及其专业研究者的处境还难尽人意。本书早于1994年年底撰写完毕，1995年年初便已通过鉴定验收，本学科的专家们还给予了很高的评价，但却延迟至今方得以出版，其间苦衷自然只能在心中收藏。当今中国比以往任何时候都需要社会科学基础研究所一向探寻的民族的和社会的人文精神，国家作为全社会的唯一代表，有责任将全社会的长远利益与国家当前利益视同为一，一味崇尚技术理性而只知道追求急功近利的人们必将毁灭自身。此类话题实属常识，说多了实在无聊，写来也似乎无济于事。

不过，仅仅就此处的这项研究而言，还是有一些具体事项需要说明：

1. 所谓“民间口头文学”在我国属于民俗学的一部分，原来的学科界定难以与国际有关学界接轨。“口承文化”概念是我于多年以前提出来的，以同国际民俗学界的“口承民俗”概念相对应。自1986年以来，我便一直从事着这一类研究，当初风光一时的论文也有若干，本书只不过是我在这方面的研究的一个综合。依照最初的项目研究设计，本应还有“艺术文化：久远的美学经验”部分的两章，即：“超越实事的精神世界——审美取向”和“游戏人生的心理宣泄——娱乐志趣”。一则过去基本上皆着眼于此的“民间口头文学”研究多有成果，二则本项目研究经费有限，不再做徒劳无功的事情。

2. 本书在写作当中，涉及近千种民间口承文化作品及其相关材料，所载书刊数百件，本来我已经将一个极为详尽的资料来源索引做了一大半，所占篇幅字数竟达数万，不得已只好半途而废，对有关作品及材料的搜集整理者们也只得就此一并致谢。

3. 感谢云南省哲学社会科学规划方面的有关部门和人士，将此项研究列为“云南省哲学社会科学‘八五’规划重点项目”，使得早已开始的研究能够顺利进行并完成；尤其要感谢为此项目的论证及立项予以关怀和支持的云南省社会科学院院长何耀华研究员、云南省社会科学院原副院长杜玉亭研究员、云南省社会科学院民族文学研究所名誉所长李缵绪研究员、云南省社会科学联合会科研工作部部长柏昌明同志。同时，也要感谢为此项研究结果的验收提供了专家鉴定结论的云南大学图书馆馆长李子贤教授、云南民族出版社总编辑左玉堂研究员、云南民族学院图书馆馆长段胜鸥教授、云南师范大学中文系副主任徐鹏教授；李缵绪研究员和柏昌明同志同样作为专家参加了鉴定，参加鉴定会的工作人员另有云南省社会科学联合会科研工作部的蒋亚兵同志。此外，还要感谢云南省社会科学院副院长贺圣达研究员、云南省社会科学院科研管理处处长王树五研究员及科研处其他同志，他们一再关注着本书的尽早出版。

4. 在这一论域较长时期的研究和本书前后数年的写作、出版过程中，我身边的同学郑凡、邓启耀、施惟达、周鸣琦、黄光成、郑思礼、陈平、郑海、杨福泉等，同仁郭净、郑晓云、蔡毅、申旭、段玉明、刘稚、史军超、范建华、王清华等，以及北京、上海、昆明、台北的各界师友孟宪范、马昌仪、关纪新、章建刚、郑土有、程志方、李惠铨、纳文汇、黄国钟诸位学者，在不同时候、以不同方式给予了我种种关心和帮助，也令人难以忘怀。

5. 正是在此书拖延达数年的研究写作期间，我完成了结婚成家的角色转换，我的母亲和我的妻子先后给了我最实际的支持。对于各种家居事务，我不是不会，也不全是不精，而是无心顾及，在研究、写作的紧张关口更是近乎“不食人间烟火”，十足的一个“工作狂”，全靠她俩前后分别喂饱了我。我格外感谢她们。我的妻子还是本书书稿各章定稿前的第一个读者，凡是她觉得可能不便读者理解之处，我都一一再更加明白地道来。

6. 最后也是最具体的，特别要感谢云南教育出版社的大力支持，特别是该社诸位领导和责任编辑张强、王皤两同志为本书的顺利出版做了大量的努力，否则，如此文字便无人可见。

王亚南

1994年12月31日草

1996年12月31日补